novas buscas
em comunicação

VOL. 36

Dados Internacionais de Catalogação na Publicação (CIP)
(Câmara Brasileira do Livro, SP, Brasil)

Watts, Harris.
On camera : o curso de produção de filme e vídeo da BBC / Harris Watts ; (tradução Jairo Tadeu Longhi sob a supervisão da Equipe Jatalon ; revisão técnica da tradução Dan La Laina Sene ; ilustrações de Bryan Reading ; adaptação das ilustrações e leteração Edgard Bolanho). – São Paulo : Summus, 1990.
(Novas buscas em comunicação; v. 36)

ISBN 85-323-0314-5

1. Televisão – Produção e direção 2. Gravações de vídeo – Produção e direção I. Título. II. Título: O curso de produção de filme e vídeo da BBC. III. Série.

CDD-791.450232
90-1000 -778.5990232

Índices para catálogo sistemático:

1. Televisão : Produção e direção 791.450232
2. Vídeo: Produção e direção 778.5990232

On Camera

O curso de produção de filme e vídeo da BBC

Harris Watts

summus
editorial

Do original em língua inglesa
ON CAMERA – How to produce film and video

Tradução: **Jairo Tadeu Longhi**, sob a supervisão da **Equipe Jatalon**
Revisão técnica da tradução: **Dan La Laina Sene**
Ilustrações: **Bryan Reading**
Adaptação das ilustrações: **Camila Cesarino Costa e Edgard Bolanho**
Impressão: **Sumago Gráfica Editorial Ltda.**

1ª reimpressão

Summus Editorial
Departamento editorial:
Rua Itapicuru, 613 – 7º andar
05006-000 – São Paulo – SP
Fone: (11) 3872-3322
Fax: (11) 3872-7476
http://www.summus.com.br
e-mail: summus@summus.com.br

Atendimento ao consumidor:
Summus Editorial
Fone: (11) 3865-9890

Vendas por atacado:
Fone: (11) 3873-8638
Fax: (11) 3873-7085
e-mail: vendas@summus.com.br

Impresso no Brasil

NOVAS BUSCAS EM COMUNICAÇÃO

O extraordinário progresso experimentado pelas técnicas de comunicação de 1970 para cá representa para a Humanidade uma conquista e um desafio. Conquista, na medida em que propicia possibilidades de difusão de conhecimentos e de informações numa escala antes inimaginável. Desafio, na medida em que o avanço tecnológico impõe uma séria revisão e reestruturação dos pressupostos teóricos de tudo que se entende por comunicação.

Em outras palavras, não basta o progresso das telecomunicações, o emprego de métodos ultra-sofisticados de armazenagem e reprodução de conhecimentos. É preciso repensar cada setor, cada modalidade, mas analisando e potencializando a comunicação como um processo total. E, em tudo, a dicotomia, teoria e prática, está presente. Impossível analisar, avançar, aproveitar as tecnologias, os recursos, sem levar em conta sua ética, sua operacionalidade, o benefício para todas as pessoas em todos os setores profissionais. E, também, o benefício na própria vida doméstica e no lazer.

O jornalismo, o rádio, a televisão, as relações públicas, o cinema, a edição — enfim, todas e cada uma das modalidades de comunicação —, estão a exigir instrumentos teóricos e práticos, consolidados neste velho e sempre novo recurso que é o livro, para que se possa chegar a um consenso, ou, pelo menos, para se ter uma base sobre a qual discutir, firmar ou rever conceitos. *Novas Buscas em Comunicação* visa trazer para o público — que já se habituou a ver na Summus uma editora de renovação, de formação e de debate — textos sobre todos os campos da Comunicação, para que o leitor ainda no curso universitário, o profissional que já passou pela Faculdade e o público em geral possam ter balizas para debate, aprimoramento profissional e, sobretudo, informação.

ÍNDICE

PREFÁCIO À EDIÇÃO BRASILEIRA

Se você já fez qualquer curso abordando televisão e vídeo, agora é hora de esquecer tudo o que você já sabe ou estudou. Pois aqui está um livro mais importante do que qualquer curso, originário de uma emissora que mantém programas regulares de formação profissional: a BBC de Londres.

Bem-humorado, dinâmico e preciso – qualidades que também fazem parte do dia a dia dos produtores –, este livro, parte integrante do curso de vídeo da BBC, abre as portas para a criatividade e para o aperfeiçoamento sempre indispensável dos profissionais.

É nosso desejo que não haja mais desculpas para produções chatas, ruins e dispensáveis — ou como diz o autor, Harris Watts: "Adeus, TV Cambalacho!"

Mário Afonso Kempenich e
Jairo Tadeu Longhi,
membros da Equipe Jatalon.

Para Christina, Jonathan, Matthew, Lucy e Amy.

a Yousuf Aziz, Andrew Quicke, Murray Thomsett e Chris Whiteley que leram as partes relativas a suas especialidades e me disseram onde eu estava errado...

a Rob Wright que me proporcionou o benefício de sua edição e experiência de magistério...

a Ken Shepheard da BBC TV, que leu o livro inteiro duas vezes, corrigiu-o e me encorajou...

a Eddie Iroh, romancista e coordenadora de programas documentários em Lagos, Nigéria, que me deu a idéia em primeiro lugar...

a Ed Boyce da TV de Treinamento da BBC por seus pacientes resumos em tecnologia de vídeo...

a Gordon Croton, chefe da TV de Treinamento da BBC que sem ele não haveria o livro *On Camera*, nem os teipes...

e a todas aquelas pessoas que responderam a minhas perguntas, enquanto eu estava aprendendo e me fizeram perguntas quando eu estava ensinando.

Meus agradecimentos

COMO LER ESTE LIVRO

1 Leia a Primeira Parte ("Fundamentos") rapidamente, incluindo os resumos ao final de cada capítulo, sem se prender aos detalhes. Isto lhe dará uma noção dos princípios e procedimentos de que você vai necessitar para realizar programas.

2 Releia os "Fundamentos" novamente quando você estiver fazendo seus primeiros trabalhos de produção. Desta vez, dê mais atenção aos detalhes e consulte os resumos para ter certeza que você não se esqueceu de nada importante.

3 Leia toda a parte de Instruções da Segunda Parte quando você estiver pronto para isto. Esta parte fornece uma explicação detalhada dos tópicos, alguns técnicos e outros não, que terão significado maior para você depois de adquirir experiência, após um ou dois trabalhos de produção.

NOTA: A TV Cambalacho Co. e sua equipe são pura invenção e qualquer semelhança com a realidade deve ser encarada como gozação.

On Camera O Curso de Produção de Filme e Vídeo da BBC, foi escrito e produzido por Harris Watts e constitui uma *joint venture* entre o Departamento de Treinamento em TV da BBC e a BBC Enterprises Ltd., oferecendo pela primeira vez um curso integrado, concebido para ajudar você a usar filme e vídeo mais eficazmente.

O curso se destina a uma ampla faixa de usuários institucionais que podem estar envolvidos em produção pela primeira vez, seja na gravação do relatório anual do presidente, na produção de programas de treinamento de novos funcionários, ou no planejamento de programas para a comunidade, acessíveis pelo canal de TV a cabo local. Este curso fornecerá os fundamentos de que você necessita.

O Curso de Produção de Vídeo da BBC consiste de três elementos:

– este livro, que dará a você uma introdução geral sobre o tema;
– fitas de videocassete cobrindo os seguintes tópicos:
1. A câmera
2. Planejamento de uma produção
3. Entrevistas
4. Edição
– quatro folhetos especialmente redigidos acompanham os videocassetes, fornecem explicações mais detalhadas de cada tópico e oferecem sugestões para exercícios subseqüentes.

Os vídeos foram planejados para complementar e ilustrar a parte de "Fundamentos" deste livro. Futuros programas em vídeo proporcionarão material ilustrativo para a parte "Instruções" deste livro e enfocarão, por exemplo, objetivas, iluminação e redação de texto para locução, de modo mais detalhado.

Cada vídeo e respectivo folheto é disponível como uma unidade separada. Opcionalmente, todo o material pode ser fornecido como um jogo completo. Para detalhes de preços e disponibilidade, favor contactar:

BBC Enterprises Ltd.
Education and Training Sales
Woodlands
80 Wood Lane.
London W12 0TT

PREFÁCIO

Nos últimos trinta anos inúmeros livros foram escritos sobre as técnicas de produção em televisão — e muito poucos bons livros. Isto é surpreendente em muitos sentidos. Afinal, o número de pessoas de talento e capacidade inovadora não está diminuindo na televisão britânica, ao longo dos anos. E certamente algumas pessoas conseguiram deixar sua contribuição definitiva no desenvolvimento da produção de uma indústria marcada pela efemeridade. Todavia, o fato é que muitos dos livros escritos por profissionais de destaque sobre sua abordagem de como produzir para a TV foram decepcionantes. Alguns são brilhantemente apresentados e abalizados na aparência, mas na prática contêm uma intragável mistura de conselhos e reminiscências. Outros aspiram a ser enciclopédias técnicas e saem da mesa do editor parecendo um misto afobadamente elaborado entre a lista telefônica e a *Anatomia*, de Gray. Houve, claro, honrosas exceções para essa tendência e podemos citar ao menos o último pequeno volume de Desmond Davis *The Grammar of Television Production*, cuja primeira edição data de 1960 e foi por muitos anos a bíblia daqueles que aspiravam a carreira de produtor. Davis escreveu esse livro nos primórdios da TV, época em que o dinheiro para produção era liberado — talvez livre demais — e numa época em que os avanços tecnológicos, em todos os aspectos, estavam acontecendo em larga escala. Agradável e objetivo, o livro é modesto em seus propósitos, ao colocar que "o iniciante que seguir os preceitos deste livro evitará os erros mais grosseiros da produção de TV".

Cerca de vinte anos depois, o trabalho de Desmond Davis esgotou-se e, na verdade, tornou-se superado, não tanto pela reafirmação de seus princípios, mas pelo contexto tecnológico no qual a TV é produzida. Durante alguns anos, no Departamento de Treinamento em TV da BBC, nós estivemos procurando por um manual que pudesse exprimir ao mesmo tempo os antigos valores — as regras para se fazer uma boa televisão — e que pudesse levar em conta as mudanças tecnológicas ocorridas. Pois não resta dúvida de que um processo de desmistificação aconteceu no treinamento de produção de TV. No início da televisão (eu me lembro bem), o produtor de TV muito freqüentemente se deixava levar pelos complexos processos tecnológicos e mostrava-se satisfeito com o fato de que eles só eram entendidos por técnicos que, volta e meia, tanto praticavam quanto perpetuavam uma mística particular. Mas, nos últimos anos, o advento do equipamento portátil, aliado a consideráveis mudanças nos métodos de pós-produção e à receptividade à tecnologia por parte dos novos funcionários de televisão, impôs mudanças notáveis no treinamento. E com tais mudanças surgiu a necessidade de novos materiais de apoio. Hoje o filme e o vídeo não são mais território privado do radiodifusor. O número de pessoas e organizações que, de uma maneira ou de outra, produzem materiais visuais, está em crescimento constante.

Assim foi particularmente bem recebido o primeiro livro de Harris Watts, *The Programme-Maker's Handbook.* Foi a feliz oportunidade de achar um livro que englobasse o que se deve e o que não se deve fazer instruções, além de sugestões úteis e uma revisão rigorosa do assunto. Foi testado com os estudantes da BBC — que queriam se tornar diretores de filme e vídeo — e não causou surpresa descobrir que rapidamente ele se tornara um guia indispensável. Um ano depois, com novo material incluído e diversas alterações que foram sugeridas por estudantes e instrutores, fico imensamente satisfeito de poder apresentar este livro como uma publicação da BBC, sob o título *On Camera – O curso de produção de filme e vídeo da BBC.*

Gordon Croton
Chefe de Treinamento em Televisão
BBC-TV

INTRODUÇÃO À SEGUNDA EDIÇÃO

Este livro foi primeiramente publicado em 1982, sob o título *The Programme-Maker's Handbook*, ou *Adeus, TV Cambalacho*. Sua repercussão foi gratificante: resenhistas elogiaram-no, as emissoras de TV e o público adquiriram-no, escolas — sobretudo a da BBC — adotaram-no como texto básico. Esta reedição assinala uma segunda fase de sua vida — como curso integrado de videocassetes e textos intitulado *On Camera – O curso de produção de filme e vídeo da BBC* — e texto básico de Treinamento para TV da BBC.

O ambiente para o livro pode ter mudado, mas debaixo da capa o arranjo é o mesmo. A primeira parte do livro, "Fundamentos", foi escrita tendo-se em mente uma locação, mas a maioria dos pontos se aplicam também a programas produzidos em estúdio. De fato, idéias, pesquisa, imaginação e preparação são ainda mais importantes no estúdio, onde o produtor tem controle total sobre variáveis tais como luz, clima, som e cenário, ao passo que na locação, ele não tem. O capítulo onze explica os procedimentos de produção específicos dos programas de estúdio. O capítulo doze discute as técnicas de externas.

Uma das dificuldades (e prazeres) da produção são os diversos procedimentos técnicos que os produtores esperam dominar — tudo, desde animação até objetiva *zoom*. Porém, instruções em demasia logo no início podem levar o estudante à desistência. Para evitar isto, *On Camera* tem duas partes. A primeira apresenta ao leitor as técnicas básicas de produção passo a passo. A segunda parte, "Instruções", trata, de cada assunto, de maneira mais aprofundada, para atender àqueles que desejarem saber mais. Cada capítulo se encerra com um sumário.

A imaginária TV Cambalacho Co. atua com o padrão de incompetência que deve ser evitado por todos. A emissora foi estabelecida alguns anos atrás pelo governo do Estado de Cambalacho e rapidamente se tornou muito querida por aqueles que a assistem e

---

Nota: Neste livro assume-se que o produtor e o diretor são a mesma pessoa. Uma breve tentativa de separar suas diferentes funções foi feita no glossário ao final do livro. Onde se ler "ele", leia-se também "ela". As feministas precisam me perdoar por falhas de redação.

também pelos que trabalham nela. Daí o nome "TV Camba", apelido carinhoso que reflete sentimentos de frustração e crises de desânimo. Assim como o Troféu Abacaxi do cinema, a "Camba" é o símbolo da vergonha da tela pequena.

Este livro coloca princípios de orientação para cada estágio de produção, princípios que permanecem válidos em toda parte e que são úteis tanto para o produtor amador de vídeo e cinema como para o profissional. Imagens e sons adquirem vida própria na tela. A pessoa assiste e julga pelo que eles são, não pelo meio de onde vêm. Não importa se eles foram registrados em filme cinematográfico ou teipe. O que importa é que devem causar impacto e transmitir a história que o produtor tencionava contar. A chave para isso é saber bastante sobre as diversas disciplinas ligadas a imagens e sons, para ser capaz de utilizá-las criativamente. Esta é a chave que este livro procura fornecer.

On Camera

Primeira Parte:

FUNDAMENTOS

Idéias

A maioria dos manuais de "como fazer TV" começam com um texto curto sobre a importância das idéias na fase de produção. Também vou fazer assim. Mas a verdade é que a TV Cambalacho trabalha muito bem sem idéias — em vez disso, seus produtores usam fórmulas para seus programas.

fórmulas O programa "Arredondando a Redonda", de Bolado Embolado, transmite alguns jogos, semanalmente. Depois ele acrescenta uma apresentação gravada em estúdio para cada teipe e este é todo o seu programa para a semana. O programa feminino de Virginia Madona, tem uma fórmula um pouquinho mais ambiciosa: toda semana é apresentado um coral de crianças, e o restante do programa é preenchido com uma entrevista ou reportagem sobre algum encontro promovido pela Organização Feminina de Cambalacho. Os programas de entretenimento religiosos, os infantis e os de bate-papo (chamados de entrevistas) têm fórmulas próprias.

Nada contra. Todas as fórmulas originam-se de boas idéias, senão elas não teriam virado fórmulas. E as fórmulas oferecem vantagens. Os produtores não se expõem ao risco do fracasso — sabem que seus programas irão funcionar. A audiência sabe exatamente o que esperar de cada programa e alguns espectadores adquirem o hábito de assisti-los regularmente. O superintendente da emissora, Magno Vision, também fica satisfeito: seus programas permanecem no ar por muito tempo e nada de radical ou inusitado é apresentado, o que poderia contrariar as preferências conservadoras das autoridades do governo com quem ele têm de obter os fundos.

Mas a longo prazo as fórmulas têm um elemento intrínseco de fracasso, uma espécie de elemento biodegradável que garante finalmente seu desgaste. A longo prazo, as fórmulas tornam-se cansativas, previsíveis e chatas. Você sabe que isso acontece quando é capaz de prever mais de 50% do programa, antes de assisti-lo.

A maneira de evitar este triste final é renovar sua fórmula, sempre à procura de alternativas para aperfeiçoá-la. Nos países com longa tradição em TV, você se surpreenderá com programas que mesmo com fórmulas de grande sucesso (como os noticiosos), modificaram-se com o passar dos anos, como resultado de novas idéias introduzidas, a fim de manter popular e viva uma fórmula antiga e indispensável.

Mas se você não tem uma fórmula, você precisa de uma idéia. E o que é uma idéia em TV?

Para responder, primeiro temos de pensar numa outra questão: para quê serve a televisão? A resposta usual aponta dois objetivos para os programas:

1 entreter
2 informar

Para nossos propósitos, são objetivos perfeitamente válidos. Também proporcionam um teste simples para uma idéia. Tudo o que você têm de fazer é perguntar:

1 minha idéia entretém?
2 minha idéia informa?

Um "sim" à questão de número 1 é necessário para toda e qualquer idéia de produção, sem exceções. Todas as produções devem entreter a audiência de alguma forma, ou simplesmente não haverá audiência. Haverá pessoas que se esqueceram de desligar seu televisor, ou estão aguardando o que vem depois. De fato, a definição mais útil para entretenimento é "alguma coisa que as pessoas querem ver". Não implica entreter só no sentido de "vamos sorrir e cantar". Pode interessar, surpreender, divertir, chocar, estimular ou desafiar a audiência, mas despertar sua vontade de assistir. Isso é entretenimento.

Um "sim" à questão de número 2 (informar) é necessário para toda produção, exceto aquela dirigida integralmente ao entretenimento (balês, humorísticos, videoclips etc.). Informar significa possibilitar que a pessoa, no final da exibição, saiba um pouco mais sobre alguma coisa do que ela sabia no começo do programa.

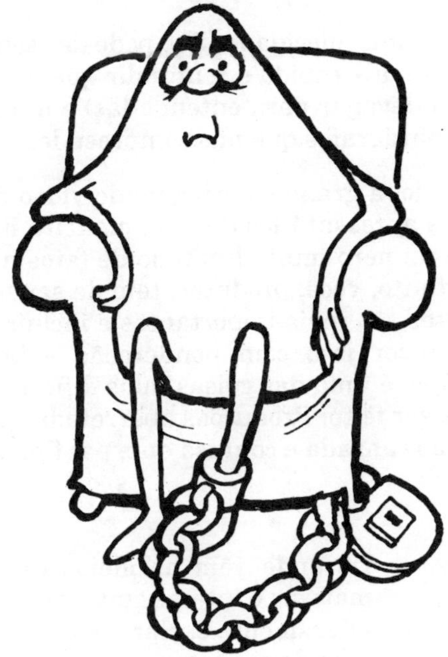

As pessoas não são pagas
para ver TV

Se você tem uma idéia que merece um "sim" à questão de número 2, você tem uma idéia a produzir. Mas, cuidado — sua idéia precisa também receber um "sim" da questão número 1 (entreter), se for realmente boa. De que adianta ser informativo se você desconsiderar o entretenimento, sendo chato e sem novidades, a tal ponto que ninguém queira assisti-lo? Ler a lista telefônica no ar, por exemplo, poderia ser chamado de informativo, mas provavelmente não irá entreter ninguém. Lembre-se de que as pessoas não são pagas para ver televisão.

informação e TV Outra coisa importante sobre ser informativo. A televisão é surpreendentemente ruim na comunicação de informações detalhadas. Os jornais, por exemplo, podem transmitir muito mais informações de modo muito mais rápido. Levaria uma hora para se ler em voz alta, na TV, quatro páginas de jornal. Mostrar imagens além daquelas que estão publicadas demoraria ainda mais. Para tornar as coisas piores, os espectadores de TV têm todos de receber a informação na mesma velocidade (isso pode dar sensação de demora para quem é mais rápido e confundir quem precisa receber as informações devagar para entendê-las) e ninguém pode voltar para ler os parágrafos que não compreendeu na primeira vez.

Por outro lado, a grande vantagem do vídeo é poder tornar os fatos vivos e apresentá-los de uma maneira interessante. Mas apenas um número muito limitado de fatos num determinado tempo. Portanto, você, produtor, tem de ser seguro na decisão de quais fatos são mais importantes e incluir apenas esses na produção. Fazer isso com ponderação e imparcialidade ao mesmo tempo, é uma das coisas mais difíceis para o produtor. Mas tem de ser feito. Produções abarrotadas de fatos deixam a audiência tão cansada e confusa que, por fim, ela é que deixará você.

criando idéias

De onde vêm as idéias de produções informativas e interessantes? Criar idéias e modos de apresentá-las eficazmente é, claro, a parte mais importante e criativa do trabalho do produtor — mais importante ainda do que os procedimentos e técnicas que este livro contém. A idéia por detrás da produção precisa ser a mestra; a técnica deve se submeter a ela. Esta é a ordem natural das prioridades e você deveria se lembrar sempre disso: nunca deixe as técnicas de produção ditarem o conteúdo de sua produção.

identificando idéias

Uma vez que gerar idéias é a base do trabalho criativo do produtor, não há nada que eu, ou qualquer outro, possa fazer por você. Mas posso dar algumas orientações sobre identificação de idéias.

1 Tem algo que você queira dizer ao mundo? Você tem alguma forte intuição sobre algum assunto?

Então você é uma daquelas pessoas que terão pouca dificuldade em gerar idéias de produção. Obviamente as coisas que fazem seu sangue ferver são coisas das quais as outras pessoas detêm uma opinião a respeito e, assim, você deve elaborar sua programação baseado nos fatos para que cada uma delas opine sobre eles. Mas não deixe que seus fortes sentimentos desequilibrem o seu senso de imparcialidade; vídeo não é o espelho de seu banheiro.

2 Pense naquilo que realmente lhe interessa e você terá chance de ter uma idéia de produção que seja atraente às outras pessoas.

Algumas vezes fica difícil identificar seus próprios interesses. Sei disso; se alguém me perguntasse quais são meus *hobbies*, não conseguiria responder imediatamente. A maneira de fazer isso é analisar seu próprio comportamento. O que você lê primeiro no jornal? Moda? Esporte? Manchetes? Que tipo de música você ouve e quem são seus intérpretes favoritos? Que assuntos você tem discutido ultimamente? Crochê? Aeronáutica? Animais? Que livros você folheia na livraria? Que filmes e programas você prefere? As respostas a estas perguntas provavelmente vão sugerir alguns tópicos sobre os quais você possa fazer algo. São as áreas que você deve filtrar para suas idéias de produção.

Eu recomendo seus próprios interesses de início porque estes podem levá-lo a descobrir temas que interessem aos outros. A maioria das pessoas são como você (e eu): apreciam programas sobre todos os tipos de pessoas (de sucesso ou não, corajosas ou covardes, divertidas ou talentosas ou debochadas ou o adjetivo que você quiser, exceto chatas); programas sobre animais, crianças e curiosidades, como ovos sem gemas e percepção extra-sensorial. Elas não se sentem atraídas imediatamente por programas sobre estatísticas de exportação, falta de energia e linguagem de computadores porque, em sua maior parte, não entendem desses assuntos. Não estou dizendo que você deve sempre partir para o sensacionalismo ou o banal e evitar assuntos importantes como os três últimos. Mas fazer produções informativas e interessantes sobre temas como os três últimos é infinitamente mais difícil do que fazer programas informativos e interessantes sobre os outros temas que mencionei. Portanto, dê a você mesmo uma chance de fazer programas de sucesso, escolhendo temas que as pessoas queiram ver, particularmente para as suas primeiras produções.

Mantenha um arquivo de idéias

3 Infelizmente é verdade que quando você mais precisa de uma idéia você não é capaz de pensar em nada. Evite esse estado embaraçoso fazendo um arquivo de idéias. Nesse arquivo você deve anotar possíveis temas de produção, os nomes de livros interessantes ou de pessoas que possam dar uma matéria, recortes de jornais e revistas e tudo o mais que possa vir a ser útil. Breve você descobrirá que o problema com o arquivo de idéias é mantê-lo em proporções razoáveis. Mas não ligue — você será capaz de enfrentar até mesmo os dias menos inspirados sem muita angústia.

É claro que você não vai sempre se dar ao luxo de escolher seus próprios temas para as produções. Freqüentemente lhe pedirão para fazer um programa sobre algum assunto que possa não lhe interessar e você não poderá recusar. Mas uma vez que você tenha aceito a incumbência, seu trabalho como produtor é lançar uma idéia que lhe permita fazer uma boa produção. Isto aconteceu uma vez com o produtor de assuntos governamentais da Camba, Estácio Pão Duro. Pediram para ele um programa sobre o exército de Cambalacho para a celebração do dia da Constituinte. Estácio pensou um pouquinho e fez a seguinte proposta: ele visitaria os três comandos militares de Cambalacho com uma equipe e...

Infelizmente não houve o "e". Foi até onde chegou a idéia dele. Nenhuma idéia sobre o que ele ia filmar quando chegasse lá. A idéia de Estácio era boa? Vamos aplicar nossas duas perguntas.

1 *Ela entretém?*
Resposta: não. Indubitavelmente existem coisas interessantes acontecendo nos comandos militares, mas não é

provável que Estácio as descubra, porque ele não faz idéia do que está procurando.

2 *Ela informa?*
Não de novo. Estácio não tem idéia do que ele quer relatar a seus espectadores sobre o exército. Exibindo tudo o que ele vir nos comandos militares, terminará por sobrecarregá-los de informações sem lhes acrescentar nada.

O que Estácio precisa é de um pouco de pesquisa para chegar a uma idéia que seja tanto interessante quanto informativa. Talvez fazer uma matéria sobre como o exército se desenvolveu nos últimos 10 anos. Ou uma reportagem, enfocando de que modo o sistema militar pode transformar homens simples, do interior, em habilidosos manejadores de complexas armas modernas, em um tempo relativamente curto.

Agora essas são realmente idéias para um programa, Estácio. Mas para criá-las e finalmente transformá-las em programa, você precisa pesquisar. E esse é o nosso próximo passo.

SUMÁRIO

Idéias

Renove sempre as fórmulas, observando o tempo todo novas maneiras de aperfeiçoá-las.

Teste todas as idéias novas de produção perguntando:

1 Ela entretém? SIM para todas as idéias.

2 Ela informa? SIM também para todas (exceto para programas que visam exclusivamente ao entretenimento)

A televisão não é um bom veículo para a comunicação de grandes quantidades de informação detalhada. Você tem de selecionar apenas os fatos mais importantes para o seu programa e excluir os demais.

Sugestões para gerar boas idéias:

1 Faça produções sobre assuntos que você conheça bem.

2 Dê a você mesmo uma chance de fazer programas de sucesso selecionando temas de interesse humano (assuntos inéditos e curiosidades interessam mais do que estatísticas de exportação).

3 Mantenha um Arquivo de Idéias.

Pesquisa

Os produtores da TV Cambalacho não estão muito familiarizados com pesquisas.

De certa forma pesquisar parece ser trabalho elementar, algo para estagiários e assistentes de auxiliares subalternos da produção fazerem (não há pesquisadores na TV Cambalacho). Por outro lado, parece ser trabalho de alto nível, de fato algo acima da competência dos produtores, algo que os funcionários da agência de notícias do governo fornecem prontinho ou os guias de museu repetem de cor.

Como resultado, os programas da Cambalacho não são pesquisados. Estácio Pão Duro, como sabemos, tem o hábito de aparecer com sua equipe em uma locação e filmar tudo o que estiver acontecendo. Romeo Landrover, o comentarista de esportes, rarissimamente sabe o nome de mais do que três jogadores de cada time, quando comenta o jogo de futebol. Certamente, ele não sabe fatos nem números sobre dois times que jogam.

Para programas mais ambiciosos, como documentários de uma hora de duração, Oscar Avelho, o bedel que se tornou produtor, pede a um especialista para escrever um resumo de cada tópico que ele escolheu. O documento resultante é chamado de *script*. E — Oscar diz — quem precisa de pesquisa se você tem um *script*?

A resposta é: todo mundo precisa de pesquisa. Mesmo tendo um resumo escrito por um especialista.

Dois pontos para serem lembrados acerca de pesquisa:

1 Toda produção precisa dela.

2 Os próprios produtores devem fazê-la.

Pontos bastante óbvios, mas freqüentemente ignorados. Como produtor, você deve, evidentemente, ter conhecimentos sobre o tema em que você estará baseando o seu programa. Isto não quer dizer que você precise saber tanto ou mais do que um especialista. Mas você necessita saber o suficiente para ser capaz de decidir o que colocar e o que não colocar no programa. A escolha de fatos que você julga importantes incluir nem sempre seria a mesma que o especialista faria. Mas desde que você possa justificá-la inteligentemente, sua escolha provavelmente será a mais indicada e eficaz para a televisão.

faça sua própria pesquisa

Portanto, você deve fazer sua própria pesquisa. Uma vez que é você quem descobre mais e mais sobre um assunto, você é a única pessoa que está procurando os pontos que funcionarão melhor em vídeo. Ninguém será capaz de reconhecer tais pontos melhor que você. Os consultores externos com certeza não serão capazes disso; esse não é o ramo deles. Funcionários da agência de notícias do governo conhecem mais acerca de divulgação do que sobre o trabalho de produção. Os guias do museu estão mais interessados em coletar do que em selecionar informações. E os acadêmicos estão sempre ligados à parte escrita e não à visual. Quando chega a hora de buscar e selecionar informações para o vídeo, você, o produtor, é o especialista.

raciocine em imagens

Você também é a única pessoa que estará — ou deveria estar — raciocinando em imagens e sua seqüência. Um autor, ao elaborar um livro, descobre que seus pensamentos agrupam-se em parágrafos; um produtor de vídeo deve encadear seus pensamentos formando seqüências visuais. Você deve estar atento para as boas tomadas-de-cena individuais que sintetizam uma situação, mas não conseguirá construir uma boa seqüência se não houver ligação entre as tomadas, da mesma forma que não é possível escrever um bom livro, reunindo-se fatos isolados de um bloco de anotações. Portanto, sempre tenha em mira situações que tragam não só imagens porém seqüências de imagens — elas são os blocos de construção de seu programa.

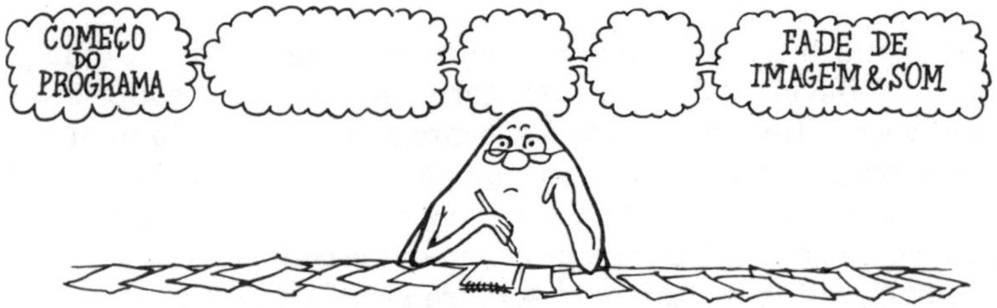

Pense em seqüências visuais

Como pesquisar? A resposta é: de todas as maneiras possíveis. Leia tudo o que puder sobre o assunto. Telefone para gente que possa informar, vá e converse com elas pessoalmente, se parecerem interessantes. Pergunte a seus colegas e amigos para ver se eles conhecem alguém. Visite locais e exposições. Pesquise o assunto na biblioteca. Veja programas antigos sobre o tema. Pense, use sua imaginação e discuta seu tema com qualquer pessoa que queira ouvi-lo. Esteja aberto a novas idéias — pesquisa deve ser uma experiência agradável e esclarecedora, não uma busca desesperada por material que apóie suas opiniões preconcebidas. Agora também é hora de começar a pensar na música, se você pretende usá-la em sua produção. Ela pode afetar a maneira de lidar com suas imagens. Se você dispuser de um pesquisador, raciocine em seqüências visuais, faça com ele as partes mais importantes da pesquisa e divida as tarefas restantes, comparando as anotações posteriormente.

usando um gravador Se você tem acesso a um gravador, grave toda entrevista importante com gente que possa contribuir para seu programa. Faça as gravações boas o suficiente para serem incluídas na edição, e encaixadas nas seqüências relevantes do programa editado; freqüentemente você descobre que as pessoas não são espontâneas e interessantes como da primeira vez que você as vê. Mas verifique se ao usar uma gravação assim você não estará violando nenhum acordo preestabelecido. Se o sindicato exige o técnico de som, leve um para as primeiras entrevistas com os colaboradores importantes de sua produção, particularmente se eles forem idosos ou parecem nervosos (ficaria muito caro ter um técnico de som para todas as suas entrevistas de pesquisa).

leve um caderno de anotações Finalmente, tenha um caderno de anotações para cada produção. Anote os fatos e acontecimentos que você levantou em sua pesquisa, lista de nomes e endereços de todos os envolvidos na produção, lista das seqüências possíveis, relações de despesas e assim por diante. Releia tudo periodicamente, durante a feitura de sua produção: idéias que você rejeitou anteriormente podem lhe parecer válidas agora que sua produção tem uma forma mais definida. Reler e manter bem o caderno de anotações ajuda a ordenar aquela miscelânea de idéias ainda não elaboradas em sua cabeça. Quando terminar a produção, não jogue fora o caderno. As fontes de informações e as idéias anotadas podem ser úteis para outro programa, algum dia.

SUMÁRIO

Pesquisa

Todo programa precisa de pesquisa.

Como produtor você deve fazer sua própria pesquisa, a fim de que:

1 você saiba sobre o assunto o suficiente para selecionar os pontos importantes que entrarão no vídeo e

2 durante a pesquisa você reconheça o material que ficará melhor em vídeo e ninguém mais poderá fazer isto melhor que você.

Raciocine em imagens e em seqüências de imagens.

Elabore toda idéia que sirva de provável abertura do programa (*lead*) .

Seja receptivo a novas idéias.

Comece a pensar na escolha das músicas.

Grave as primeiras entrevistas com pessoas que provavelmente possam dar uma contribuição valiosa ao programa.

Mantenha um caderno de anotações.

Reco *

Reco é o prefixo de reconhecimento, uma palavra mais freqüentemente usada por recrutas, para descrever a operação de alguém que vai à frente das tropas para espionar.

Em vídeo, como na guerra, um reco, embora nem sempre possível, é sempre recomendável. Por quê?

Não há uma razão principal, apenas um elenco de pequenas razões.

Evidentemente, se você visitou a locação e definiu bem o que você pretende fazer, provavelmente não desperdiçará tempo lá, quando estiver com a equipe toda. Estar bem preparado sempre dá dividendos — tanto para a produção como para o orçamento.

Outros benefícios advêm de encontrar gente que você pretenda gravar ou entrevistar (ah, sim, você também faz reco de pessoas). Ao conversar com elas sobre seus planos estará dando a cada uma delas oportunidade de selecionar suas idéias antecipadamente. No decorrer do dia-a-dia você descobrirá que uma câmera, tal como uma arma, nem sempre ajuda a esclarecer suas idéias.

A discussão sobre o reco também faz o pessoal não ligado ao meio televisivo compreender o quanto é trabalhoso fazer um bom programa. A programação aparece tão facilmente na tela de TV, na sala, que a maioria das pessoas presume que fazer um programa não exige esforço. Imaginam os operadores saltando de rápidos veículos com a câmera em punho, consideram a entrevista um bate-papo — o processo todo é tão rápido e tranqüilo como usar o caixa automático de um banco. Como resultado, costumam destinar a você um tempo muito pequeno.

Não os desiluda demais ou eles poderão preferir não participar. Mas à medida que você faz o reco, a experiência vagarosamente lhe fará ver que fazer um programa dá mais trabalho do que roubar um banco.

O que você faz num reco? A *checklist* a seguir será útil.

---

* A tradução manteve o espírito do original em inglês. Nas produções de televisão no Brasil, o "Reco" ou reconhecimento é chamado de *checagem*. (Nota do Revisor Técnico).

1 *explore o local*

Observe minuciosamente a locação e veja o que ela tem a oferecer.

2 *converse com as pessoas*

Converse longamente com as pessoas do local. Seja curioso com qualquer detalhe e com tudo que prometa algo relevante para sua produção. Algo que eles falem ou que você perceba que possa sugerir uma nova idéia ou um novo modo de contar a sua história.

3 *verifique o sol*

Confira onde o sol estará quando você retornar para a gravação ou filmagem. Isso é importante. Um sol baixo no horizonte, à tardinha, pode tornar impossível filmar algumas das cenas. Um sol brilhante atrás de um edifício pode dar uma sombra tão escura na frente dele que nada produzirá uma imagem aceitável.

4 *liste as seqüências*

Faça uma lista das seqüências que você pretende filmar e ponha-a em discussão com o pessoal de lá. Peça a eles para ajudarem.

5 *relacione as tomadas-de-cena*

Faça uma lista completa das tomadas-de-cena que você deseja para cada seqüência. Experimente e pense em algo que seja incomum, mas que sirva para sua história, talvez uma tomada de cima da capota do carro de reportagem ou uma ao nível do chão, com o operador de câmera dentro de um bueiro de rua (de preferência sem água). Um ângulo fora do comum muitas vezes pode tornar interessante uma cena comum. Assim, peça para filmar de telhados baixos, guinchos de trocar lâmpadas, correias transportadoras e assim por diante. Lembre-se que, como produtor, você pode freqüentemente obter permissão para posicionar sua câmera em lugares que seriam proibidos ao público (nos trilhos de trem, mastros de navio, subsolo de minas etc.). Portanto, aproveite essa vantagem; você está lá a mando de seus espectadores. Procure realizar principalmente aquela tomada-de-cena que diga "tudo" — e seja inesquecível; ao retratar a devoção da enfermeira ao paciente, o entusiasmo do fã clube, a torcida do time.

As tomadas mais interessantes são, muitas vezes, obtidas quando as coisas estão acontecendo: a inauguração de uma nova fábrica, o novo uniforme sendo experimentado, o dia em que um velho navio de guerra está sendo retirado de circulação. Os edifícios são mais interessantes quando estão sendo construídos ou demolidos, as escolas quando os alunos estão entrando, na hora do recreio ou voltando dele. É tempo perdido mostrar coisas estáticas em televisão; o ideal é mostrar quando as coisas estiverem acontecendo ou mudando diante dos olhos da audiência. Você descobre que a tomada é desse tipo quando o trabalho do operador de câmera não é o que mais chama a atenção das pessoas presentes na locação.

6 *eletricidade*

Confira se há tomadas para sua iluminação e que tipo de plugues elas aceitam. Confira também a voltagem, se há radar, raio-X ou equipamentos de detecção por campo magnético, que podem interferir no som, ou na gravação de vídeo. Instalações industriais de hoje em dia e as bases militares usam cada vez mais esses equipamentos. Eles podem interferir em gravadores de vídeo e microfones.

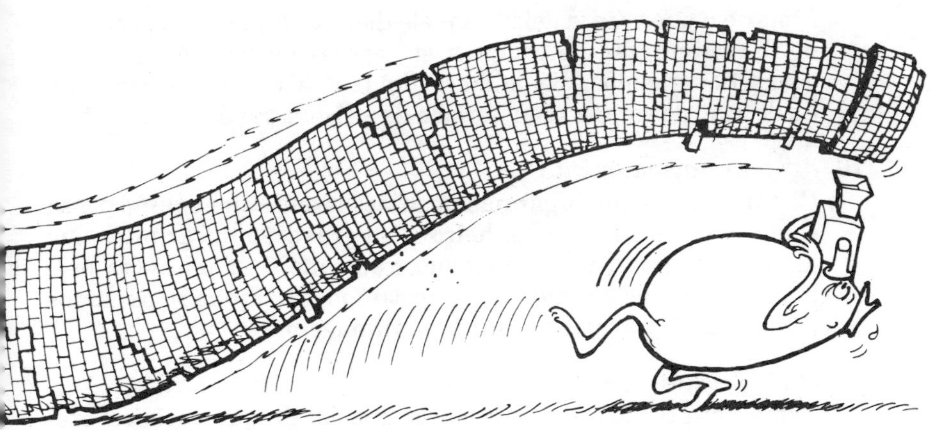

Mostre as coisas quando elas estiverem mudando

7 *som*

Ouça os ruídos na locação. Se vierem de fontes que o espectador não verá, eles ficarão mais altos quando gravados do que realmente são na realidade, e poderão ser extremamente desagradáveis. Ruídos contínuos, de lugares como uma construção ao lado, estradas e aeroportos, provavelmente ficam melhor quando localizados por uma tomada que mostre a fonte do ruído. No caso de ruídos baixos, como de ar condicionado, bombas de aquário etc., é aconselhável que você pergunte se dá para desligá-los enquanto você estiver filmando. Faça isso durante o reco, a fim de dar tempo para qualquer arranjo especial que precise ser feito. Não se esqueça de perguntar se ali é rota de avião, ou quando a construção ao lado liga a serra circular. O retorno do tempo gasto no reco vem no dia da locação, cujo tempo de trabalho pode ser reduzido pela metade.

8 *permissão para filmagem*

Cheque duas vezes se você tem permissão para gravar com todos que você conversar. Isto inclui a polícia. Funcionários como os de relações públicas, relutam em admitir que eles, na verdade, não têm autoridade para dar permissões. Você precisa ser habilidoso para descobrir quem tem autoridade.

9 *estabeleça o dia da gravação*

Certifique seus contatos do dia e hora que você vai voltar para filmar e o que espera deles naquele dia. Verifique se não será dia de feira livre, dia de compras em épocas de presentes, dia de congestionamentos, dia de maré alta (ou baixa), dia de carnaval, de decisão de campeonato, feriado de aniversário da cidade etc.

10 *água e estacionamento*

Cheque se tem um lugar nas imediações onde sua equipe possa comer e beber (e ir ao banheiro) se a gravação durar mais que algumas horas. Se for na cidade, verifique se não haverá problemas de estacionamento. Se no campo, certifique se os carros estacionados não vão aparecer na filmagem.

11 *equipamento especial*

Tome nota de todo equipamento especial de que você irá precisar: tripés, objetivas, filtros de efeito, filmadora a corda para tomadas em minas de carvão ou em estações petrolíferas. *Walkie-talkies* são indispensáveis para quase todas as cenas onde a câmera fique distante do lugar da ação: por exemplo, numa lancha. A equipe vai precisar de botes infláveis, roupa de mergulho ou outra roupa especial?

12 *leve uma máquina fotográfica*
Costuma ser útil fotografar quando se faz o levantamento de produção. Uma foto pode ajudar a equipe a escolher as luzes certas ou dar uma idéia ao artista plástico que fará um desenho para apresentação do programa. As fotos são particularmente úteis se você estiver fazendo uma novela gravada parcialmente em externas, e parte em estúdio: o cenógrafo, a figurinista, o contra-regra, o iluminador e os técnicos de som vão achar as fotos de enorme valia.

13 *fotos de divulgação*
Sua máquina fotográfica também fará você lembrar de possíveis fotos para publicidade de sua produção. Se você encontrar algo interessante, arranje um fotógrafo publicitário para estar com você no dia da locação.

14 *como chegar lá*
Finalmente, certifique-se de ter dado instruções claras e precisas sobre como chegar à locação. Um mapinha costuma ser útil. Se a locação for no meio de não-sei-aonde, é uma boa idéia marcar um encontro e seguir em comboio. Ou, se a equipe for enorme e houver um número muito grande de participantes, convém instalar tabuletas com uma palavra-chave nos entroncamentos de rodovias. Não vá mencionar "TV" que você irá atrair uma multidão indesejável!

reco de eventos De vez em quando lhe pedirão para gravar ou filmar um evento que não foi produzido especialmente para você e que, portanto, não pode começar e acabar quando você quiser (abertura de cerimônias, formaturas etc.). Quando você fizer o reco desses eventos, decida primeiro que parte deles lhe interessa e depois descubra, com o máximo de detalhes, o que realmente vai acontecer naquela parte (ou partes). Muitas vezes os organizadores do evento não pensaram ainda nos detalhes e neste caso você pode, diplomaticamente, tornar-se um dos organizadores e ajudá-los no evento, tanto quanto possível, para benefício mútuo.

Toda essa preparação pode envolvê-lo num bocado de trabalho, principalmente se você pretende gravar uma boa parte ou mesmo todo o evento programado (raramente é necessário, a menos que esteja fazendo uma transmissão). Mas isto é absolutamente vital se você quiser evitar que seu operador de câmera fique terrivelmente confuso, sem saber quem fará o quê, em seguida. O caso clássico foi o da cobertura de Vicente Tarda, de um coral de idosos (Tarda é o produtor de noticiários da TV Camba). As senhoras estavam alinhadas de um lado do palco e os cantores do outro, com o solista na frente. O câmera* começou com uma tomada com objetiva grande-angular e depois, quando os homens começaram a cantar, vagarosamente fechou a objetiva *zoom* para focalizá-los. Um pouco antes de ele completar o movimento da *zoom* os homens pararam de cantar e as senhoras começaram. Ele vacilou por um momento, querendo saber se fazia um movimento panorâmico em direção às senhoras; e decidiu que não. As mulheres continuaram cantando por um tempinho; então ele resolveu fazer a *pan* em direção a elas. Quando chegou nelas, elas pararam de cantar e os homens recomeçaram...

Você pode ver que as possibilidades de confusão são infindáveis. Se fosse feito um reco adequado (de preferência durante um ensaio de um evento desse tipo), Vicente teria evitado todos esses problemas. Se o operador de câmera pudesse ter acompanhado o reco, seria ainda melhor. Mas esse é um refinamento no qual a Camba ainda não pensou.

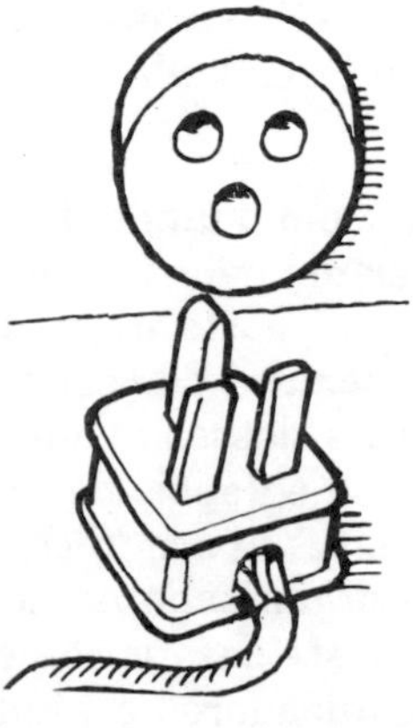

Verifique a eletricidade do local

* A expressão consagrada é o câmera, para designar operador de câmera. (N.T.)

SUMÁRIO

Reco

Sempre aconselhável, nem sempre possível.

Levantamento faz parte da pesquisa. Acostume-se a:

1 examinar a locação

2 conversar com o pessoal do local

3 verificar a posição do Sol

4 trabalhar as possíveis seqüências

5 procurar tomadas-de-cena interessantes, particularmente aquelas que mostrem ação ou que digam "tudo"

6 testar a eletricidade da locação e fontes de perigo para a gravação de som e vídeo

7 checar problemas de ruído, tanto os óbvios como os menos evidentes

8 verificar duas vezes as autorizações para a gravação

9 checar se todos os envolvidos sabem os dias e horas das filmagens. Conferir no calendário os feriados, marés e outros eventos que impediriam as filmagens

10 providenciar alimentação e banheiros para a equipe. Arrumar lugar para estacionar os veículos

11 perguntar se serão necessários *walkie-talkies* e equipamentos especiais

12 tirar fotografias que possam ajudar os técnicos

13 pensar em fotos de divulgação. Neste caso, arrumar um fotógrafo para estar no dia da filmagem

14 dar instruções claras de como chegar lá.

Faça um detalhamento dos eventos programados.

Leve um operador de câmera quando possível nos levantamentos.

Alternativas

A TV Cambalacho é uma televisão cautelosa. Seus produtores utilizam apenas as técnicas que eles conhecem e evitam experiências. Dessa forma não há chances de fracassos em nenhum programa. Da mesma forma eles também não têm chance de fazer um grande sucesso.

Assim os espectadores da Camba ficam restritos a programas de blá-blá-blá ou enlatados, uma musiquinha de fundo (efeitos sonoros com sincronismo são tão raros que você estaria perdoado se pensasse que estamos na era do filme mudo). Todos os programas começam com o cenário de um apresentador sentado na famosa Cadeira de Apresentador TV Camba (a audiência sabe que é a mesma pelo rangido que ela faz). E as chamadas para os próximos blocos são as mesmas todos os dias; o roteiro simplesmente muda o título do programa conforme o dia da programação. De fato, os produtores da Camba têm se mantido tão fiéis às mesmas técnicas, desde a inauguração da emissora, que eles parecem ter esquecido que existem outras possibilidades.

Todos os produtores deveriam sempre experimentar e ampliar suas altas motivações pessoais de técnicas de produção. Para tanto, aqui está uma lista de técnicas, um inventário das alternativas que qualquer produtor de vídeo pode usar. Ela não é completa. Qual lista desse tipo poderia ser? Novas técnicas estão continuamente sendo desenvolvidas e talentosos produtores conseguem usá-las, com êxito, técnicas que outros igualmente talentosos não são capazes de usar.

Claro que nem todas as técnicas a seguir podem ser utilizadas no mesmo programa. Mas tente, se você achar que uma técnica em particular o ajudará naquilo que está tentando dizer. Ficará prazerosamente surpreso ao ver quanta diferença um mínimo de esforço extra — e imaginação — é capaz de fazer.

A

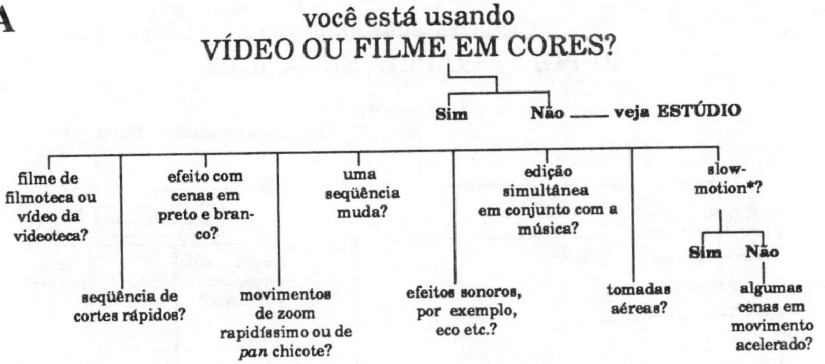

B

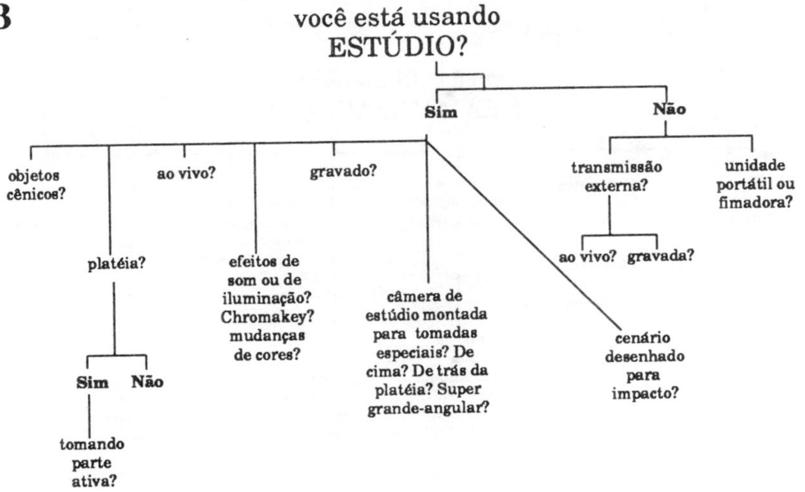

* A expressão pode ser traduzida por câmera lenta. Nas TVs brasileiras, os operadores usam simplesmente *slow*. (NRT)

C

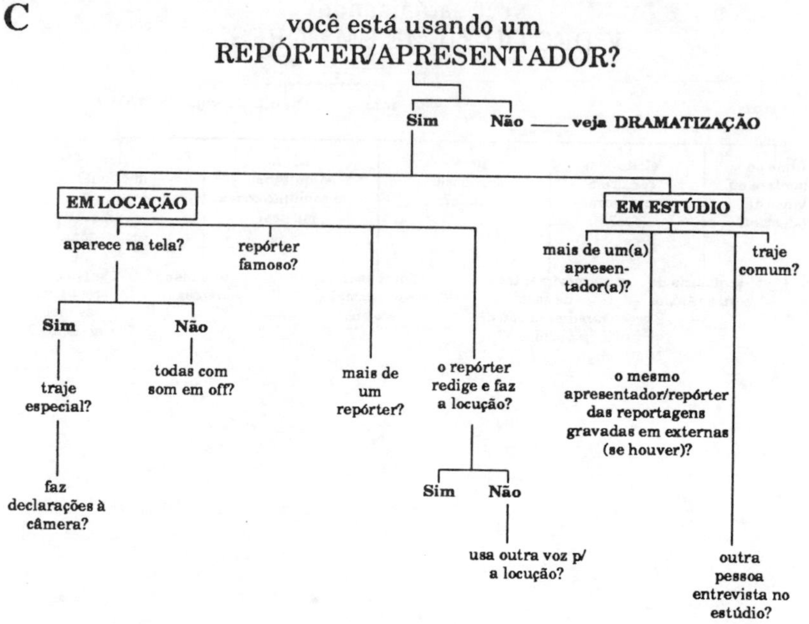
você está usando um
REPÓRTER/APRESENTADOR?
Sim
Não
veja DRAMATIZAÇÃO
EM LOCAÇÃO
EM ESTÚDIO
aparece na tela?
repórter famoso?
Sim
Não
traje especial?
todas com som em off?
mais de um repórter?
o repórter redige e faz a locução?
Sim
Não
usa outra voz p/ a locução?
faz declarações à câmera?
mais de um(a) apresen-tador(a)?
traje comum?
o mesmo apresentador/repórter das reportagens gravadas em externas (se houver)?
outra pessoa entrevista no estúdio?

D

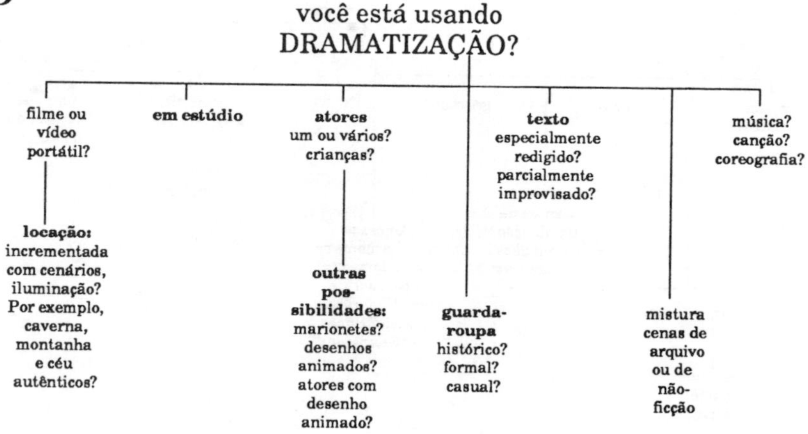
você está usando
DRAMATIZAÇÃO?
filme ou vídeo portátil?
em estúdio
atores
um ou vários?
crianças?
texto
especialmente redigido?
parcialmente improvisado?
música?
canção?
coreografia?
locação:
incrementada com cenários, iluminação? Por exemplo, caverna, montanha e céu autênticos?
outras pos-sibilidades:
marionetes? desenhos animados? atores com desenho animado?
guarda-roupa
histórico?
formal?
casual?
mistura cenas de arquivo ou de não-ficção

E

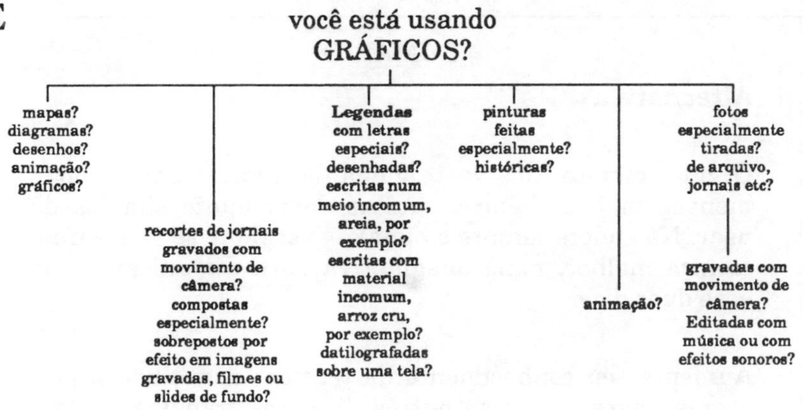

Quando você assistir a televisão ou filmes, tome por hábito observar as técnicas empregadas. Você poderá ser capaz de utilizar algumas delas, especialmente adaptadas, em suas próprias produções. Lembre-se que o diretor ou produtor cujo trabalho você está assistindo enfrentou os mesmos problemas. Será que ele adotou a solução mais simples? Acabo de assistir a um filme onde tem uma cena com um menino montando pela primeira vez um cavalo selvagem. O menino e o cavalo estão nadando no mar. O diretor preferiu filmar a cena toda debaixo dágua, de tal forma que tudo o que vemos são as pernas do menino cuidadosamente montando no cavalo. Uma idéia original e criativa que transmite beleza.

Idéias mais simples usadas com imaginação e originalidade podem brotar assim também — esforce-se bastante para conseguir uma em sua produção. Mas sempre se certifique de que a técnica adotada ajuda a comunicar o ponto que você quer. As técnicas que não são muito apropriadas facilmente podem se sobrepor à sua mensagem em vez de levá-la à audiência.

SUMÁRIO

Alternativas

O vídeo oferece uma vasta gama de técnicas para levar a mensagem à audiência, muitas delas muito simples de usar. Não adote sempre o banal — verifique se existe uma técnica melhor, mais imaginativa para comunicar o que você quer dizer.

Aumente seu conhecimento de técnicas assistindo a programas para ver como outros diretores trabalham. Você poderia adaptar algumas dessas idéias para suas próprias produções.

As técnicas podem ajudar como complemento, mas não devem atrapalhar a mensagem que você quer transmitir.

Roteiro

A pesquisa preliminar agora está terminada. Pode ter consumido um mês, uma semana ou o tempo que se leva para fazer uma ligação telefônica. Mas ao menos você repensou, fez perguntas, conseguiu algumas respostas e definiu uma maneira de realizar sua produção.

Agora você está pronto para fazer o roteiro. Consiste em relacionar, num pedaço de papel tudo aquilo que você pretende colocar na produção. Sob a forma de anotações, com as imagens à esquerda e a indicação do respectivo som à direita. Algo coisa como:

Inauguração da Ponte sobre o Rio

	Vídeo	Áudio
1	Multidão chega para a inauguração	locução: a nova ponte inaugura-se hoje — ela substitui as balsas
2	última viagem da balsa	as balsas funcionam desde 1936 — a última travessia, domingo ao meio-dia
3	Entrevista com o capitão da balsa *insert*: foto do barco a remo	som direto: "fim de uma era — as balsas substituíram os barcos a remo — no começo, a hostilidade às balsas — sinto tristeza pelo fim"
4	Filme de arquivo: a ponte sendo construída	locução: a nova ponte teve início há dois anos atrás (corta p/ locução do filme de arquivo)
5	Entrevista com engenheiro	som direto: "dificuldades durante a construção..."
6	Multidão reunida para a inauguração	o povo fala: que diferença a nova ponte vai fazer no seu dia-a-dia?

7	Chegada das autoridades e início da cerimônia	som direto e locução conforme for necessário
8	Palmas, vivas	idem

Provavelmente, esse é o nível de detalhe máximo que você vai precisar no roteiro. Mas por que se dar ao trabalho de fazê-lo?

As vantagens aparecerão na medida em que você o faz. Ao colocar no papel o que você pretende, você se concentra magnificamente. Por exemplo:

- suas idéias funcionarão?
- você planejou seqüências suficientes para a história que você quer contar?
- as seqüências planejadas acrescentam algo, em termos de conteúdo e duração?
- você deixou de informar alguma coisa?

Tudo isso — e mais — aparecerá quando você fizer o roteiro.

Com experiência, você será capaz de reconhecer os pontos fortes e fracos e esse reconhecimento o ajudará muito durante a gravação. Não é preciso se prender como escravo a cada seqüência que você planejou. Durante a gravação, novos fatos podem surgir (o processo de descoberta nunca pára); ou alguns eventos que você acreditava que seriam um sucesso podem se tornar decepcionantes. Se isso acontecer, nada de parar para modificar a seqüência planejada. Mas se você tiver um roteiro trabalhável no papel duplicará sua chance de realizar uma boa produção.

Os produtores da Camba naturalmente evitam, a todo custo, fazer um roteiro. Virginia Madona acha que se ela fizer um roteiro para os itens de sua revista feminina semanal, esta parecerá empobrecida, como de fato seu programa é, uma vez que nunca deixa sua fórmula primária.

Estácio Pão Duro não gosta de colocar suas idéias no papel; ele acha que não é capaz de pensar em nada ao fazer isso. Certa vez, um programa seu sobre o trânsito de uma cidade consistia em 25 minutos sobre — adivinhe?...— congestionamento! E nada mais. O roteiro para o programa (se é que houve algum) constaria de "tomadas de congestionamentos". Mesmo Estácio teria compreendido que havia algo errado nisso como um projeto de produção.

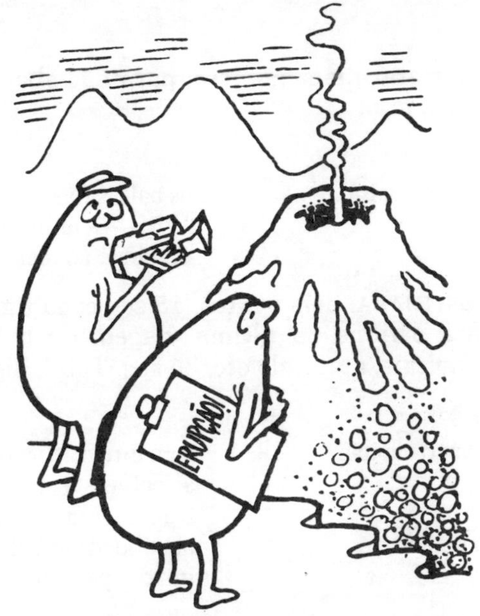

Alguns eventos podem
ser decepcionantes

estimativa de tempo

Qual a duração do programa, uma vez que você colocou todas as seqüências em seu roteiro? Estimar isto pode ser um problema. Você planejou o bastante, ou muito pouco?

O jeito é estimar a duração provável de cada seqüência, individualmente, para depois somar e chegar a um total. Você vai descobrir que isso ajuda se a lista dos pontos que deseja fazer, na coluna "som" de seu roteiro, for a mais completa possível. Se você deixar 15 segundos para cada ponto, mais alguma coisa para as imagens sem locução, o total não ficará muito longe do real. Vamos ver como isso funciona com o programa do Rio.

Seqüência 1

multidão chega para a inauguração	locução: a nova ponte inaugura-se hoje — ela substitui as balsas

DURAÇÃO ESTIMADA: dois pontos (itens), a 15 segundos cada um, 30 segundos. Dando 5 segundos a mais para a abertura do programa (não dá para começar a locução imediatamente!).

Mas sem demorar mais que isso, para não aborrecer. Total da seqüência: 0,5 min.

Seqüência 2

última viagem da balsa	as balsas funcionam desde 1936 — a última travessia, domingo ao meio-dia

DURAÇÃO ESTIMADA: dois pontos, 15 seg cada um, 30 seg. Uma quebra para o filme da última viagem da balsa: chegando, atracando no cais, apitando etc. 30 seg. Total, digamos, 1 min.

Seqüência 3

entrevista com o capitão da balsa	som direto: "fim de uma era — as balsas substituíram os barcos a remo — no começo, a
insert: foto do barco a remo	hostilidade às balsas — sinto tristeza pelo fim"

DURAÇÃO ESTIMADA: quatro pontos, 15 seg cada um, 1 min. Dando um tempo extra para o capitão falar, digamos, 30 seg. Total, 1,5 min (note que o *insert* da foto do barco a remo vai ser feito em cima da fala do capitão, assim não haverá necessidade de outro tempo extra).

Seqüência 4

filme de arquivo: a ponte sendo construída	locução: a nova ponte teve início há dois anos atrás (corta p/ locução do filme de arquivo)

DURAÇÃO ESTIMADA: o filme de arquivo é particularmente interessante, porque nele se afirma que a ponte levará apenas seis meses para ser concluída! Dê tempo para introduzir o filme de arquivo (15 seg), mais 15 seg para fazer a locução sobre aquele ponto (a nova ponte começou há dois anos...), mais 1,5 min para a locução original do filme de arquivo. Total, 2 min.

Seqüência 5

entrevista com engenheiro	som direto: "dificuldades durante a construção..."

DURAÇÃO ESTIMADA: um ponto, 15 seg. Mas certamente o engenheiro vai querer dar detalhes de suas dificuldades e sua fala pode se prolongar um pouco. Assim, dê 1,5 min.

Seqüência 6

multidão reunida para a inauguração	o povo fala: que diferença a nova ponte vai fazer no seu dia-a-dia?

DURAÇÃO ESTIMADA: dê 15 seg para situar a pergunta para os populares (uma técnica segundo a qual você faz a mesma pergunta a dezenas de pessoas e depois usa extratos curtos de suas respostas ou apresentando os nomes deles); em seguida, cerca de 15 seg para cada uma das seis respostas selecionadas. Total, 1 min e 45 seg. Digamos 2 min, para facilitar o cálculo.

E assim por diante.

A vantagem de se fazer uma estimativa de cada seqüência é que os cálculos para mais e para menos tendem a se cancelar mutuamente, dando uma idéia acurada da duração do programa completo. Mas apenas por segurança, acrescente 25% a mais do que você vai precisar. É mais fácil cortar do que acrescentar coisas num programa. De fato, as produções geralmente se beneficiam ao se planejar um pouco a mais, para depois reduzi-las.

quantos dias para gravação

Quanto tempo vai levar para se fazer a gravação? O roteiro facilita o cálculo. A história da ponte vai, evidentemente, tomar grande parte de um dia: duas horas para cobrir a cerimônia e os populares e outras duas horas para as entrevistas com o capitão e o engenheiro. Para um programa envolvendo várias locações, trabalhe os dias de gravação requeridos alocando blocos de um dia ou de meio dia para cada locação. Não se esqueça de contar o tempo de viagem.

Além de ajudar a planejar e determinar a duração de uma história, o roteiro proporciona um benefício adicional: a chance de parar por um momento e fazer um levantamento de como está caminhando a produção. Será que a pesquisa não cobriu os fatos certos e não consultou as pessoas certas? A idéia do programa continua informativa e interessante, agora que você a conhece melhor? É a hora de voltar às questões de teste do primeiro capítulo e reaplicá-las no seu projeto.

dando nome à sua história

Algumas vezes você enfrentará dificuldades em fazer um roteiro pelo que eu sugeri. Muitas vezes essa dificuldade é, por si só, um sinal que você não refletiu claramente sobre sua produção. Sua história é forte o bastante? O que você está tentando dizer? Você pode descobrir que possui tantos fatos desorganizados em sua mente que não é capaz de decidir o que é ou como você contará a história. Se for esse o seu problema, pode ser de grande ajuda arrumar um amigo e lhe contar, em cerca de vinte palavras coloquiais, do que trata seu programa (como se o amigo, ou amiga, tivesse perguntado). Por exemplo: "Vou mostrar a inauguração da ponte nova e descobrir como a população costumava atravessar o rio antes". O próprio esforço de colocar sua história em poucas palavras dirá a você: primeiro, se você tem uma história; segundo, o que é sua história e, terceiro, se é interessante e informativa. Se você deixar, o seu cérebro fará o restante quase que automaticamente, desde que você utilize a linguagem coloquial. Com freqüência são as frases pomposas que tornam difícil entender do que trata a história (tal como "A Saga da Construção da Ponte sobre o Rio Vemcomigo — Epílogo"). Uma vez que você tenha identificado a sua história, pode organizar o material, a fim de que seja compreendido da maneira mais eficaz.

Tome cuidado se a sinopse da história for vaga como "este documentário mostra o trabalho da polícia" ou "este documentário mostra o que acontece em nossas bases militares" (esta é a história de Estácio Pão de Duro). Estas histórias sugerem que não existe razão alguma para o espectador assisti-las, nada prometem de informação ou de interessante. Se em vez disso você disser: "Quero mostrar as novas técnicas da polícia para diminuir o crescente índice de criminalidade", você identificou uma história específica que pode apresentar alguma coisa válida para se assistir.

Outra sugestão útil para encontrar sua história é perguntar a si mesmo "Por que estou fazendo esta história agora? Poderia ser feita no ano que vem ou ter sido feita no ano passado?" Pensando sobre isto você questionará a relevância de sua história para a audiência. Talvez a melhor forma de avaliar a importância de definir precisamente o que você está tentando contar seja fazer uma comparação com aquele gênero de filme em extinção, o de viagens. Porque o problema do filme de viagens é não ter história para contar; não tem nada a dizer sobre os lugares que ele mostra. O resultado é que o espectador fica condenado a assistir a uma sucessão interminável de danças folclóricas e imagens do tipo de cartão-postal. A narração dos filmes de viagens torna-se ridícula: "Participe desta história em uma convidativa gôndola", ou "Não há maneira de se falar mais claramente sobre a antiga cultura destes amantes da natureza, do que através desta tradicional dança dos queijos" ou "Assim dizemos adeus a esta terra abençoada com música e alegria".

Não é de se admirar que o gênero do filme de viagens esteja desaparecendo. Certifique-se de que sua produção não esteja sendo absolutamente óbvia sobre aquilo que você quer dizer.

SUMÁRIO

Roteiro

Passada a fase da pesquisa preliminar, faça um roteiro. Ponha a imagem do lado esquerdo, o som do lado direito.

Verifique seu roteiro para ver se você tem
- uma idéia trabalhável,
- material suficiente para cobrir a história, na duração que você quer e
- não se esqueceu de nada.

Calcule a duração total pela estimativa de duração de cada seqüência, somando-as depois.

Por segurança, planeje cerca de 25% a mais de material daquilo que você calculou anteriormente.

Calcule os dias de filmagem necessários.

Defina a história resumindo-a em cerca de vinte palavras simples.

A idéia é interessante e informativa?

Quão relevante ela é para o espectador típico e por que ele (ou ela) deveria assisti-la?

Por que você está fazendo essa história agora e não noutra ocasião?

Locações

Oscar Avelho, produtor de documentários da Camba, nunca vai a uma locação com a equipe quando é tempo de gravar seu programa sem que ninguém saiba, é lógico. Ele se justifica dizendo: "realmente eu não sei o que eu quero filmar e talvez o operador de câmera possa arranjar alguma coisa boa. Além disso, ele tem mais experiência em locações do que eu. De qualquer forma, estou muito ocupado para sair agora. Tenho de pegar meu carro na revisão..."

Assim, Oscar selecionou duas das três razões suas. Ele não está seguro sobre o que deseja filmar (muito pouca pesquisa, nenhum levantamento e certamente nenhum roteiro...) e o câmera quase com certeza tem mais experiência em locações do que ele. Seria bom demiti-lo antes que ele revele isto publicamente.

É lógico e evidente que os transtornos dessa política de "ficar em casa" virão. A ausência de Oscar pode não trazer influência alguma nas tomadas-de-cena. Mas a cobertura como um todo certamente sofrerá (são raras as pessoas que conseguem dirigir e operar a câmera ao mesmo tempo — é muita coisa para uma pessoa sozinha fazer). Certamente, quem perde com isto é o Oscar, porque se ele não sai em locação com sua equipe, deixa de adquirir experiência de filmagem. E fica sem oportunidade de se aperfeiçoar em sua especialidade. Assim ele mata dois coelhos, que seriam seus, com um só golpe: a oportunidade de realizar um bom programa (se ele sair bom, não será mérito dele) e a de fazer trabalhos melhores no futuro. Porque — acredite — nenhum professor se compara à experiência.

Assim, o que faria você, produtor novato, com um experiente operador (ou operadora) de câmera, quando em locações?

informando o câmera Primeiro, explique ao operador, resumidamente, sobre a produção e as partes importantes do roteiro. Não desanime se ele não quiser ler o roteiro, nem quiser saber sobre o programa; alguns câmeras gostam de trabalhar na base de uma explicação cena a cena e ignoram todo o restante. Se você encontrar esse tipo de profissional, conte a ele muito brevemente sobre o que é a história; sempre há uma chance de ele ficar interessado.

Depois comece filmando as partes mais importantes da história. Assim, se o equipamento pifar ou se o tempo fechar, você terá gravado ao menos alguma coisa. De fato, como a tecnologia de hoje está ficando cada vez mais confiável, é provável que o clima seja o fator de maior risco. Portanto, é uma boa idéia fazer primeiro as externas se o tempo estiver firme, para não se correr o risco de uma mudança climática.

cena principal

sua TV mental

Comece gravando cada seqüência, cobrindo a ação principal com uma tomada-de-cena em ângulo aberto. Essa cena é denominada de cenário da ação principal. Em seguida peça aos colaboradores para repetirem a ação, se preciso, mais do que uma vez, de tal forma que você possa fiscalizar os *close-ups* e captar as reações corporais e faciais de que você precisa. Se você sentir dificuldade em planificar a ação principal, feche os olhos e imagine um estúdio de televisão montado para mostrar a seqüência que você quer filmar. Assista a seqüência, identifique cada imagem (se ela é um *close-up*, um plano médio ou um plano geral, se a câmera se movimenta etc.*) e aí está sua planificação cena a cena. Se você esquecer um dos planos, passe de novo a seqüência na sua TV mental.

* O Resumo nº 1 explica a linguagem das tomadas e dos movimentos de câmera.

ordem de gravação

Você não precisa gravar os planos na ordem em que eles aparecerão na história acabada (apesar de que, pulando tomadas sem necessidade, pode complicar a gravação e trazer problemas de continuidade). Mas tente; e evite pôr a câmera de volta a uma posição anterior, já filmada. Isso constitui uma evidente perda de tempo. Para evitar isso você deve relacionar o número de todas as tomadas-de-cena de que você vai precisar com a câmera em determinada posição; e depois filmá-las, uma em seguida da outra. Aí mova para a próxima posição de câmera e assim por diante. Esta não só é uma maneira lógica de proceder, como também pode trazer outros benefícios.

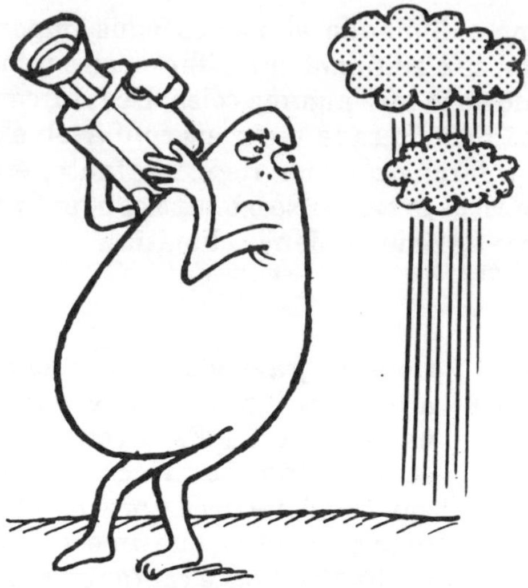

Faça as externas antes
que o tempo mude

reportagem sobre o veneno-na-garrafa Suponha que você vá fazer uma reportagem apontando quantas lojas infringem a lei, vendendo venenos como herbicidas em vasilhames de refrigerantes — e sem mesmo identificá-las devidamente. Se o repórter de sua matéria tiver de entrar numa loja para comprar uma das garrafas, sair com ela e fizer um depoimento olhando para a câmera, é mais econômico e menos trabalhoso fazer todas as externas primeiro. Depois você entra na loja e filma seu repórter comprando a garrafa e entrevistando o lojista.

Você nota que mesmo com uma matéria curta como essa existem duas maneiras, no mínimo, de editar as cenas.

ou	*ou então*
fachada da loja	fachada da loja
repórter entrando	repórter entrando
compra veneno	compra veneno
sai da loja	entrevista lojista
fala para a câmera	sai da loja
entrevista o lojista	fala para a câmera

O ponto nevrálgico é onde colocar a entrevista com o lojista durante a edição de sua matéria. Você devia ter decidido isso quando fez o roteiro, já que a colocação da entrevista na edição final fará uma grande diferença no impacto da reportagem. Ou então você pensou, naquela altura, que a colocação da entrevista dependeria do que o lojista declarasse (o que, por sua vez, depende até certo ponto daquilo que você perguntar a ele). Será que ele vai ficar bravo se você perguntar por que ele vende uma substância venenosa em garrafas de refrigerante? Ou ele dará um tapinha nas suas costas e dirá que todas as lojas fazem isso?

Se ele ficar muito bravo, pode impedir seu repórter de filmar o depoimento em frente da loja, após a entrevista — essa é uma boa razão para você gravar a declaração do repórter antes da entrevista. Dessa forma, você sabe que está em segurança — você já gravou o repórter falando para a câmera. E, claro, se o lojista não mostrar reação alguma durante a entrevista, não há nada que impeça você de fazer uma outra versão da declaração do repórter após essa entrevista, levando em conta o que o lojista disse. Se você proceder assim, deu a si mesmo uma chance de escolha na forma de editar a matéria. Em geral isto também significa que você tem chance de produzir uma matéria melhor e de escolher a melhor edição. Se você fizer somente uma versão da declaração à câmera, não tem jeito de comprovar que você fez a melhor escolha.

Agora você já pode ver as vantagens de determinar a ordem de gravação, mesmo para reportagens aparentemente lineares. A primeira vantagem é que o planejamento impede você de deixar a declaração à câmera para depois da entrevista — o lojista pode barrar você se ele ficar irritado, ou pode ter começado a chover — e se alguma destas coisas acontecer, você volta com meia cobertura da matéria e um tremendo problema de edição.

E o planejamento levou você a refletir sobre a possibilidade de gravar uma segunda versão da declaração à câmera, ajustando-a à entrevista mais precisamente e, assim, enriquecendo sua matéria. O quanto vale fazer a lição de casa... em casa!

cálculo de gravação

Que quantidade você deve gravar?

Se estiver usando videoteipe, provavelmente você estará recebendo grande pressão para terminar sua matéria para a transmissão no mesmo dia; a grande vantagem do vídeo, afinal, é sua imediaticidade. Assim, o quanto você deve gravar está limitado por dois tipos de tempo: o tempo disponível antes de ir ao ar e o período disponível na ilha de edição eletrônica. Na certa você terá de restringir os dois e assim é bom limitar o uso de fita ao necessário para cobrir a matéria adequadamente. Lembre-se de que a edição em vídeo normalmente dura, *no mínimo*, mais de duas vezes e o tempo que você gravou em fita: uma vez para assistir, uma vez para marcar e transferir*, e um período (que depende de você) para tomar as decisões de edição.

A T.V Cambalacho ainda usa filme cinematográfico para a maioria dos documentários. Assim os produtores de filmes não ficam sob muita pressão, como aqueles que produzem em vídeo; a Camba admite que apenas no caso de reportagens sintéticas, a película deve ser filmada, revelada, montada e transmitida no mesmo dia.

O resultado é que os produtores da Cambalacho ficam um pouco mais livres para escolher o quanto de filme usar para cada matéria. Mas nem sempre eles se beneficiam com esta liberdade.

A dama da produção — Virginia Madona —, por exemplo, é uma entusiasta poupadora de filme virgem e sempre procura um índice de filmagem de 1 por 1 (em outras palavras, para cada metro de filmagem, um metro de exibição). Virginia desaprovaria totalmente sugestões de filmar um depoimento alternativo à câmera. "Puro desperdício", diria ela.

A quantidade de filme depende, de certo modo, do sucesso que você espera que a matéria alcance. Para o filme do veneno na garrafa você precisa ao menos de um índice de 2 por 1 (dois metros para cada metro usado na edição final); um índice de 3 por 1 pode ser melhor. Você precisa dar ao editor material suficiente para que ele consiga uma boa edição. Documentários

---

*Transferir para máquina *on-line*, que é a que leva ao ar; em jornalismo eletrônico usa-se a edição *off-line* (NRT).

longos requerem ao menos 5 por 1. Até 10 por 1 é um índice aceitável. Os índices eram mais altos quando os custos de processamento e estocagem de filmes eram muito mais baratos. Mas não vá pensar que filmar bastante, por si só, garanta uma história melhor. Oscar Avelho certa vez voltou com um índice de 25 por 1 e ninguém na Camba sabia como editar essa montanha de filme. O que filmar é tão importante como o quanto filmar.

Para fazer um programa de sucesso você tem de fazer um malabarismo: prestar uma atenção enorme em cada detalhe, cena a cena, e ainda, ao mesmo tempo, nunca perder de vista a estrutura geral do programa. Aqui vão alguns aspectos que você deve ter em mente:

Lição de casa
Faça toda sua lição de casa meticulosamente (pesquisa, levantamento, roteiro etc.).

Cada tomada é importante
Filme cada tomada-de-cena como se fosse a mais importante do programa — afinal, na hora que ela estiver sendo exibida será a mais importante.

A Vista Geral
Para cada locação, filme ao menos uma Vista Geral (externa, no caso de filmar em interiores), mesmo que você ache que não vai precisar dela. Ficará surpreso com a freqüência que esta tomada-de-cena livra você de problemas na hora da edição.

A Tomada Descritiva nas Entrevistas
Para cada pessoa entrevistada, ao menos uma tomada-de-cena dela fazendo qualquer coisa. Não necessariamente será utilizada na edição final, mas é sensato ter uma, caso precise. Se você pode mostrar o entrevistado fazendo alguma coisa que dê à audiência uma compreensão sobre seu modo de ser (trabalhando no jardim, correndo ou brincando com o cachorro), tanto melhor. O importante é lembrar que essa tomada descritiva deve ter um cenário diferente daquele da entrevista e que seu entrevistado saia do campo da imagem no final da tomada-de-cena. Se isso não acontecer, você poderá causar um pulo de imagem entre a tomada descritiva e a entrevista, e não poderá empregá-la na edição.

Evite pulos de imagem
Você está na sala de edição. Você tem a tomada de um homem correndo pela rua e à medida que ele se aproxima da câmera você corta para uma tomada dele sentando numa poltrona para ler jornal. Você simplesmente colocou um corte brusco na edição: o homem pulou instantaneamente de um local para outro e o efeito é desagradável para o espectador. O modo de evitar isso é deixá-lo sair do campo da imagem antes de interromper a filmagem, assim como carros, aviões e tudo que se mova; no caso, continuar filmando até depois que o homem correndo ultrapassasse a câmera, saindo do enquadramento. Ou você pode cortar para um *close-up* do copo de bebida próximo à poltrona antes de mostrá-lo sentando-se. À medida que houver alguma imagem *sem* o homem, entre as duas cenas, você não tem de se preocupar com cortes bruscos.

Você deve planejar sua filmagem sempre a fim de evitar pulos de imagem; encurtar cenas na sala de edição resulta em cortes bruscos o suficiente para preocupá-lo. As formas de contorná-los são discutidas a seguir e no capítulo sobre edição.

Cortes intermediários (ou plano de corte)
Existem dois tipos de cortes bruscos — um que é muito evidente e outro que é o preço que se paga pela capacidade de se condensar o tempo. Você precisa de cortes intermediários para amenizar esses dois tipos de cortes bruscos — se você não puder evitá-los de outra forma.

o corte brusco-evidente

Vamos primeiramente tratar do corte brusco-evidente. Você quer cortar um pedaço do meio de uma cena contendo ação contínua. É fácil enxugar o som sem que o espectador sinta falta de algo. Não é tão fácil com a imagem — quando juntar as duas pontas haverá um corte evidente. Para encobrir esse pulo, você tem de inserir outro plano.

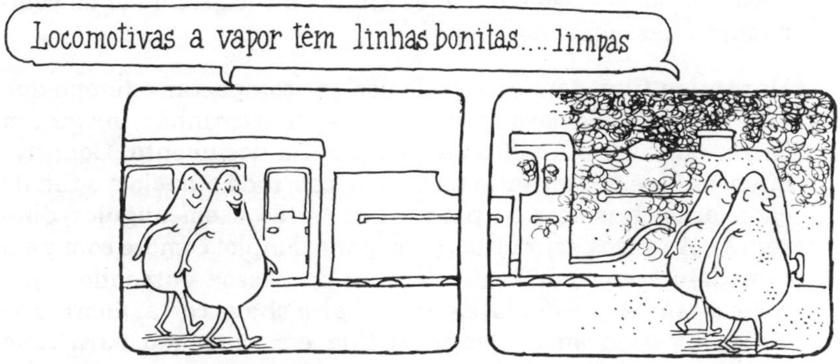

Um corte brusco, muito evidente: o corte de um pedaço da fala entre "bonitas e limpas" causa um pulo dos dois na plataforma.

A situação mais comum de se encontrar cortes bruscos evidentes é nas entrevistas. Aqui eu quero frisar que ninguém, até hoje, achou uma solução totalmente satisfatória para lidar com a questão. Todas as soluções são paliativas. Eis porque esse tipo de corte é evidente — porque não há nenhuma razão lógica, visual ou dramática para você dirigir o olhar do espectador para outra coisa fora da ação principal, naquela altura da entrevista. Seu corte intermediário foi puramente por razões técnicas — e isso não é bom. Lembre-se, a técnica deve ser a serva e não a mestra.

compactando o tempo

O outro tipo de corte brusco é muito mais fácil de ser feito porque flui naturalmente da surpreendente capacidade dos meios audiovisuais de encurtarem a passagem do tempo. Suponha que você esteja gravando um funeral, deslocando-se lentamente a caminho do cemitério. Você pode manter a cena do cortejo se aproximando por um período longo de tempo (ainda que longo, você tem música adequada na trilha sonora). Mas antes de o cortejo fazer a curva para entrar no cemitério, o interesse da audiência terá ido por água abaixo. Não é natural fazer um corte intermediário para as pessoas de luto chorando, para depois mostrar o cortejo entrando no cemitério? Note que o corte intermediário para as pessoas chorando precisa ficar "no ar" apenas uma fração do tempo que o cortejo leva, na vida real, para chegar ao portão do cemitério. E vai parecer normal para o espectador — isso é o que eu chamo de "capacidade de compactar a passagem do tempo".

Durante a filmagem você pode desejar compactar o tempo que leva na realidade para se fazer coisas como cozinhar, dirigir um carro, pintar um quadro ou conferir um documento. Com freqüência você dá um salto no tempo, cobrindo o início e o fim de cada ação dessas, com planos diferentes e em ângulos diferentes. A pessoa saindo do carro, por exemplo: comece com uma tomada-de-cena em ângulo aberto da pessoa entrando e daí corte o tempo que ela leva para achar a chave certa, apertar os cintos de segurança, dar a partida etc. cortando para uma tomada em câmera baixa do carro saindo até passar por ela. Porém, é mais provável que você irá precisar de cortes intermediários: expressões faciais e detalhes da ação principal; talvez tomadas do ponto de vista do sujeito principal da ação (no exemplo do funeral, uma vista dos observadores ao longo do caminho, do ponto de vista de alguém no cortejo). Faça seus cortes intermediários contribuírem o máximo possível para o conteúdo. Acima de tudo não se esqueça deles — você vai precisar.

Tomadas neutras

As Vistas Gerais e as tomadas descritivas de entrevistados são, ambas, exemplos de tomadas neutras. Você precisa dessas tomadas para mostrar algo à audiência enquanto a narração trata de assuntos que não podem ser ilustrados diretamente. Tomadas-de-cena de pessoas caminhando ou dirigindo, vistas de cidades ou paisagens, trânsito e crianças brincando são, todas, tomadas neutras aceitáveis.

O roteiro lhe indicará o quanto gravar; esteja certo de filmar o suficiente. Mas, cuidado: se metade ou mais de suas tomadas-de-cena forem neutras, a audiência quer ver coisas acontecendo na tela. Claro que quanto mais relevante for a tomada neutra para sua história, mais aceitável ele será.

Inserts

O dedo na tecla, o mostrador da máquina, o buraco da bala na vidraça: estes são alguns detalhes que podem atrair a atenção na sua produção e que não ficam bem em planos gerais. Portanto, faça *close-ups* deles, repetindo a ação completa (o dedo entra em campo, aciona a tecla, sai do campo da imagem) para dar ao editor a máxima liberdade de escolha do melhor ponto possível para o *insert*. Lembre-se de que qualquer ação filmada em *close-up* deve ser feita mais devagar que o normal. Ações abruptas entram e saem do quadro de imagem em *close-up* tão rapidamente que parecerão cômicas.

Pague uma, leve três

Há uma forma de você conseguir três tomadas-de-cena pelo preço de uma. Toda vez que fizer um movimento de *zoom*, peça ao operador de câmera para ficar filmando no começo do *zoom* por cerca de oito segundos e também no final do *zoom* por oito segundos. Assim você tem a alternativa de três tomadas para usar na edição, e que leva só vinte segundos extras na duração da filmagem (quatro segundos para pedir ao câmera e oito segundos para cada "esticada"). Também permite cortar o *zoom* durante a edição e utilizar apenas as duas pontas. Muito *zoom* pode estragar o filme, principalmente se inexistir uma boa razão para a utilização desse recurso. Você devia evitar o feio "vai-e-vem" do *zoom* fechando e depois abrindo na mesma tomada-de-cena.

Não confie no filme de arquivo

Os operadores de câmera que ficam com pressa na locação dizem para você: "Você não precisa ficar esperando passar uma ambulância (ou a viatura policial) porque há centenas de tomadas no arquivo — eu sei porque eu mesmo filmei uma semana passada".

Não seja enganado. Primeiro, o material da semana passada nunca diz exatamente o que você deseja transmitir na sua produção. Também não é provável que o operador saiba se a tomada foi eliminada junto com outras depois da edição. E se ela existir, provavelmente levará muito tempo para ser localizada. E se você quiser procurá-la e por uma sorte grande estiver exatamente do jeito que você queria (uma chance em mil), ela será de terceira ou quarta geração (se for vídeo) ou estará riscada (se for filme). De toda forma é provável que esteja abaixo do padrão de qualidade. Não seja tolo. O material de arquivo é indicado para cenas que informem claramente sobre a data em que foram filmados (a deterioração até que reforça o efeito); raramente passa como material novo, especialmente produzido. Se você estiver no lugar certo e puder captar o que você deseja, faça-o agora. Perdão, seu Câmera.

Overlaps (ponta para edição)
Não se esqueça dos *overlaps* — tanto para o som como para a imagem.

Na matéria do veneno-na-garrafa, por exemplo, quando você estiver filmando o repórter entrando na loja, continue filmando até bem depois que ele passou pela porta e não esteja mais visível do lado de fora. Então, quando você estiver filmando a porta com a câmera do lado de dentro da loja, você deve começar com uma tomada da porta sem nada, sem repórter. Em seguida você faz um sinal para que ele entre em cena caminhando e atravesse a porta. Na realidade você tem duas tomadas e duas gravações de áudio dele atravessando a porta — uma do lado de fora e outra do lado de dentro. Esse *overlap* proporciona ao editor e a você a oportunidade de escolher o melhor ponto de corte de uma cena para outra.

Inversão de eixo
A melhor maneira de evitar inverter o "eixo" é usar sua TV mental. Se duas pessoas estão conversando, elas normalmente olham uma para a outra. Assim, se uma delas estiver olhando para a direita num plano, a outra deve estar olhando para a esquerda no plano seguinte. Se você ve um carro trafegando rumo à direita, na sua TV mental, e ele sai pela direita, ele deve surgir da esquerda na tomada seguinte (caso contrário parecerá que ele mudou de direção). Se um futebolista chuta para a esquerda numa tomada, você tem de posicionar as câmeras de tal modo que a bola apareça vinda da direita na tomada seguinte, se você não quiser tornar a transmissão ou a edição ridículas.

À medida que você vai checando sua TV mental para ver como suas tomadas vão ficar quando editadas, é improvável que você cometa o erro de inverter o "eixo". Este método é muito mais confiável do que ficar criando "barreiras ópticas" ou se preocupando em medir a distância do rosto à câmera, nas cenas com falas.

Veja também ilustração na p. 149

Teoricamente, para evitar inverter o "eixo", você tem de manter a câmera de um mesmo lado da ação por tomadas-de-cena sucessivas (na frente da pessoa e entrevistador, do mesmo lado da rodovia etc.). Mas o problema num instante fica mais complicado. Se você filma um homem e uma mulher caminhando da direita para a esquerda, formando um par conversando, e a mulher é quem está mais próxima, uma tomada feita do ponto de vista dele reverterá o sentido de direção da caminhada. Nesta situação, a regra de manter um interlocutor olhando para a direita e o outro para a esquerda conflitará com a regra de mantê-los caminhando no mesmo sentido. A maneira de contornar o problema é evitar o ponto de vista dele. Fique nas tomadas-de-cena de um mesmo lado da caminhada deles e varie o ângulo, se você precisar disso, enquadrando-os de frente ou de trás. O importante é deixar o casal caminhando da direita para a esquerda.

Se você estiver filmando quatro pessoas sentadas numa mesa redonda, jantando ou jogando cartas, o problema de inverter o "eixo" torna-se cheio de truques. Depende do ponto de vista de qual das pessoas a câmera vai ficar. Na medida em que você não ficar mudando o ponto de vista e reconhecer o fato de que cada mudança implica que se repense as direções para a qual as pessoas dirigem seus olhares, então sua TV mental e uma análise cuidadosa, passo a passo, devem resolver as dificuldades, sem muitas complicações.

Finalmente, não fique muito obcecado para não inverter o "eixo". Essa convenção é quebrada em quase todo concerto pop, com cantores olhando primeiro para a esquerda e depois para a direita, nas cenas sucessivas. De todas as maneiras evite inverter o "eixo" onde for possível, comparando as cenas que você consegue com diferentes posições da câmera na sua TV mental. Mas não exagere — inverter o "eixo" é, na pior das hipóteses,

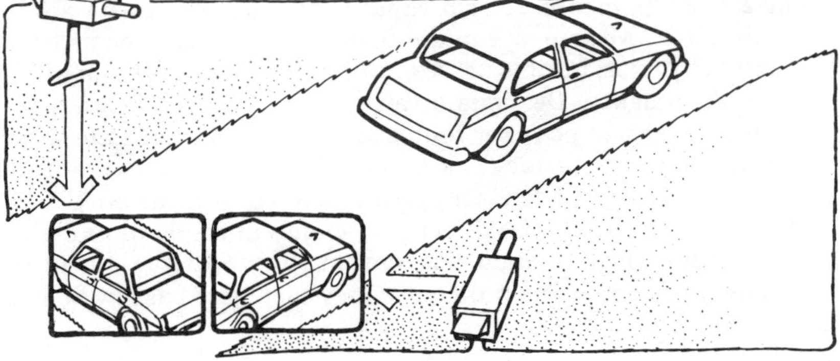

Invertendo o eixo

uma irritação para o público. Não é — como alguns querem que a gente acredite — um pecado capital.

Som

A pessoa menos lembrada da equipe é o técnico de som. Ele precisa saber a tomada-de-cena que você tem em mente, tanto quanto o operador de câmera. Assim, habitue-se a dizer ao técnico de som o que você está querendo, logo após conversar sobre a tomada com o operador de câmera. Você pode ter de mudar uma tomada, um pouquinho, para ajudar o técnico de som a sanear seus problemas. Evidentemente, é útil descobrir isso o mais cedo possível.

sincronismo de imagem e som

Faça todas as tomadas com som direto sincronizado – e não custa mais caro!* Insista em usar uma claquete em todas as tomadas-de-cena; ela é a forma mais correta simples, e confiável de identificar as tomadas e sincronizá-las que o custo no som, se você estiver usando filme. Mesmo em vídeo, dizer "cena 21, *take* 2" é uma forma mais memorizável de marcar uma cena do que o número de oito dígitos do *time-code*. Agora que os gravadores de vídeo oferecem a facilidade do *search* (busca rápida com imagem), fica muito mais fácil localizar cenas rapidamente, se você utiliza uma claquete.

Um dos maiores problemas de som na locação é o ruído proveniente de uma fonte não visível na tomada. Seu cérebro automaticamente filtra esses ruídos de sua consciência quando você se concentra na imagem (a não ser que eles sejam muito altos), mas o equipamento de som capta todos eles e os torna ainda mais altos. Mesmo o zunido de um refrigerador pode ficar muito irritante. Muitos desses ruídos podem ser interrompidos provisoriamente. Desligue o refrigerador antes de começar a filmar; o mesmo pode ser feito com rádios, máquinas etc. Trabalhadores com britadeiras pneumáticas (sempre surge uma perto da locação) podem ser persuadidos a descansar um pouco, com alguma gorjeta. Desligue os telefones antes de filmar; eles costumam tocar quando não devem. Você vai ter de interromper a filmagem na hora que o inevitável jato passar. Se não

*No Brasil a questão do custo é diferente, mas ainda assim a recomendação é válida. (N.T.)

puder se livrar dos ruídos, terá de arrumar um lugar mais tranqüilo, principalmente se estiver tentando gravar uma entrevista. Uma alternativa é fazer a fonte de ruído aparecer na imagem; afinal de contas, o público espera que uma entrevista num mercado agitado contenha ruído de fundo.

* Mais sobre som no Resumo nº 6

Iluminação

Outro fator com que você deve preocupar-se durante a gravação é a iluminação. O posicionamento das luzes pode levar bastante tempo para resolver. Assim, experimente trabalhar com o menor número possível de locais que precisem de iluminação artificial.

Deixe o operador de câmera cuidar da parte técnica; você decide o que deseja. Você não deve ficar perguntado "A luz é suficiente?", mas sim, "Como posso melhorar esta cena com as luzes que trouxemos?". É um erro pensar que a iluminação seja apenas um requisito técnico para gravar imagens — ela deve contribuir criativamente, tanto quanto tecnicamente.

Tenha certeza de que a iluminação estará dirigindo a atenção do espectador para o sujeito principal, que você quer que seja visto na imagem. Não ilumine demais cada canto do cenário de fundo; ilumine-o por igual, como se fosse uma iluminação natural. E aquelas interessantes áreas de sombra que você encontraria na vida real têm a vantagem de não tirar a atenção do espectador do sujeito principal.

Alguns operadores de câmera simplesmente colocam toda a luz disponível numa cena, a menos que as preferências do diretor sejam-lhes fornecidas. Portanto, o melhor a fazer é tentar dizer em que tipo de iluminação você está pensando, para cada tomada. Por exemplo: "Eu gostaria desta cena muito iluminada, mas sem muitas sombras, por favor" ou "Dá pra você iluminar o rosto suavemente? É para mostrar os traços atraentes e também para deixar a luz da parede de fundo mais fraca, assim não desvia a atenção do rosto."

---

* O fato de eles reconhecerem se foi filmado ou gravado não faz diferença neste estudo, ainda que uma diferença na tela seja visível. (N.T.)

Operadores cuidadosos evitarão também as sombras duplas no nariz e se livrarão daquela sombra enorme atrás dos entrevistados, afastando-os da parede de fundo.

A maneira de verificar a iluminação é observar a cena com os olhos semicerrados. A parte mais iluminada sobressairá, as áreas com um pouco menos de luz parecerão bem mais escuras. Se o que ficar mais visível com olhos semicerrados for o que você queria enfatizar, tudo bem. Se não for, converse com o operador sobre as modificações possíveis.

Por fim, seja cuidadoso quando estiver fazendo uma tomada-de-cena contendo tanto partes muito iluminadas como muito escuras. O sistema de televisão dificilmente resolve esse contraste forte entre luzes e sombras, embora para os olhos do ser humano não haja problema. Experimente filmar com cenários de fundo em que a luz seja a mais uniforme possível.

Mais sobre luz no Sumário nº 5

Diferenças em vídeo
Gravar em vídeo é diferente de filmar?
A resposta é: não.

Para começar, tudo deste capítulo se aplica tanto para vídeo como para filme cinematográfico. Pulos de imagem, tomadas neutras, *inserts*, inverter o "eixo" etc. relacionam-se com as imagens, não com o equipamento que as registra. Você não esperaria que um programa ficasse diferente se ele viesse via "ar" ou via cabo. Por que faz diferença se é em filme ou em vídeo? É válido lembrar que praticamente nenhum de seus espectadores será capaz de responder, de pronto, que tipo de meio você empregou na locação.

não filme demais Por outro lado, o vídeo oferece a você certas vantagens na locação. A primeira é o custo mais baixo da fita, comparado com o do filme. Isto dá mais liberdade do quanto filmar. Mas, cuidado! Se você pensa que gravando mais você precisa de menos planejamento, você acabará com material mais pobre do que o normal. Planeje cada tomada e seqüência com cuidado, tanto para gravar em vídeo como para filmar. O produto final será de melhor qualidade e você evitará o tédio de ficar horas e horas na ilha de edição, ao lado de pilhas de cassetes gravados.

pontas de início O único "desperdício" consciente de fita deve ser os segundos de ponta no início de cada tomada-de-cena. As máquinas precisam desse tempinho para estabelecer o sincronismo e assim dar uma imagem estável. O tempo requerido varia conforme a máquina, mas deixando dez segundos não haverá problemas. Claro que se você simplesmente parar a máquina no botão *pause*, na locação, não vai precisar desse tempo de ponta. Mas na prática o uso do *pause* não é recomendável, exceto em interrupções muito breves, porque desgasta a fita de vídeo desnecessariamente num só trecho.

usando monitor A grande vantagem do vídeo é sua instantaneidade. Na prática ela não deve ser muito explorada, durante a locação. Reproduzir cada tomada imediatamente após sua gravação desgasta as baterias e demanda um tempo precioso. Muito melhor levar um monitor à locação e verificar se o operador de câmera está fazendo cada tomada do jeito que você queria. Depois, enquanto a cena estiver sendo gravada, você a observa pelo monitor e se não estiver de acordo, sugira melhorias e torne a gravar. O monitor lhe dá oportunidade de construir um relacionamento entrosado com o operador — depois das primeiras tomadas, ambos estarão sintonizados. É um trabalho conjunto que pode levar semanas para se entrosar nas produções com filme cinematográfico, onde existe o intransponível hiato entre filmar e assistir. De fato, muitas produções cinematográficas de orçamentos milionários oferecem, na locação, um monitor de vídeo para o diretor.

O que você deve observar no monitor? Verifique onde o sujeito principal está enquadrado. Está muito distante, ou está perdido numa floresta de detalhes? As telas de TV são pequenas e, assim, *close-ups* costumam ficar melhor do que planos gerais. Verifique ao redor do quadro de imagem: dá para ver alguma coisa que você não queria, como uma outra câmera, um curioso etc.? Verifique a iluminação. Os cabos devem ficar de fora da tomada. Veja se não há plantas na cabeça dos protagonistas, ou linhas atravessando suas orelhas (a câmera bidimensiona o tridimensional).

Lembre-se que o mundo que você vê na tela é diferente do mundo que você vê com os olhos. Vale a pena estudar essa diferença. A parte central da objetiva *zoom* com o qual o câmera fica mais à vontade (surgem distorções nos extremos da *zoom*) oferece um ângulo visual muito mais limitado do que o mundo dos seus olhos. A câmera comprime o mundo tridimensional para a imagem bidimensional; você tem de compensar esse achatamento através da iluminação e do som, objetos distribuídos em planos próximos e objetos que denunciem a distância do plano de fundo, tal como uma rodovia sinuosa, ao longe, para dar profundidade às suas tomadas. A câmera dá a mesma ênfase a tudo o que está no enquadramento enquanto seus olhos, que são dirigidos pelo cérebro concentram-se em pontos específicos de seu campo de visão.

Assim, sua tarefa como diretor é selecionar o que você quer que o público veja. Estabeleça posições de câmera que, como o cérebro, dirijam os olhos dos espectadores para se fixarem em pontos específicos, através de luz, som, angulação e movimento de câmera, a distribuição dos objetos na cena e assim por diante.*

* Mais a este respeito no Sumário nº 13

Parece um pouco assustador, mas a diferença entre sua visão e a da câmera deve levar você a se habituar a ver as coisas como ela as focaliza. Isso evita os equívocos. Portanto, o monitor de vídeo é inestimável em locações onde seja possível tê-lo. Obviamente, o monitor será totalmente inconveniente se você estiver cobrindo algo como uma passeata. Se estiver usando filme, peça para olhar pelo visor da câmera quando o operador tiver estabelecido a posição dela.

usando o tripé Um ponto final para este capítulo: o tripé. Ele é uma necessidade para a produção séria e profissional. Deve ser usado para todas as tomadas-de- cena, a menos que haja uma razão especial para fazê-la no ombro (filmando uma movimentação popular onde a rapidez é fundamental, fazendo uma tomada de acompanhamento e assim por diante). Alguns operadores de câmera insistirão dizendo que são mais firmes na mão que uma pedra. Não acredite: se é difícil com planos gerais, mais difícil com planos médios e impossível com *close-ups*, panorâmicas ou com movimentos de *zoom*; é completamente impossível se o objeto for imóvel, como uma pintura num museu ou um edifício.

Insista com seu operador, de uma maneira cordial: "você pode ser capaz de segurar como uma pedra, mas, por favor, use o tripé. Não quero que você se canse..." Pode demorar um pouco mais usando tripé, mas o tempo gasto é insignificante comparado com o ganho enorme na qualidade da imagem.

tripé sobre roda Se você está numa fábrica com um piso razoavelmente nivelado, é uma boa idéia usar um tripé com rodízios (o acessório com rodízios transforma o tripé num carrinho e é conhecido pelo apelido de "aranha"). Sua produtora provavelmente tem um; se não tiver, sugira sua compra.

Não aceite o estilo Camba "pula-pula". Na TV Cambalacho os operadores de câmera nem precisam se lembrar de levar tripé — não existe. O estilo "pula-pula" é extremamente antiprofissional, além de desnecessário e evitável.

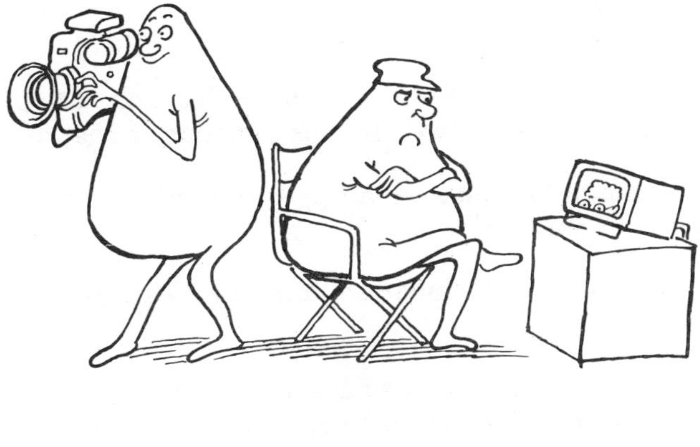

Use o monitor para verificar se o operador de câmera tem a mesma idéia sobre a tomada que você

Toneladas de livros podem ser escritos sobre como dirigir programas. Mas você não precisa ler para aprender direção; a prática e seus próprios olhos são, de longe, os melhores professores. Se você planejar sua filmagem, trabalhar seguindo seqüências em sua TV mental e ir aprendendo com os erros, breve estará no caminho certo. Não há, de fato, melhor maneira de aprender do que fazendo.

Mas não há meios de escapar do trabalho duro que envolve e a gravação de vídeo ou a produção cinematográfica. Você deve ficar atento o tempo todo e um lapso de concentração pode causar problemas mais tarde, na hora da edição. Não se preocupe — é improvável que você consiga ficar satisfeito em todos os pontos relacionados, para começo de conversa. Você tem de contemporizar, como se pondera em tudo na vida. Se você tomar 75% de suas decisões certas, você estará trabalhando satisfatoriamente.

SUMÁRIO

Locações

O produtor precisa ir à locação com a equipe.

Conte ao operador de câmera sobre o programa (mesmo que ele não pareça interessado).

Filme primeiro as cenas importantes.

Cubra cada ação com uma tomada do local da ação principal e depois faça os *close-ups* e as tomadas de reação.

Planifique cada ação em planos, imaginando em seqüência na sua "TV mental".

Termine todas as tomadas em um cenário antes de mudar para o próximo.

Faça tomadas alternativas para dar ao seu editor (e a você) a oportunidade de editar melhor. Grave o suficiente!

Deixe o equipamento rodar as pontas a fim de não criar problemas na edição.

Não se esqueça:
- a "lição de casa" é importante;
- toda tomada-de-cena é importante;
- das Vistas Gerais:
- de fazer uma tomada descritiva para cada entrevistado;
- de evitar pulos de imagem;
- dos cortes intermediários;
- das tomadas neutras;
- dos *inserts* (tornam a ação mais lenta);
- de filmar cada final de *zoom* para ter "três tomadas pelo preço de uma".
- que não dá para confiar no arquivo, a fim de cobrir cenas que faltaram na locação;
- das pontas de edição para som e imagem;
- de não inverter o eixo.

Som
Informe o técnico de som sobre cada tomada.

Filme com som direto, sincronizado.

Use uma claquete.

Elimine os ruídos de fora tanto quanto possível.

Se esses ruídos forem persistentes, mude de locação.

Iluminação
Reduza o número de cenários, com iluminação ao mínimo.

Diga ao câmera o tipo de luz que você deseja.

Tenha certeza de que a iluminação dirije a atenção para o sujeito principal, na imagem.

Evite sombras duplas no nariz do protagonista.

Livre-se de sombras escuras no cenário de fundo, deslocando o entrevistado mais à frente.

Verifique a iluminação com os olhos semicerrados.

Tome cuidado com cenas de alto contraste.

Sugestões especiais para vídeo
Não grave muito, só porque sai barato.

Use um monitor na locação, sempre que possível.

Verifique:

- se aparecem os elementos que deviam aparecer, na imagem;
- os contornos da imagem;
- a iluminação;
- se os cabos não aparecem;
- o enquadramento.

Lembre-se que a câmera não vê o mundo como você.
Use um tripé (ou tripé com rodas) sempre que possível.

Abandone a visão "pula-pula".

Entrevistas

Qual é a pior entrevista que você pode imaginar?

Virginia Madona conseguiu produzir uma para o "O Outro Lado dos 60 Minutos", que com certeza concorreria a todos os troféus "Abacaxi".

O convidado, um general do Comando Militar do Estado de Cambalacho, estava muito nervoso. Ele lia todas as respostas de um texto (visível durante toda a entrevista), arrastando-se linha a linha, enquanto a audiência contava quantas páginas faltavam para acabar. Para ocultar seu nervosismo, o general usava óculos escuros e fumava um cigarro atrás do outro (um problema, pois tinha de interromper a leitura para acendê-los). Virginia, que gosta de realizar as entrevistas importantes, lia uma longa pauta de perguntas tão metodicamente como se estivesse prestando um vestibular. E nunca lhe surgiu a idéia de prosseguir em algum ponto interessante dito pelo general, fazendo uma pergunta que não estivesse em pauta. De fato, as primeiras perguntas pareciam tiradas de um formulário: Qual o seu nome? Onde trabalha? Quantas pessoas têm sob seu comando?

Temos de admitir que é preciso talento para produzir uma entrevista desastrosa como essa. Mas nem todo o "crédito" deve ser atribuído a Virginia — parte dos "méritos" deve ir para o general. Precisa-se de duas pessoas para realizar uma entrevista — boa ou ruim.

Vamos ver alguns dos problemas.

Entrevistas por escrito
Este tipo de entrevista parece florescer só em países onde a radiodifusão está engatinhando. A direção, os produtores e o público encararão o meio com reverência (como os apresentadores que usavam *smoking* no primórdios da BBC). Assume-se que o meio seja tão importante que seria errado simplesmente responder às perguntas de uma maneira normal; cada resposta deve ser pesquisada cuidadosamente como um discurso de boas-vindas para uma autoridade. O resultado é um desastre para o telespectador. Do ponto de vista do telespectador, a entrevista por escrito é uma modalidade de

TV crescendo a duras penas: ele fica com as duras penas enquanto a TV cresce.

Como convencer seu entrevistado de que responder lendo um texto é de fato uma chatice? Você pode usar vários argumentos.

a TV é intimista Tente fazê-lo entender que o propósito da entrevista é mostrá-lo ao público como uma pessoa natural, expressando-se de uma maneira simples, usando uma linguagem que o público possa entender. A TV é um meio dotado de intimidade. Se quiser se dirigir com eficácia aos telespectadores, é preciso falar como se estivesse se dirigindo a cada um deles individualmente, não fazer de conta que preparou um discurso para milhões. Se as respostas forem redigidas antecipadamente, essa intimidade será perdida criando um distanciamento em relação ao telespectador.

dificuldade da linguagem escrita Redigir textos que pareçam coloquiais também não é fácil; para que tenham sucesso, é preciso um ator, não um entrevistador. Além disso, quando as pessoas escrevem — ao contrário de quando falam —, elas inevitavelmente começam a usar uma linguagem mais formal e complicada. O resultado é que uma porção surpreendente dos telespectadores menos instruídos não vai entender simplesmente nada (esse é um problema que muitas emissoras fingem desconhecer).

Estes argumentos podem funcionar. Se não forem convincentes, tente uma outra linha de ataque: veja a questão do ponto de vista do convidado. Pergunte-lhe por que quer utilizar um texto.

Haverá, provavelmente, duas razões.

Primeira, ele está com medo de esquecer o que vai dizer, e de repente calar-se. Assegure-lhe que você vai lembrá-lo do que falar, caso lhe dê um branco no momento crucial.

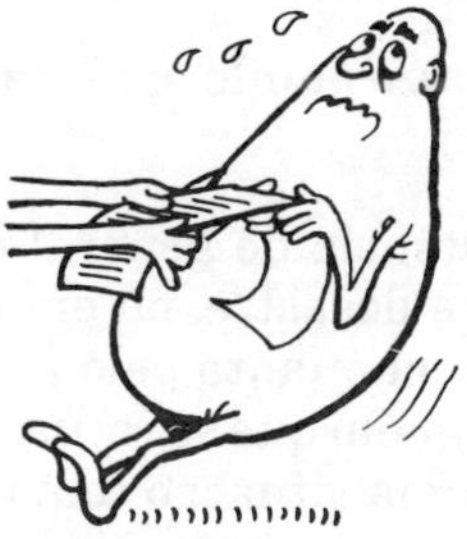

Convença o entrevistado a
não ler as respostas

A segunda razão provavelmente será que ele tem medo falar algo errado. Se a entrevista vai ser gravada, será fácil tirar esse medo, podendo-se repetir a entrevista — ou editá-la se ele não ficar satisfeito.

Se a entrevista for ao vivo e ele se recusar a deixar o texto de lado, você ainda tem três linhas de ataque possíveis.

Primeiramente, recuse-se a fazer a entrevista. Este tipo de tática freqüentemente funciona. Mas claro que se você estiver lidando com um poderoso general, à semelhança de Virginia Madona, então essa opção obviamente não é realista.

Tente, então, outro argumento. Sugira que ele anote numa ficha os tópicos importantes que ele quer tratar e faça a entrevista apenas com essas anotações.

Se isso não der certo, sugira que as entrevistas escritas são totalmente ineficazes para o público de televisão, mas que ele poderá prefeir colocar sua mensagem na forma de um depoimento para a câmera. Esta pode bem ser a melhor de todas as soluções. Porque força tanto o produtor como o entrevistado a decidirem exatamente o que precisa ser dito e como dizê-lo. E também será feito mais rapidamente. Mas lembre-o sobre o problema de usar a linguagem formal da escrita (que o público pode não compreender) ao invés das palavras simples e coloquiais.

Claro que esta solução não teria dado certo para Virginia Madona e seu "O Outro Lado dos 60 Minutos", com o general; o tipo de coisa que Virginia queria da entrevista (opiniões pessoais, reminiscências e anedotas) não constitui aquilo que vai bem numa declaração "formal".

Pobre Virginia. A insistência do general em usar um texto transformou o programa num desastre, ou em algo que poderia ter sido evitado tanto por Virginia quanto pelo general. Mas você não consegue jogar tênis com alguém que se recusa a segurar a raquete. Não deixe nunca ser pego numa situação como essa.

Óculos escuros

Você sabe como incomoda conversar com alguém que usa óculos escuros. Em vídeo os óculos escuros são ainda mais irritantes. O telespectador já fica privado da maioria das informações que normalmente são comunicadas pelos gestos e pelo corpo, porque o plano em que só aparece a cabeça da pessoa falando é o mais comum em televisão. Agora os óculos escuros agravam essa privação de informação. Os olhos são decididamente a parte mais interessante do rosto. Se os olhos não estão visíveis, o rosto mais oculta do que comunica. Assim você deve usar todos os seus poderes de persuasão para que não sejam usados óculos escuros.

Lembre-se também que, numa entrevista em externa, o Sol brilhante pode provocar sombras contrastantes nas sobrancelhas, que esconderão os olhos tanto quanto os óculos escuros; na tela vão aparecer só dois buracos negros, no lugar dos olhos. Você pode reproduzir esse efeito olhando, através dos seus olhos semicerrados, para um rosto iluminado pelo Sol do meio-dia.

Para evitar isso, ponha seu entrevistado na frente de um cenário de fundo mais escuro ou – se o Sol estiver a pino – grave o entrevistado olhando ligeiramente para cima (sente o entrevistado e deixe o entrevistador em pé).

Fumo

cigarros

Aviso: cigarros podem prejudicar seriamente sua entrevista, bem como seu entrevistado. É um prejuízo ao seu programa — assim como — para a saúde — que só aparecerá mais tarde.

Na hora de gravar a entrevista, o fumo pode parecer uma boa idéia. Relaxa o entrevistado, ele fica com algo para segurar, torna-o mais natural. O galho começa quando você tenta enxugar a entrevista na edição. Invariavelmente você descobre que não pode fazer cortes, pois numa tomada ele está com o cigarro na boca e na outra, não. Ou vice-versa.

E você também descobre que o cigarro aceso atua como um cronômetro para a audiência. Ele dá ao espectador uma forma de medir a passagem de tempo na tela, assim se o cigarro aparece menor (ou mesmo maior) após cada edição o espectador poderá perceber melhor o que você tirou ou deixou no programa...

cachimbos O cachimbo é mais seguro, inclusive para a saúde. Ao menos o espectador não consegue calcular a passagem do tempo. Embora você possa apostar que, na hora de editar a entrevista, o cachimbo estará em lugares diferentes nas duas tomadas que você quer juntar.

charutos Os charutos ficam no meio termo — dão menos problema que os cigarros (queimam mais devagar) e são mais trabalhosos que os cachimbos (entram e saem da boca com mais freqüência).

Certamente você enfrentará todos esses problemas se tiver que editar entrevista posteriormente.

As perguntas

Vamos supor que você decidiu, como Virginia, fazer as perguntas. Regra geral, é melhor ter alguém para realizar esse trabalho principalmente se você ainda é um produtor novato; você vai descobrir que tem mais o que fazer organizando e dirigindo a entrevista, do que tentar fazer as perguntas também. Mas vamos supor que você saiba preparar e redigir perguntas para uma entrevista e assim vamos admitir que irá fazê-las também.

O primeiro ponto a considerar é se você deve realizar a entrevista toda. O que mais interessa na entrevista é a história do entrevistado, ou as declarações dele? Ficaria melhor em locução, ou como uma declaração à câmera?

Se o entrevistado fez alguma coisa, ou se é testemunha de algo, ou se você vai perguntar sua opinião, tudo bem. Mas se, por exemplo, ele dá um mero resumo ou algo de segunda mão, não seria mais eficaz colocar a informação sob a forma de locução? Ou pedir a um bom jornalista para redigir uma reportagem sucinta, em linguagem coloquial, e relatá-la em declaração à câmera ao invés de fazer a entrevista? Os jornalistas costumam ser bons nisso. A maioria do público, não.

faça uma pauta Enfim, você decidiu que uma entrevista cairia bem. Faça uma lista das questões que você gostaria de perguntar. Se fizer, por exemplo, uma entrevista rápida sobre uma nova máquina de fabricar pneus, ela poderia conter:

– Por que essa nova máquina é necessária?
– Reação dos operários.
– Vantagens para os motoristas.

Você precisa redigir apenas a primeira pergunta. Deixe o restante sob a forma de itens. Descobrirá que, à medida que a entrevista progride, as perguntas que seriam feitas devem ser reformuladas, levando-se em conta o que o entrevistado já respondeu. Assim as perguntas parecerão naturais e espontâneas. Ter as questões seguintes sob a forma de itens também evita sua busca à lista de pergunta, quando deveria estar ouvindo as respostas. Por sua vez isto evita outro equívoco (que pode acontecer muito facilmente se você não ouve) — de perguntar o que o entrevistado já respondeu. É o tipo de coisa que o leva a questionar se você sabe o que está fazendo.

perguntas suplementares É bem válido perseguir pontos interessantes das respostas, mesmo que eles não estejam dentro do que você listou de antemão, fazendo algumas perguntas suplementares. Mas tome cuidado de não fugir demais do curso estabelecido na entrevista.

respostas previsíveis É uma boa idéia, na hora de preparar a entrevista, também pensar adiante sobre que tipo de respostas você estará promovendo com suas perguntas. A primeira pergunta acima ("por que essa nova máquina é necessária?") é ideal para que o entrevistado comece a falar. Ele não consegue, de fato, responder a essa questão sem primeiro contar algo sobre a antiga máquina, o que ela dava de resultado, as vantagens da nova e assim por diante. Em resumo, ele tem que explicar um bocado sobre o passado e a mudança para poder responder à pergunta, de tal forma que ela faça sentido ao leigo. Se ele não fizesse essa explicação, você deveria fazer uma série de perguntas suplementares, para chegar lá.

Assim, a pergunta "por que a nova máquina é necessária?" deve levar a uma resposta informativa. Perguntas como "a máquina será boa para seu ramo de negócios?" ou "quanto ela custa?" não devem gerar respostas de interesse. Seria uma estupidez pensar que um homem de negócios introduziria uma máquina que fosse ruim para seu ramo de atividades. Analogamente, o preço real da máquina é só um número que não quer dizer nada, a menos que seja assustadoramente alto ou baixo. "Custa o que você imagina" seria uma resposta precisa — ainda que rude.

Uma pergunta melhor sobre o preço seria: "esta máquina custou um milhão de dólares. Com os pneus custando menos e durando mais, o senhor conseguirá o retorno do dinheiro investido?". Perguntas como "quanto ela custa?" são perguntas em que a resposta, em si, não gera interesse, a não ser que haja um termo de comparação do tipo "daria para construir..." Portanto, evite esse tipo de pergunta pensando sobre as prováveis respostas.

"O que você sentiu?"

Outro tipo comum de pergunta, que é melhor evitar é "o que você sentiu...?" "O que você sentiu quando viu sua vovó despencando pela ribanceira?" Você quase obriga o entrevistado responder: "O que é que você acha?"

Esse tipo de pergunta estimula o entrevistado a dizer nada mais que alguns adjetivos. "O que você sentiu depois que percebeu que todo o seu dinheiro havia sido roubado?" "Éhhhh... Dureza". Note que quando o entrevistado responde algo mais interessante, é porque ele resolveu desprezar a pergunta e responder a uma que você não fez.

É muito melhor perguntar o que ajuda o entrevistado a contar sua história. Por exemplo, "sua avó sabia que tinha um penhasco ali?" e "esse dinheiro roubado era tudo o que você tinha na vida?"

É muito fácil formular pergunta do tipo "o que você sente"? porque ela se aplica às opiniões e sentimentos das pessoas — uma pergunta "de uso geral". Mas quando você ficar tentado, pare e reflita. Uma pergunta mais refinada gera uma melhor resposta.

perguntas a evitar

As perguntas muito genéricas devem ser evitadas (a morte de sua avó mudou sua visão sobre o sentido da vida?); duas perguntas na mesma questão (como o ladrão penetrou em sua residência e você acha que a polícia irá prendê-lo?); perguntas longas, que mais parecem respostas; e as que são realmente respostas e levam o entrevistado a nada acrescentar (este acidente com sua avó — obviamente, um choque terrível e inesperado — deve ter deixado o senhor muito emocionado. No que mais ele afetou o senhor?).

Finalmente, com uma locação com entrevista você deve buscar respostas que possa usar cortando as perguntas na edição final. Isto quer dizer que seu entrevistado não deve responder "é" ou "não"; o ideal é que repita o tema da pergunta em sua resposta. Pode ser difícil de se explicar isto ao entrevistado, ele pode ficar mais nervoso, uma vez que parece empolado e antinatural responder à pergunta "a nova máquina está funcionando como você esperava?" dizendo "a nova máquina está trabalhando tão bem ou mais do que eu esperava" ao invés do coloquial "ela está jóia...".

como obter resposta com a pergunta incluída

Há duas maneiras de se obter a resposta com pergunta incluída e que não principie por "não" ou "sim" ou "é". A primeira é começar sua pergunta com "O QUE, QUEM, QUANDO, ONDE, POR QUE, ou COMO"; nenhuma delas provocará uma resposta "sim" ou "não".

A segunda é não formular uma pergunta. Em vez disso use a expressão "conte". Por exemplo, "conte como a nova máquina funciona". A resposta deve, praticamente, conter a pergunta sem um "não" ou "é". E se ele responder "funciona bem", sem repetir o tema — "a nova máquina funciona bem" — certamente a resposta ficará clara, pelo contexto da edição final. De qualquer forma você sempre pode mencionar a nova máquina na locução que antecede a resposta.

Duas variações úteis do "conte" são:

1 dizer o tema com antecedência. Por exemplo, "a respeito da nova máquina, conte como funciona".

2 Usar a expressão "vamos falar sobre". Por exemplo, "vamos falar sobre a nova máquina e como ela funciona".

Sem dúvida você pode inventar outras maneiras de obter respostas com a pergunta inclusa.

Antes de começar...
Seu entrevistado concordou em jogar fora o texto, tirar os óculos escuros e parar de fumar. Você devia fazer o mesmo — exceto por uma coisa. Não abandone sua pauta de questões.

conserve sua pauta de questões

Pode parecer inconsistente que você tenha de conservar sua pauta de questões, enquanto o entrevistado joga fora o texto dele. Mas sua situação é totalmente diferente. O entrevistado precisa familiarizar-se com o assunto o suficiente para responder às perguntas sem consultar anotações; é muito mais difícil você lembrar-se da relação de todos os pontos que você deseja levantar. Afinal, a lista das perguntas possíveis é muito extensa; a lista de respostas verdadeiras a cada pergunta é muito curta.

revisão geral com o entrevistado*

Você pode fazer uma revisão geral na lista de pontos que deseja conversar e, antes de começar a gravar, discutir cada um deles, rapidamente, com o entrevistado. Deixe-o pensar um pouco nas respostas que ele gostaria de dar. Em alguns casos ele pode até sugerir um ponto diferente para ser questionado — não há razão para não se aceitar a sugestão, se ela fizer sentido. Esta revisão geral não é um ensaio. É só um

* Nas TVs brasileiras é comum solicitar ao entrevistado: "Faça alguma coisa para checar o som". Esta técnica é usada até com autoridades. (N.R.T.)

reconhecimento ligeiro do campo, de tal forma que o entrevistado saiba o que tem pela frente; assim é provável que seu desempenho seja mais eficaz e que ele esteja mais confiante evitando que se sinta perdido ou sob fogo cruzado com você. A menos, claro, que você esteja promovendo uma entrevista que procure expor as fraquezas do entrevistado...

Quero enfatizar que essa revisão geral não deve se tornar um ensaio "palavra por palavra" da entrevista inteira. Se assim for, quando você e o entrevistado o repetirem para a câmera, provavelmente a sua segunda tentativa perderá a novidade da primeira.

os nervosinhos A única exceção a essa regra é que este é um truque que você pode usar com os entrevistados particularmente nervosos. Se os operadores de câmera e de som estiverem prontos, disfarçadamente diga a eles para começar a gravação. Então diga ao entrevistado que você vai fazer um ensaio completo e que não precisa se preocupar com nada. Este "ensaio" provavelmente vai ser a melhor entrevista dele. Se você pensa que pode fazer melhor, nada impede de gravar a entrevista "de verdade" também. Mesmo com aqueles que não são nervosos, nada impede você de tornar a gravar partes de uma entrevista na mesma hora, se você acha que a primeira resposta pode ser melhorada.

Termine sua revisão geral recomendando ao entrevistado para se ater ao tem e que as respostas sejam breves. Se for uma pessoa lacônica, diga que as perguntas são para prepará-lo para falar; você não quer se arrastar em cada fato ou opinião como se fora um julgamento; por fim, lembre-a de olhar para você e não para a câmera. De fato, ela deve esquecer a câmera.

Uma última verificação para alguns pontos técnicos. Existe alguma sombra contrastante na parede de fundo, atrás da pessoa entrevistada? Se tiver, converse com o operador de câmera sobre a melhor forma de removê-la. O técnico de som pode querer um minuto de sua atenção e da pessoa entrevistada, para verificar o nível de áudio. O modo tradicional é pedir à pessoa para dizer o que tomou no café da manhã. Uma pergunta sobre um outro assunto descontrai e dá uma boa idéia de como o entrevistado vai se comportar com a câmera. Em seguida desligue os telefones ao redor. Ponha a claquete no início da tomada, deixe o operador de câmera acertar o foco e faça sua primeira pergunta.

O perfil deve ser evitado nas entrevistas. Tomadas de perfil (aquelas onde somente um dos olhos da pessoa parece e são estranhas). O espectador logo se sente roubado, como se tivesse comprado a poltrona mais barata de um teatro. A audiência precisa ficar nas melhores poltronas. Assim, a meta é mostrar ambos os olhos das pessoas presentes à entrevista.

Existem duas técnicas distintas para se obter essas imagens. De acordo com o número de câmeras que você tem, poderá usar uma ou outra.

Técnicas para Gravação de Entrevistas

1 *Técnica com uma câmera*
É impossível mostrar duas pessoas conversando sem que uma delas esteja de perfil. O único jeito que pode dar certo é se elas falarem sem olhar uma para a outra. Mas as pessoas não conseguem fazer isso mais do que uns minutos sem estranhar (tente com um amigo). Em situações normais as pessoas olham-se face a face para conversar.

Portanto, se você tiver somente uma câmera, dá para filmar uma pessoa por vez, com êxito. Você deve, claro, começar pelo entrevistado. Coloque-o de frente para a câmera. Depois — e este é o ponto crucial — coloque o entrevistador ao lado da câmera. O entrevistado olhará naturalmente para ele enquanto fala e a câmera terá uma tomada-de-cena agradável do rosto do entrevistado, mostrando seus dois olhos.

tomada em contraplano

Se o entrevistador der um passo para a frente de sua posição ao lado da câmera e o operador de câmera abrir um pouco a tomada teremos o usual plano de duas pessoas com o entrevistador de costas no canto do vídeo e o entrevistado ocupando o espaço principal. Esta tomada é conhecida como contraplano e é muito usada como abertura de uma entrevista (a câmera vai fechando o *zoom* até o plano médio do entrevistado logo que ele comece a responder à pergunta).

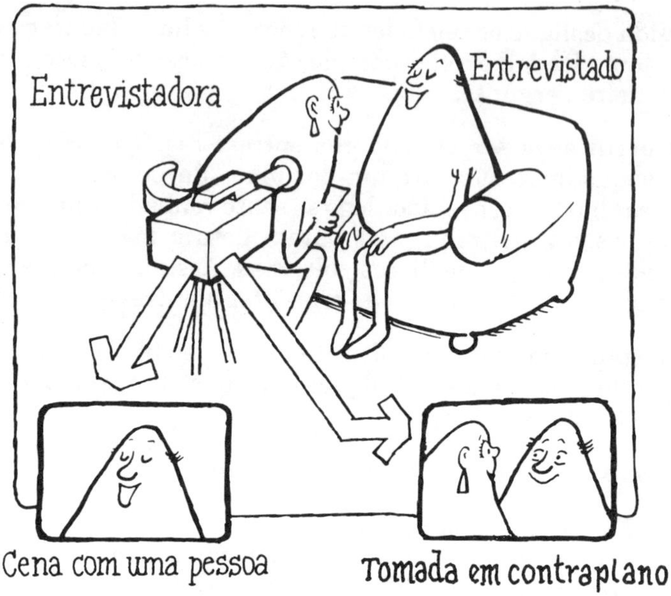

Técnica com uma câmera:
a entrevistadora ao lado
da câmera.

2 *Técnica com duas câmeras (ou câmeras cruzadas)*

Se houver mais de uma câmera para uma entrevista (como em um estúdio), o posicionamento deles será bem diferente. Desta feita ambos sentam-se de frente para as câmeras, com as cadeiras formando ângulos retos para a maioria das entrevistas, ou frente a frente para os debates. As câmeras então trabalham o "cruzadas", isto é, cada câmera cobre a pessoa mais distante, de tal forma que os campos que cada câmera cobre parecem cruzar-se (daí o nome). Se eles não se cruzassem, dariam tomadas de perfil.

Ambas as câmeras também podem focalizar uma tomada "sobre os ombros", em contraplano se ambas as câmeras se moverem suavemente em torno da cena. Mas cortar de uma para outra fica desagradável — o corte fica brusco, mesmo se elas estiverem bem posicionadas. Portanto, use apenas uma tomada "em contraplano" de cada vez.

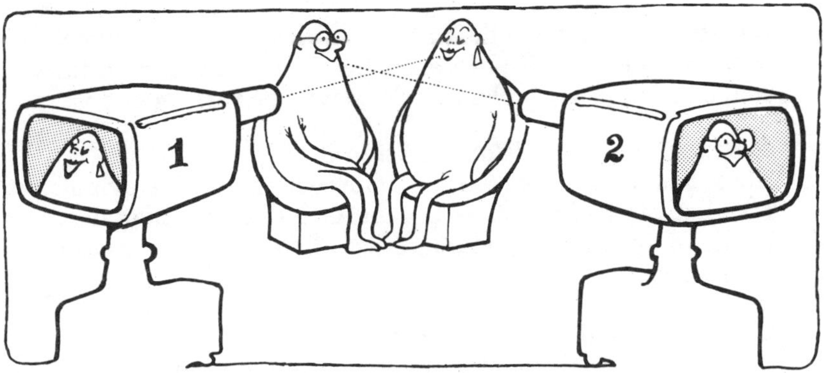

Técnica com duas câmeras ou técnica de estúdio: câmeras cruzadas.

Se você tiver uma terceira câmera (dispensável, na realidade), é possível posicioná-la entre as outras duas e um pouco recuada, de tal forma que dê um plano geral do entrevistador e entrevistado igualmente colocados em cada lado da imagem.

a terceira câmera

Este é o plano que você deve estabelecer primeiro no ensaio no estúdio, porque ele determinará a posição das cadeiras melhor do que as tomadas das outras duas câmeras. É provável que quando você tentar esta tomada, descubra que as pessoas estão sentadas muito afastadas uma da outra e tenha de mudar as cadeiras para mais perto, a fim de que ambas apareçam em cena. Elas, na verdade, devem sentar-se mais próximas do que o normal, em alguns casos os joelhos quase se tocando. Mas embora pareça anormal para elas, parecerá normal para o público. Para este caso de cena, os participantes estarão de perfil, mas isso é aceitável, desde que em plano geral e por pouco tempo.

Você também pode pôr sua câmera número 3 próxima à número 1 ou 2 e pegar um plano de ambos, com destaque, respectivamente, para o entrevistador ou o convidado. As opiniões diferem sobre quem deveria ser favorecido. Normalmente diz-se que é melhor destacar o convidado. Mas cortar de um plano assim para um meio primeiro plano só do convidado não dá bom resultado. Por outro lado, o plano dos dois, com destaque para o entrevistador, é útil para as cenas de perguntas e edita bem com o meio primeiro plano só do convidado respondendo.

Itens para as Entrevistas em Estúdio

Além das diferentes técnicas empregadas nas entrevistas em estúdio, ainda há outros pontos que diferem daqueles realizados com filme cinematográfico. Alguns deles merecem ser observados.

1 MAQUIAGEM Tanto o entrevistador como o convidado devem ser levemente maquiados. No mínimo um pó facial para cortar o brilho sob a iluminação do estúdio.

2 NERVOS Ser entrevistado em estúdio é muito mais assustador do que ser entrevistado em locação. O convidado sente-se em território estranho longe do ambiente familiar. As luzes do estúdio ofuscam; está rodeado de câmeras com olhar nada amigo. Também é a única pessoa que não pode escutar o que se fala no *talk-back* (intercomunicador). Tudo isso faz sentir-se como uma vítima a ser sacrificada.

Portanto, ele precisa, principalmente, de uma atenção amiga. Se você for a única pessoa na equipe de produção que ele conhece, faça-lhe companhia indo ao estúdio para lhe mostrar sua cadeira. Lembre-o do nome do entrevistador (caso tenha esquecido) e o apresente ao assistente de estúdio. Diga-lhe que o assistente de estúdio e o entrevistador cuidarão dele enquanto você estiver no *switcher*. Lembre-se de pedir ao assistente de estúdio para manter o entrevistado informado sobre o que está acontecendo, quando os inevitáveis atrasos ocorrerem.

Já mencionei o truque de gravar o "ensaio", se o convidado for muito nervoso. Algumas vezes nervos afloram impossibilitando-o de parar de falar. Neste caso, o entrevistador deve pronta e polidamente interrompê-lo, para que volte a responder à pergunta.

É importante que o entrevistador mantenha sempre seu equilíbrio e se comporte educadamente, mesmo que o entrevistado se descontrole de forma mal-educada. O que o entrevistador deve evitar a todo custo é dar a impressão que está oprimindo seu convidado. Se fizer isso, ele perderá rapidamente a simpatia do público.

3 RECOMEÇANDO UMA ENTREVISTA Muitos entrevistados — mesmo aqueles que não são particularmente nervosos começam mal e depois melhoram sensivelmente, à medida que relaxam, esquecem-se das câmeras e começam a se concentrar no que dizem. Se você notar isso e a entrevista não ganhar vida, interrompa-a após as primeiras perguntas e recomece desde o princípio. Quase com certeza absoluta terá uma entrevista muito melhor.

Esta idéia vale também para as entrevistas em locação.

4 CADEIRAS GIRATÓRIAS Alguns problemas de televisão são previsíveis e assim evitáveis; outros não. As cadeiras giratórias pertencem à primeira categoria. Rejeite-as no estúdio. Se não o fizer, um dia você será pego de surpresa, ao vivo, com dois artistas nervosamente se balançando para a frente e para trás. Esse movimento atrairá a atenção, mais do que as palavras e sua audiência vai se lembrar de quase nada além disso.

5 VASOS QUE SALTAM Pense um pouco no espaço entre o entrevistado e o entrevistador. Vai aparecer em todas as cenas — à esquerda numa e à direita noutra. Se você tiver algo que chame a atenção nesse espaço (tal como um vaso de flores), ele vai saltar de um lado para outro da tela a cada corte de câmera. Evite esse desagradável efeito mudando o objeto para um dos lados (de tal forma que só apareça num dos planos), ou removendo-o do cenário.

6 *CLOSE-UPS* DE OBJETOS Se o convidado trouxe algo para o estúdio que você deseje mostrar em *close-up*, decida durante o ensaio qual câmera fará a tomada. Designe a câmera que cobre o entrevistador, caso tenha somente duas; a câmera sobre o entrevistado é a mais importante e é sempre perigoso deslocá-la.

Você deve ensaiar esse *close-up* antes da entrevista, já que o operador de câmera não poderá fazer uma boa tomada, a menos que saiba exatamente o que vai acontecer. Assim, peça a seu convidado para segurar o objeto como se estivesse falando sobre ele. Depois tente até conseguir um *close-up* com a câmera escolhida. Quase na certa terá de pedir a ele para mover o objeto delicadamente, antes de ficar satisfatório. Uma vez que tudo esteja acertado, deixe bem claro para ele (através do assistente de estúdio) que é muito importante que ele segure o objeto exatamente na mesma posição durante a entrevista. Lembre-lhe também — se você sentir que não é pedir muito — para fazer os movimentos de mão devagar e com firmeza. Em seguida reze para que ele se lembre disso tudo — geralmente o entrevistado se esquece.

Se você desejar um plano de detalhe, o convidado pode não segurar o objeto firme o suficiente e você terá de pôr o objeto numa mesa, ou mesmo num pequeno fundo infinito noutro estúdio. Em locação, claro, o problema não é tão difícil. Você faz o plano de detalhe após a entrevista e como não precisa de som direto, dá para dirigir o entrevistado para posicioná-lo e ir mexendo à medida que grava. Esse detalhe vai em *insert* depois na fase de edição.

7 CORTE E TIPOS DE PLANOS Nas entrevistas em estúdio é uma tentação mudar de plano mais do que o necessário, simplesmente porque você dispõe de duas ou mais câmeras. Resista a esta tentação. Use planos alternativos somente se a entrevista melhora com eles, não porque eles são possíveis. Seus cortes devem acompanhar as mudanças sutis no ritmo da entrevista.

Isto significa que você não tem necessidade de cortar de volta para o entrevistador a cada pergunta que ele faz. Também precisa cortar para um plano geral no meio de uma resposta interessante, só para mostrar que você pode fazê-lo. Não quer dizer que tenha de fazer a entrevista inteira num só plano. De toda forma, faça pleno uso dos planos disponíveis, mas certifique-se de que eles sirvam ao conteúdo da entrevista (a técnica é a serva, não a mestra).

combine o tipo de plano com o ritmo

O jeito de fazer isso é ouvir o que os protagonistas estão dizendo. Se a conversa se tornar interessante, corte para um *close-up*; se estiver chata, mostre, por um breve instante, a reação do entrevistador ouvindo e se chateando. Planos médios para respostas tranqüilas, primeiros planos e *closes* (os mais úteis) para as respostas mais importantes, planos de detalhe se a pessoa está confessando ou respondendo sob pressão. Quanto mais atraente a resposta, tanto mais fechado o plano deve ser. E quanto mais fechado, tanto mais o rosto preenche a tela. *Closes* de perfil são contraditórios; você fecha o plano para mostrar mais a pessoa, mas o perfil mostra menos. A única exceção é se você conta com uma batalha verbal na entrevista. Aí os *closes* de dois perfis, em rápida sucessão, podem funcionar.

Você pode desenvolver sua sensibilidade para combinar tomadas de acordo com o ritmo (ou tensão) observando as pessoas conversando na vida real; o jeito que uma pessoa olha (ou deixam de olhar) para a outra está sempre se modificando, de acordo com a tensão. Os amantes tendem a trocar olhares apaixonados em *close*. Seria muito estranho você comprar uma passagem de ônibus fazendo o mesmo. A menos, claro, que você esteja sendo perseguido pela polícia e esteja querendo descobrir se o cobrador o reconheceu.

evite abrir o *zoom*

O plano do entrevistador deve ter aproximadamente o mesmo tamanho do plano do entrevistado, em cada ocasião. Fechar o *zoom* na pessoa falando é perfeitamente aceitável. Mas abrir o *zoom* enquanto a pessoa fala, não: parecerá que você está indo embora no meio da conversa. Se você quer cortar para um plano mais aberto, corte para o entrevistador ouvindo e reagindo, ou perguntando, e daí corte para um plano mais abrangente do entrevistado.

8 COMO EVITAR CORTES ATRASADOS É fácil, na hora de cortar entre os dois, perder as primeiras palavras de uma pergunta e as primeiras da resposta. O jeito é observar o monitor da pessoa que não está falando ao mesmo tempo em que se escuta a pessoa que fala. Geralmente as pessoas se movimentam antes de falar. Se você observar os indícios (as costas se mexem, o queixo cai um pouquinho) ao mesmo tempo que notar uma pausa na fala (que o entrevistador estava esperando), você vai achar mais fácil sincronizar seus cortes corretamente. Parece estranho, a princípio, observar a pessoa que não está falando; requer um esforço

deliberado, mas com a prática, logo se torna um hábito. Certamente, não há razão para que o diretor de imagens* não faça os cortes para você, durante uma entrevista.

9 GRAVANDO ENTREVISTAS A SEREM INSERIDAS EM PROGRAMAS Se você estiver gravando uma entrevista em estúdio para utilizá-la mais tarde como parte de um programa semanal, é uma boa idéia começar e terminar a entrevista com uma tomada-de-cena do convidado — e não do entrevistador. Isto é especialmente útil se o entrevistador também for apresentador do programa semanal, já que evita falhas do tipo apresentador (ao vivo) apresentando o entrevistador (ele mesmo) no próximo bloco (gravado). Também parece estranho você terminar sua entrevista com um plano do entrevistador, que então chama o estúdio (onde ele mesmo se encontra, ao vivo).

10 CORTES INTERMEDIÁRIOS EM ESTÚDIO Se você espera editar uma entrevista gravada, é melhor gravar as tomadas do entrevistador e entrevistado "ouvindo" antes da parte principal da entrevista. Isto pode ser feito sem empecilho algum, enquanto o entrevistador conversa com o convidado para deixá-lo à vontade. E o convidado responde a algumas perguntinhas (que não fazem parte da entrevista), para propiciar ao sonoplasta a oportunidade de dosar os níveis de áudio. Gravar as cenas deles ouvindo depois da entrevista feita irá parecer-lhes uma espécie de eco. Assim, é bom resolver isso em primeiro lugar.

* Mais sobre estúdio no Capítulo 11 e nas Instruções nº 1.

Itens Especiais para Entrevistas com uma Câmera

1 PLANOS Quando você estiver usando a técnica de uma câmera converse com o operador sobre o tipo de plano que você quer, antes de começar a entrevista. Diga-lhe quais são as perguntas que produzirão respostas mais adequadas para os *closes*, mas é melhor deixar que ele decida quando fazer um *close* durante a entrevista. Também é bom pedir-

---

* O chamado diretor de imagens opera a mesa de cortes tendo o diretor do programa orientando-o. No caso dos telejornais quem dá essa orientação é o Editor-Chefe. (N.T.)

lhe para alterar o plano durante as perguntas, assim você pode editar as respostas sem se preocupar com movimentos de câmera.

2 CORTES INTERMEDIÁRIOS Se você deseja editar a entrevista feita com uma só câmera, vai precisar de planos intermediários. Existem dois tipos: tomadas em que se fazem acenos com a cabeça e tomadas em as perguntas são feitas.

tomadas do entrevistado ouvindo O plano intermediário mais fácil de se fazer é o sobre os ombros, em contraplano descrito na página 82, que pode ser usado quando se faz uma pergunta. Tudo o que você têm de fazer é pedir ao entrevistador para conversar com o entrevistado (alguma coisa que não faça este rir). O entrevistado apenas escuta. Não se preocupe em pedir a este para balançar a cabeça, mostrando que está de acordo com o que o entrevistador está dizendo pois provavelmente ele irá fazê-lo até demais.

o entrevistador ouve De fato, quando você fizer tomadas de corte para o entrevistador, também é uma boa idéia pedir-lhe para não balançar a cabeça demais. O excesso fará com que pareça um imbecil. Tudo o que se precisa é que o entrevistador não se pareça a uma estátua de cera; um leve movimento da cabeça, ou dos olhos, ou um movimento na cadeira torna esse corte utilizável.

gravando o entrevistador A maneira óbvia de gravar o entrevistador na situação acima referida é colocar a câmera no lado oposto da entrevista — em outras palavras, posicione-a de tal forma que o entrevistado fique próximo da câmera; desta posição tome o entrevistador ouvindo e depois você pode abrir o *zoom*, para obter uma tomada "sobre os ombros" (do entrevistado). Para isso, é melhor pegar o entrevistado falando (ainda que não se possa ver seu rosto), para que o entrevistador tenha algo a ouvir.

perguntas em contraplano Com a câmera nesta última posição (vizinha ao entrevistado), dá para gravar o entrevistador repetindo as perguntas mais importantes, tanto sozinho como aparecendo o entrevistado em contraplano. Converse com seu entrevistador sobre as melhores perguntas. Não é preciso repetir todas e devem ser escolhidas aquelas que você desejará editar. Depois deixe a máquina gravando enquanto ele vai fazendo as perguntas uma por uma (com você assoprando-lhe se necessário). Se as perguntas na entrevista estavam um pouco longas e não objetivas, esta é uma boa oportunidade para torná-las mais curtas e diretas.

Em entrevistas curtas, é claro que você não precisa fazer todos os tipos de tomadas intermediárias. Geralmente a cena em contraplano com o entrevistado ouvindo enquanto o entrevistador pergunta, algumas tomadas deste ouvindo o entrevistado e algumas das perguntas só com o entrevistador são mais que suficientes. Lembre-se de gravar todos os seus planos intermediários em outra fita (não na fita da entrevista); poupará você do ir-e-vir pela fita durante a edição.

uma forma mais rápida de fazer contraplanos do entrevistador

Se você quiser somente gravar tomadas intermediárias do entrevistador sozinho, não necessita mover a câmera e as luzes na direção oposta. Em vez disso, apenas faça um leve movimento panorâmico (*pan*) da câmera para mostrar um cenário de fundo diferente — quem é que sabe que aquele não era o cenário real, atrás do entrevistador? Tenha certeza de que o entrevistador fique olhando na direção do entrevistado (à direita da câmera, se o entrevistado olhava para a esquerda ou vice-versa).

plano geral como *insert*

Também pode-se usar um plano geral da entrevista como *insert* prevendo se está afastado o suficiente para evitar que o espectador descubra que a tomada está fora de sincronismo labial. Geralmente isto é possível somente quando se faz uma entrevista em externa. Algumas vezes, para entrevistas muito informais, uma troca na posição da câmera oferece a você oportunidades de edição, sem quebrar a fluidez da conversa, típica nos outros planos intermediários.

nível dos olhos Regra geral, a objetiva da câmera deve ficar no nível dos olhos da pessoa em cena.* Se as duas pessoas têm a mesma altura, nada de novo. Se forem de alturas diferentes, a câmera deve tentar refletir isso, assumindo o ponto de vista de cada protagonista, olhando para cima ou para baixo conforme o caso. Mas cuidado. A câmera enquadrando de cima para baixo faz a pessoa parecer inferior; se a câmera olhar de baixo para cima, parecerá superior. Você pode querer introduzir essas angulações para efeito dramático, mas antes de fazê-lo, pergunte a si mesmo se elas irão ajudar ou prejudicar o que é dito na entrevista. Lembre-se também que a angulação de baixo para cima raramente cai bem em mulheres; tende a tornar feia a imagem de seu queixo e elas não vão ficar agradecidas com o destaque de queixo duplo, que porventura tenham. Elas também devem ser avisadas para não trajarem tomara-que-caia, pois em *closes* elas darão a impressão de que estão sem roupa alguma.

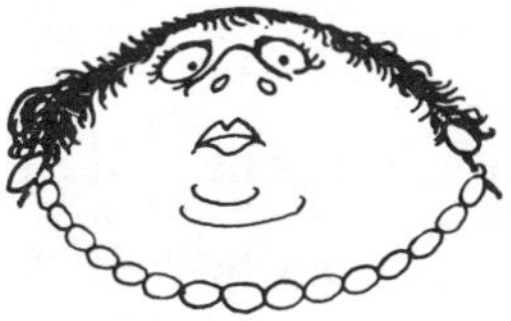

Angulação de baixo para cima em mulheres raramente cai bem

SUMÁRIO

Entrevistas

Entrevistas por escrito Evite-as a todo custo. Não são naturais e muitos espectadores não entenderão a linguagem escrita, formal.

Nas entrevistas gravadas torne a certificar o entrevistado que você pode repetir a entrevista, ou parte dela, se ele esquecer o que dizer ou se disser algo errado.

* No Brasil é costume colocar a câmera no nível dos olhos dos protagonistas. (N.T.)

Nas entrevistas ao vivo tente:

- **recusar fazer a entrevista (arriscado, mas geralmente funciona);**
- **sugerir o uso de anotações no lugar do texto;**
- **sugerir (se todas as tentativas falharem) uma curta declaração à câmera (pelo menos passa depressa).**

Óculos escuros e fumo Evite-os.

Perguntas Primeiro pergunte a você mesmo se deve fazer uma entrevista. Uma locução ou uma declaração à câmera funcionariam melhor?

Redija a primeira pergunta e anote pontos para discussão futura.

Não tema perguntas suplementares.

Pense nas respostas prováveis.

Evite:

- perguntas cujas respostas não interessam ao público;
- perguntas "o que você sentiu?";
- perguntas demasiadamente genéricas;
- questões duplas;
- perguntas muito longas;
- perguntas que já incluam a resposta.

Para respostas com pergunta inclusa (que não sejam um "sim" ou "não"), inicie as questões com O QUE, QUEM, QUANDO, ONDE, POR QUE, COMO.

Ou utilize as expressões "conte" ou "vamos falar sobre".

Antes de começar Faça uma revisão, daquilo que você pretende lhe perguntar. Mas não ensaie a entrevista palavra por palavra.

Com pessoas nervosas, grave um "ensaio geral".

Peça a entrevistados muito prolixos para serem breves; peça aos lacônicos para darem respostas completas. Lembre-os de conversarem com o entrevistador, não com a câmera.

Verifique a sombra na parede de fundo.

Deixe o técnico de som checar os níveis das vozes.

Tire os telefones do gancho.

Grave uma claquete. Você pode se perder!

Técnicas de planos nas entrevistas

Técnica com uma câmera: entrevistador ao lado da câmera.

Técnica com duas câmeras: campo cruzado.

Itens especiais para entrevistas em estúdio

Não esqueça a maquiagem.

Os entrevistados acham os estúdios estranhos e assustadores. Tranqüilize-os.

O entrevistador deve ser sempre firme, bem educado e nunca deve oprimir — mesmo quando provocado.

Se o entrevistado começar mal, recomece depois de ele responder duas ou três perguntas.

Cadeiras giratórias e vasos que saltam: evite-os.

Closes de objetos: use a câmera do entrevistador – ou uma terceira.

Fundamente todos os seus cortes. Combine o tipo de plano com o andamento da entrevista.

Evite abrir o *zoom* quando a pessoa fala.

Evite cortes atrasados observando o monitor da pessoa que não está falando.

Comece e termine uma entrevista a ser inserida com uma tomada do entrevistado.

Grave *inserts* de pessoas ouvindo antes da entrevista, se possível.

Itens especiais para entrevistas com uma câmera

Enquadramento. Deixe o operador de câmera fazer seu próprio julgamento durante a entrevista, mas avise-o antes quando devem, provavelmente, entrar os objetos em detalhe. Peça a ele para mudar de plano nas perguntas.

Planos intermediários. Dois tipos: tomadas em que se ouve (acenos de cabeça) e tomadas com perguntas.

- Faça contraplanos do entrevistado ouvindo.
- Ponha a câmera atrás do entrevistado para o contraplano entrevistador.
- Ou apenas faça um movimento de *pan* para mostrar um fundo diferente, atrás do entrevistador. Grave depois alguns *inserts* das perguntas (melhores do que as perguntas originalmente formuladas, se possível) e das tomadas em que se está ouvindo.

- Grave os *inserts* em outra fita, para poupar tempo na edição.

Você também pode fazer planos gerais ou mudanças de angulação de câmera, com vistas à edição final.

Não grave acima ou abaixo do nível dos olhos, sem um bom motivo.

Evite fazer tomadas de baixo para cima em mulheres.

Vestidos "tomara-que-caia" dão a impressão de que a pessoa não está vestida.

Edição

A palavra mais comum no trabalho de edição é "corta". Mas a melhor forma de abordar este estágio do processo de produção é pensar nele como um método de seleção. Ao editar você está selecionando as melhores tomadas-de-cena, ou as melhores partes das melhores cenas, a fim de realizar sua matéria.

descobrindo o tempo de vida natural de uma tomada-de-cena

A chave da edição é descobrir o ponto preciso onde a tomada-de-cena começa a ficar interessante e o ponto preciso onde ela deixa de ser interessante. Todas as tomadas têm um tempo de vida natural.

Você deve aprender a identificá-los observando cada tomada e perguntando a si mesmo: "que parte funciona melhor?". Em cenas estáticas, onde nada se move — por exemplo, um petroleiro contra a linha do horizonte —, o ponto de corte aparece muito rapidamente. Você pode prolongar o tempo de vida dessa cena um pouco mais, dirigindo a atenção para algum aspecto da locução — por exemplo, dizendo algo sobre manchas de óleo na água. Mas se você quiser continuar falando sobre essas manchas, precisará de uma imagem em *close* delas; sua cena número 1 alcançou o fim de seu tempo de vida natural e se tornará chata se você prolongá-la.

Nas tomadas com movimento, o tempo de vida natural pode ser consideravelmente maior. Por exemplo, você focaliza um carro preenchendo a tela inteira e o espectador vê que o carro é grande, caro e de estilo bonito. Ele nota uma flâmula tremulando na capota e depois vê uma silhueta do que parece ser um magnata sentado atrás do motorista. A cena começa a abrir e ele nota o cenário onde o carro está passando. A câmera continua a abrir e ele vê o carro parando num porto para petroleiros. Obviamente, esta tomada manterá o interesse do espectador por um tempo maior do que a cena estática de um petroleiro, porque cada etapa de seu desenvolvimento dá ao espectador algo novo para ele ver.

O tempo de vida natural de uma tomada também é afetado pelos planos seguintes. Um *close* do petroleiro na linha do horizonte, seguido ao plano geral, afetaria o período de tempo que você deixaria o plano geral na tela.

A edição, lógico, não trata só de descobrir as durações naturais de cada cena; você também tem que encontrar o modo de reuni-las a fim de montar a reportagem. Os procedimentos são bastante diferentes para filme e para vídeo e, portanto, vou tratar deles separadamente. É natural começar com o filme, que é mais antigo — dele derivaram as modernas práticas de vídeo.

A Edição de Filme
Primeiro verifique se o montador de seu filme recebeu todo o material filmado e mais o som gravado; os filmes da Camba geralmente são cortados por terceiros (ou mais) antes de chegarem perto da sala de montagem, porque os rolos não estão rotulados com clareza e, ficam, conseqüentemente perdidos.

sincronismo de imagem e som

Em seguida certifique-se de que o montador, ou sua assistente, sincronize tanto quanto possível o som com a imagem. Naturalmente, isso não é necessário, se o filme foi feito com som magnético, onde o som fica gravado em uma fina pista magnética paralela à imagem e permanece sempre em sincronismo. A única dificuldade ao editar a pista magnética é que a imagem corre 28 quadros atrás do som; um corte na imagem, onde um repórter começa a falar para a câmera, eliminará mais do que um segundo de palavras (cerca de três palavras); e um corte onde o som começa exibirá uma imagem sem som de mais de um segundo, para então entrar o som. O modo de contornar este problema é transcrever todo o som magnético para uma fita magnética separada. Este som (chamado de magnético perfurado) pode então ser sincronizado com a imagem normalmente, antes de você começar a montar o filme. Ou, se você tiver de editar sobre a pista magnética, filme a declaração à câmera do repórter começando a falar fora de campo, para depois fazer um movimento *pan* (ou de *zoom*) para revelá-lo (ou deixe-o entrar em campo caminhando).

Como manter o sincronismo durante o corte do filme? A resposta reside sempre em adicionar ou cortar exatamente igual número de quadros de ambos os rolos, acrescentando espaçamento onde necessário — por exemplo, em partes mudas de imagem.

numeração de bordo e a tinta Há dois processos para preservar o sincronismo: numeração de bordo (por números de bordo) e numeração à tinta (números carimbados lateralmente). Os números de bordo no filme vêm de fábrica e são automaticamente transferidos em qualquer processo de copiagem; se for um negativo, são indispensáveis para acertar a cópia de trabalho com o negativo. Os números à tinta são impressos tanto no filme como na fita magnética separada, após terem sido sincronizados; proporcionam um modo preciso e fácil de recuperar o sincronismo, se por algum motivo for perdido. É claro que ambos os processos podem ser utilizados para reunir pequenos pedaços de som e imagem em seus lugares de origem, pois os pequenos pedaços contêm números. A menos que tenham menos de 20 quadros de comprimento, que é o intervalo padrão para a numeração impressa.

De vez em quando você pode encontrar um montador que diz que ele economiza tempo editando primeiro a imagem e depois pondo o som em sincronismo. Desanime-o. Achar os pedacinhos certos de som em *sinc* sobre cenas já editadas é uma tarefa demorada que pode levar mais tempo do que você poupou ao não fazer isso em primeiro lugar (quando então fica muito mais fácil). De qualquer forma, o som é freqüentemente um importante elemento na determinação do tempo de vida natural de um plano. Imagine um carro de fórmula 1 aquecendo o motor antes de uma competição: dá para se justificar esta cena sem considerar o som junto?

Assim que tudo estiver sincronizado, sente-se com o montador e veja tudo o que você filmou, explicando de que se trata e como você quer usar. Faça também uma lista contendo o número do rolo, da cena e do *take* e uma descrição sucinta do conteúdo, se já não tiver feito isso. Esta lista pode poupar-lhe horas de trabalho e livrá-lo dos contratempos, quando estiver desesperadamente procurando determinados planos. Em seguida escreva a ordem em que você quer que os planos sejam montados. “Ah”, você poderá perguntar, “por que não usar a ordem do roteiro?”. A razão é que raramente suas cenas terminam do jeito que você esperava.

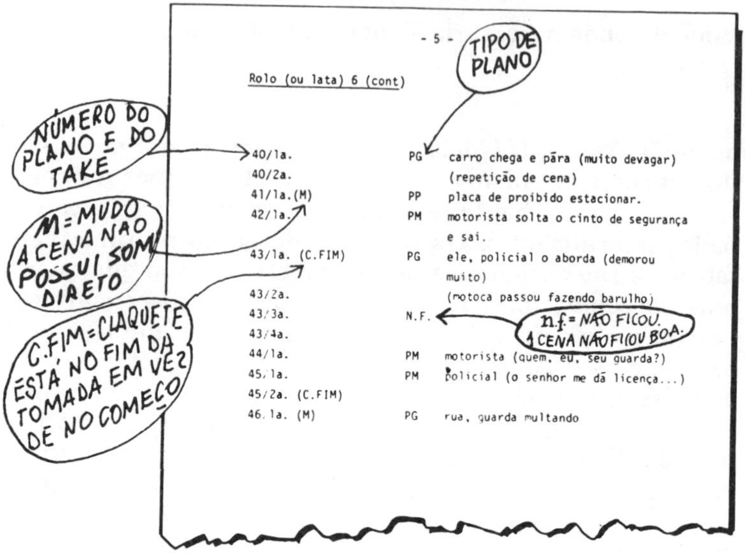

- 5 -

Rolo (ou lata) 6 (cont)

40/1a.	PG	carro chega e pāra (muito devagar)
40/2a.		(repetição de cena)
41/1a.(M)	PP	placa de proibido estacionar.
42/1a.	PM	motorista solta o cinto de segurança e sai.
43/1a. (C.FIM)	PG	ele, policial o aborda (demorou muito)
43/2a.		(motoca passou fazendo barulho)
43/3a.	N.F.	
43/4a.		
44/1a.	PM	motorista (quem, eu, seu guarda?)
45/1a.	PM	policial (o senhor me dá licença...)
45/2a. (C.FIM)		
46/1a. (M)	PG	rua, guarda multando

Lista por rolo

Cenas em que você se esforçou ao máximo durante a filmagem podem tornar-se sem vida e medíocres; cenas que você rodou como segunda opção podem tornar-se excepcionais. Assim, é importante olhar todos os planos imparcialmente, esquecendo se tudo o que ocorreu por detrás das câmeras, enquanto você trabalhou para obtê-las. Seu montador pode ser de grande ajuda nisso. Ele, de fato, é seu primeiro espectador e também pode oferecer-lhe a enorme vantagem de ver suas cenas tanto com o olhar da experiência, como com o olhar de quem está vendo pela primeira vez a sua história. Portanto, ouça o que ele tem a dizer: se for um bom montador, seu julgamento vale ouro.

problemas na imagem

A primeira vez que o montador passa a fita é também a hora de descobrir problemas de câmera e do operador que você nem imaginava. Se você não tiver sorte, algumas das tomadas-de-cena podem estar tremidas ou mal enquadradas, ou não duraram o suficiente, ou ainda apareceu sujeira na imagem... Estes incidentes podem ser um choque para você, mas não parta para a vingança abrindo queixa contra o operador de câmera (principalmente se você for um produtor novato). Lembre-se que as falhas do operador de câmera são, todas, exibidas na tela; já as suas falhas não saltam tão rapidamente aos olhos. Se você não conseguiu se decidir sobre uma tomada na locação, o operador de câmera provavelmente a tomou por você. Se ele não tomou uma decisão na hora, é quase certo que há um defeito na tomada-de-cena.

veja as tomadas o quanto antes Uma boa idéia é verificar os planos mesmo antes de terem acabado todos os dias de externas, principalmente se você está trabalhando com um novo operador de câmera. Procure assistir a filmagem do dia anterior, quando você voltar ao escritório da produção e convide o operador de câmera também. Eles raramente têm a chance de assistir suas próprias tomadas-de-cena antes de serem cortadas. Uma passada rápida junto com ele fará maravilhas para o relacionamento entre vocês (provavelmente vocês assistirão à maioria das tomadas com a velocidade duas vezes mais rápida que o normal e sem o som). Claro que se você estiver trabalhando com vídeo, poderá assistir a suas tomadas-de-cena instantaneamente, em caso de dúvida.

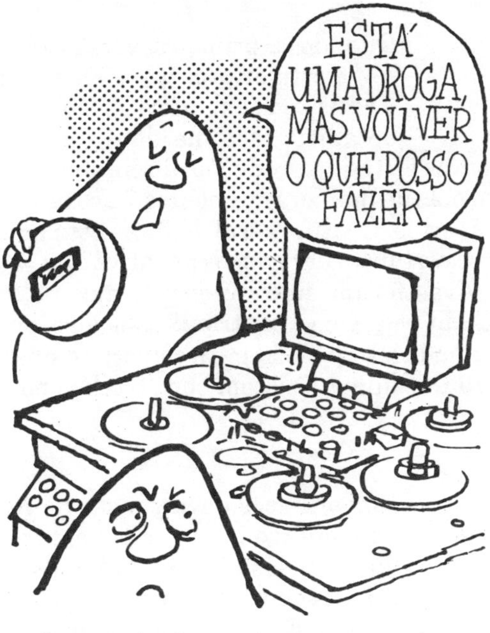

O montador é seu primeiro espectador

a ordem da montagem

Mas vamos retornar ao montador e à ordem da montagem. Esta pode ser muito resumida, simplesmente indicando os planos com informação suficiente para localizá-los (números de rolo, cena e *take*). A esta altura o montador deve saber o que você pretende com o filme, e assim você não precisa escrever muito.

permaneça na sala de montagem

Você deve passar o máximo de tempo possível com o montador, porque não existe lugar melhor que a sala de montagem para se aprender sobre como fazer filmes. A ordem na qual você coloca os planos e seqüências faz uma enorme diferença na obra resultante e a única maneira de aprender a avaliar o impacto das diversas alternativas de ordená-las é fazendo. A sala de montagem também ajudará na filmagem seguinte, quando você terá uma idéia muito mais clara do que as tomadas-de-cena precisam ter.

assista a primeira versão

Quando a primeira versão da montagem do filme estiver pronta, sente-se com o montador e assista-a sem interrupção, e sem se deter em detalhes. Isso lhe dará uma idéia geral das falhas e pontos fortes da produção; discuta-os com o montador e imagine formas de melhorar os pontos fracos e tornar os demais ainda mais fortes. O ritmo geral do filme está demasiadamente constante e, portanto, um pouco cansativo? As seqüências mais ligeiras e vivas foram distribuídas de modo a valorizar a filmagem? Cada seqüência contribui com algo para a história? Você tem uma boa seqüência para começar e uma outra tão boa quanto para terminar? Existem bons trechos no meio?

a imagem em primeiro lugar

Embora você deva pensar na locução na hora da montagem, não a deixe ditar a ordem ou a duração dos planos. Os filmes não são comentários ilustrados; a imagem deve vir em primeiro lugar e o comentário em segundo. Existem somente duas exceções a esta regra:

1 quando um repórter grava um comentário na locação e volta com imagens que então são editadas para se encaixarem no comentário;

2 quando você edita imagens em cima de música (usando-a como uma espécie de comentário). Para tanto primeiro você tem de selecionar a música e depois ir encaixando as imagens sobre a música.

Após considerar o impacto geral da primeira versão, parta para cada seqüência em detalhe com o montador, observando cuidadosamente cada tomada e cada corte e vendo se dá para melhorar. Aqui estão algumas das coisas a serem observadas:

verifique a duração

1 Verifique se você está com a melhor duração de cada plano. Ficaria melhor se a cena fosse mais curta? Em caso afirmativo encurte-a. Lembre-se que a maioria das cenas (e filmes) costumam sofrer do mal de serem muito compridas, em vez de serem muito curtas.

os cortes ficaram suaves?

2 Cada emenda passa com fluidez? O olho se concentra em apenas um ponto de cada vez – geralmente o mais brilhante, ou o ponto em que alguma coisa está se movendo (por exemplo, a mosca pousando no paletó do apresentador). Você consegue tornar um corte mais suave (e, portanto, superior) tomando ciência dos pontos que atraem a atenção nas duas cenas que vão ser unidas.

Cortes bruscos entre locações diferentes (sua repórter dentro do prédio e, na cena seguinte, fora dele) podem se formar aceitáveis ao público, se este princípio for seguido. Mas tenha certeza de que os tipos de planos são diferentes, já que cortar para o mesmo tipo de plano de uma pessoa fica sempre feio. Corre-se um grande risco de se fazer isso em estúdio, onde você tem mais câmeras disponíveis.

Se tudo isso falhar, uma maneira de contornar um corte perturbador é introduzir um ruído repentino na trilha sonora, imediatamente antes do corte agressivo — algo do tipo cachorro latindo ou porta batendo. Os espectadores piscarão sem querer e o corte passa despercebido.

encurte as entrevistas

3 Diminua a primeira pergunta; quase sempre é possível fazer esclarecimento sobre o assunto que o entrevistado abordará através de poucas palavras, na locução. Provavelmente você descobrirá também que o entrevistado realmente não responde à pergunta de imediato, salvo na terceira sentença. Sendo assim, corte as duas primeiras sentenças.

É comum que no meio da resposta esteja o que o entrevistado queira dizer e tudo o mais em seguida seja dispensável, ou mesmo uma repetição do que ele acabou de dizer. Você precisa disso? Não estou sugerindo para você estraçalhar todas as entrevistas. Mas sua produção será muito beneficiada se utilizar apenas a essência das entrevistas e desfazendo-se do restante.

cenas com movimento de câmera

4 Em movimentos de câmera corte as pontas de câmera parada e use apenas o pedaço com movimento, a não ser que haja uma razão específica para deixar as pontas. Vai parecer estranho, por exemplo, se você mantiver um plano geral estático de uma cena de rua por dois ou três segundos e de repente, começar a fechar o *zoom* até um close de um poster, e sem nenhuma razão clara para ter começado o *zoom* naquele instante. É muito melhor a cena começar no início do movimento de *zoom*. Ou (se você se lembrou da técnica "três tomadas pelo preço de uma"), talvez, usar o plano geral parado e depois cortar para o close do poster. Cuidado em deixar muitos movimentos de *zoom* no filme; usados demais, tornam-se cansativos.

movimentos tremidos

5 Como regra geral, não se deve cortar uma cena no meio de um movimento panorâmico, ou de *zoom* Mas em *zooms* e *pans* que tremeram, experimente usar o ponto da tremida como início da cena (sempre têm um ponto

estático, geralmente muito curto, onde acontece a tremida). Você também pode cortar antes se a tremida estiver no final.

corte em movimento

6 Se a tomada-de-cena for com a câmera em movimento, não corte. Se uma coisa, ou pessoa, move-se e se você tem a ação coberta por dois planos com a câmera parada, corte, se quiser. Uma pessoa sentada, um carro entrando na garagem, um telefone sendo tirado do gancho – movimentos como estes passam com tranqüilidade pelos cortes.

não alimente esperanças

7 Não alimente esperanças em relação a suas tomadas.

Algumas serão simplesmente eliminadas porque não saíram boas o suficiente para entrar no filme. Não crie expectativa de que elas não ficaram tão ruins quanto parecem.

***mix* ou fusões**

8 Poucas produções ficam melhores pelo uso de fusões (também conhecidas por *mix* de imagem); muitas delas parecem que pegaram a doença da fusão. Regra geral, só use fusões entre seqüências e apenas quando houver uma razão especial. Assista a boas produções e observe como e quando elas foram usadas. Em seguida, quando tiver adquirido o *feeling*, introduza-as, mas com parcimônia.

sobreposição do som a imagens

9 Se você quiser colocar a voz do entrevistado em cenas que ilustram o que ele diz, selecione as cenas para o som ser acoplado, mas não peça ao montador para montá-las antes da edição final. A razão é que se você decidir encurtar a entrevista, ele vai ter um bocado de trabalho extra para fazer as cenas se encaixarem de novo. Portanto, deixe isso para o final. Os cortes intermediários devem ser deixados para o final, pela mesma razão. Lembre-se que você não é obrigado a usar todas as *cenas para cortes intermediários

---

* Ou trecho gravado em vídeo, conforme proposta deste capítulo. (N.T.)

que foram filmadas — use apenas as que melhoram a entrevista, e não se preocupe em aproveitar todas elas.

Às vezes, casualmente, quando você sobrepõe *overlay* adianta o som das entrevistas, tem a oportunidade de fazer o som fluir naturalmente. Para isso, corte todos os "hãns" e "huns", além de pausas e repetições gravados na trilha de som, tendo sempre em mente que o estilo do entrevistado deve permanecer reconhecível, mesmo que ele tenha adquirido uma fluência inédita!

guarde tudo

10 Não jogue fora cenas, ou pedaços de cenas, enquanto você edita. Nunca se sabe o que poderá ser reaproveitado. Guarde cada pedacinho de filme até que esteja aprovado pelo seu diretor; não custa nada e poderá poupar-lhe o tempo perdido de vasculhar o depósito de lixo. Pedacinhos de cenas podem tornar-se úteis, quando menos se espera. Eu me lembro de um pedaço de cena fora-de-foco de um cirurgião que calhou muito bem como ponto de vista subjetivo de um paciente saindo da anestesia.

duração

11 Sua primeira montagem deve ser 10 a 15% mais longa que a duração–alvo do filme e o método de editar deve pouco a pouco reduzir a duração àquela requerida. Não se preocupe em deixar o filme um pouco mais curto do que o esperado, se for necessário cortar material fraco e repetitivo. Mas avise seu diretor, se isso for acontecer.

Você pode ter de passar algumas seqüências cinco ou seis vezes para revisar, cortar, tornar a revisar e a cortar, antes de colocá-las em ordem. Outras podem ser encaixadas no lugar mais facilmente. Mas nunca se deixe assustar pelo trabalho duro da montagem — é um tempo que vale a pena gastar. De fato, é válido se dizer que os filmes são *feitos* na sala de montagem.

Quando terminar, provavelmente você terá de exibir o filme e ler em voz alta a primeira versão do texto para locução, para algum diretor. Quando estiver aprovado, termine o texto para locução (leia o próximo tópico).

a locução como uma trilha gravada à parte

Vale a pena pensar, neste estágio, em gravar a locução e mantê-la como uma trilha à parte, já que gravada este é o método mais confiável de assegurar o sincronismo entre palavras e imagens. Para fazer isto, redija o texto para locução normalmente, mostre-o para o locutor e deixe-o gravar uma locução linear (ou seja, sem ver a imagem). O montador então irá cortar os quadros do filme, e frações de segundo da gravação do locutor, de tal forma que eles guardem uma correlação exata. Mas você não deve fazer com que essa técnica se torne uma desculpa para redigir primeiro o texto para locução e depois tentar encaixar imagens nele. A imagem deve vir em primeiro lugar.

a edição final

Uma vez que você tenha terminado a edição (e gravado à parte a locução, se usou aquele método), deve considerá-la como final e não dar margem a pensar duas vezes.

O montador ainda tem um bocado de trabalho pela frente: separar as trilhas sonoras para a dublagem, descobrir e gravar ruídos ou efeitos sonoros, checar as emendas etc. Se você ficar indo e voltando com novas idéias, o trabalho dele se tornará impossível. Um ou dois ajustes devidos a dificuldades na locução podem ser levados em consideração. Porém, alguma coisa além já é demais.

Edição de Vídeo

Os procedimentos para se editar vídeo são diferentes daqueles para editar filme cinematográfico. Com certeza seu tempo nas ilhas de edição eletrônica estará contado e, assim, você deverá pensar em termos de horas, ao invés de dias e semanas, quando for editar sua produção em vídeo.

Por isso é importante aproveitar o máximo do tempo que você conseguir na ilha de edição. É aconselhável fazer uma cópia do material gravado e usá-la para assistir as cenas e planejar a edição. Tenha por meta detalhar todos os cortes pretendidos, antes de começar a trabalhar a fita original.

time code Se puder, grave o *time code* na cópia de trabalho. Ele consiste de um registro tipo contador eletrônico que aparece no topo ou no rodapé da imagem. Certifique-se de que ele é o mesmo número que consta na gravação original, assim você terá uma maneira de identificar todos os pontos de corte, a nível de quadro (*frame*).

Se não contar com o *time code,* use o conta-giros da máquina de vídeo. Algumas possuem digitais eletrônicos que são precisos como o *time code;* outras podem ter contadores mecânicos imprecisos, cuja numeração não bate com nenhuma máquina da ilha de edição. É bom verificar se ambas as máquinas têm contadores idênticos, antes de começar a marcar os pontos de corte.

De qualquer modo você precisa chegar na ilha, com uma lista de todos os cortes pretendidos, especificando cada um deles com a máxima precisão possível, com uma minutagem da fita, uma breve descrição da cena e o motivo do corte.

Sugiro que inclua o motivo do corte porque é fácil esquecê-lo – por exemplo, por que cortar uma entrevista em determinado ponto? Se naquele ponto o corte for impossível, o editor perguntará se é absolutamente necessário cortar ali. Se você não conseguir se lembrar do motivo do corte, perderá um tempo precioso rodando a entrevista para trás e para frente para reavaliar o ponto de corte. O entrevistado pode ter embarcado numa história comprida e irrelevante (neste caso, tem-se grande necessidade do corte) ou ele apenas começou a repetir o que dissera (e o corte pode ser postergado).

Com o advento de equipamento de edição relativamente barato, tornou-se possível algo mais do que simplesmente assistir e planejar sua edição em vídeo. Agora você pode editar antecipadamente em videocassete para ver como sai; depois de satisfeito, você edita suas fitas de qualidade *broadcasting,* utilizando o videocassete editado como modelo.

edição em *off-line* Esta pré-edição em cassete é conhecida como edição em *off-line**: equivale à técnica cinema-

* A edição em *off-line* é feita em bitola U-3/4 de polegada, que sai mais barato no exterior; no Brasil, equivaleria a empregar o vídeo doméstico como *off-line* para a edição do original em 3/4". (N.T.)

tográfica de montar um copião em primeiro lugar e, depois de lhe parecer um trabalho satisfatório, mandar cortar o negativo de acordo com ele. A edição em *off-line* tem duas vantagens principais: você tem bastante tempo (em máquinas relativamente baratas) que você não obteria nas ilhas de edição de alta qualidade (que custam muito caro para operarem) e a oportunidade para pensar duas, três, quatro vezes sobre a melhor forma de usar as cenas. Nem sempre isto é possível em vídeo, como veremos.

cortando a fita de vídeo

Nos primórdios da era do vídeo as edições eram feitas cortando fisicamente a fita e emendando as pontas de novo (os editores usavam um microscópio, uma guilhotina de precisão e uma fita adesiva especial, de espessura mínima). Cada emenda levava cerca de dez minutos e a fita não era usada para gravar outro programa. Esta prática demorada e cara foi abandonada, assim que foi descoberto como seria possível gravar de uma fita para outra sem um disparo na imagem da cena a ser unida. Assim você tem duas técnicas de edição eletrônica: o *assemble* e o *insert*.

assemble

O *assemble* é, na realidade, o processo de transferir todas as cenas selecionadas para uma fita virgem, na duração (lembre-se do tempo de vida natural) e na ordem certas. Você precisa de duas máquinas: uma para reproduzir (*play*) suas fitas gravadas e a outra para gravar. Comece transcrevendo sua cena de abertura gravada para a fita editada. Quando chegar a algum ponto na fita gravada que você não deseja na produção final, peça ao editor para parar ambas as máquinas e depois para rodar a fita gravada para a cena seguinte que você deseja incluir na produção final.

Então essa cena é copiada para a máquina que edita (grava), com um corte limpo em relação à cena anterior já copiada. Se quiser, o corte entre as duas pode ser simulado de tal forma que você vê como o corte irá sair (*preview*), sem, de fato, gravá-lo. Se estiver satisfeito, o editor irá editar a cena; as máquinas automaticamente retornam, repetem o corte exatamente como foi e continuam transcrevendo de uma para outra até novo *assemble*.

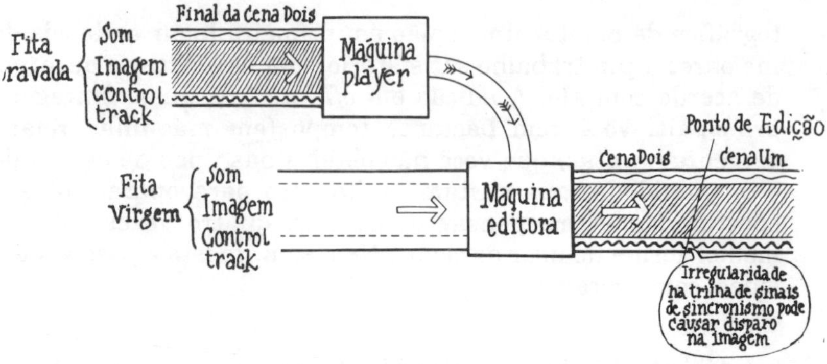

Quando fizer *assemble*, obviamente você terá de começar do início e seguir essa ordem a produção inteira. Isto é mais difícil do que parece. Se você já montou filme de cinema sabe o efeito que você consegue ao encaixar uma cena aqui, ao cortar uma seqüência ali — você esculpe uma rocha disforme tirando uma lasca de cada vez. Mas o procedimento em vídeo requer que você deixe cada corte no seu lugar certo, antes de passar para o próximo. Muito rigoroso.

geração em vídeo O que acontece se você pensar outra coisa para uma seqüência no meio de uma produção de 20 minutos que está acabando de editar? Se decidir encurtar uma das cenas, você terá de começar tudo de novo desde aquela cena. Por que não pegar outra fita virgem e copiar tudo até aquela cena, encurtá-la e em seguida copiar as demais cenas? Porque você vai acabar tendo uma cópia de cópia — uma cópia de terceira geração — e a qualidade da imagem provavelmente será muito prejudicada. Suas tomadas-de-cena originais constituíam a primeira geração, a fita editada, a segunda e a cópia da fita editada, a terceira. Não se esqueça que você vai querer cópias adicionais de sua fita editada, para a videoteca, vendas, exibições etc. Estas cópias de quarta geração começam, de fato, a mostrar suas falhas, principalmente se forem exibidas em máquinas de vídeo doméstico.

Naturalmente a tecnologia pode solucionar tais problemas. Técnicas de gravação digital tornam possível copiar e recopiar tantas quantas gerações se desejam sem perdas na qualidade da imagem (porque os sistemas digitalizados transferem códigos para a produção da imagem, não a imagem em si). Máquinas editoras controladas por computador podem repetir automaticamente todos os pontos de corte antes e depois das modificações por você pretendidas. A edição em *off-line* permite cortar, copiar e recopiar quantas vezes quiser porque ela é apenas um modelo para a edição final.

edição em *insert* O procedimento para a edição em *insert* é exatamente o mesmo da edição em *assemble*, exceto por uma diferença técnica. No *assemble* a pista de *sinc* é gravada à medida que você edita, enquanto no *insert* ela é gravada com antecedência, na fita para edição.

pista de *sinc* O que é a pista de *sinc*? E por que ela precisa ser gravada antes?

O modo mais fácil de entender a pista de *sinc* e como ela funciona é imaginá-la como perfurações eletrônicas (os furos que você vê no filme cinematográfico). A máquina de vídeo usa a pista de *sinc*, gravada como um sinal contínuo na borda da fita, para se sincronizar e desta forma assegurar o posicionamento correto da cabeça sobre a fita, a velocidade correta de tração da fita e o processamento correto da informação gravada na fita. Se você deixar a máquina ir gravando a pista de *sinc* (no modo *assemble*) à medida que você edita, fica extremamente difícil a gravação acurada, na intensidade que previna os disparos eventuais na imagem, nos pontos de edição. Se, por outro lado, você gravar a pista de *sinc* numa sessão ininterrupta antes de começar a editar (certifique-se de que gravou o suficiente para cobrir a duração completa estimada de sua edição final), a máquina vai ter uma linha precisa de perfurações eletrônicas que usará para alinhar a imagem que lhe chega para editar. O resultado é a eliminação completa de saltos e disparos na imagem, causados por irregularidades na pista de *sinc*. Só isso já deixa claro que sempre vale a pena pré-gravar uma pista de *sinc* e editar tudo em *insert*.

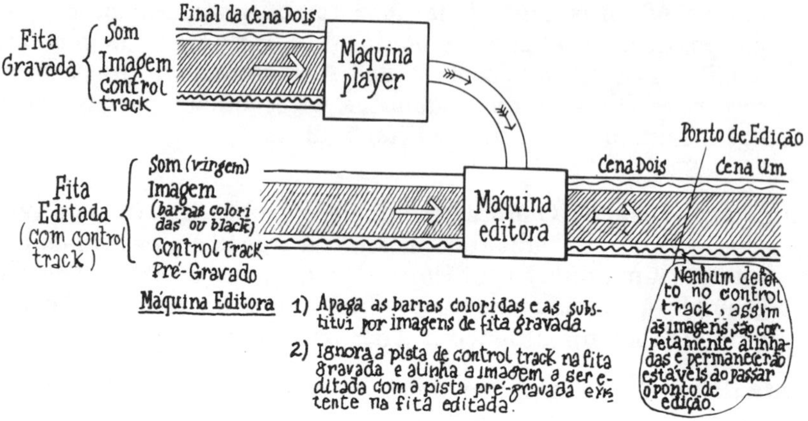

editando imagem e som separadamente

A edição em *insert* oferece outra vantagem: a possibilidade de editar imagem e som separadamente (em algumas máquinas isto não é possível na edição em *assemble*). Deixar o som antecipar o ponto de corte ajuda a dissimular o corte, quando sua execução é difícil; também ajuda a suavizar uma mudança inoportuna no ritmo da trilha sonora. Se a trilha sonora for complicada, é melhor providenciar uma sessão de som especial para dublagem, tal como se faria para um filme de cinema. Mas cuidado, se transferir a trilha sonora para outra máquina (de vídeo ou de áudio). Se ambas as máquinas não estiverem rodando exatamente na mesma velocidade, você não conseguirá sincronizar a trilha final mixada com as imagens editadas.

A outra vantagem da edição em *insert* é, claro, que ela permite fazer um *insert*. Isto quer dizer que é possível trocar uma cena em qualquer lugar da fita sem transcrever a fita inteira, desde que você recoloque exatamente a mesma duração de imagem que estiver retirando. A cena que você deseja colocar no lugar é alinhada com a cena que você quer retirar, por intermédio das marcas de entrada e saída. As duas máquinas, então, rodam juntas e a editora automaticamente substitui a imagem entre as marcas pela imagem que estiver sendo reproduzida pela máquina *player* naquele instante. É um processo mais avançado, do ponto de vista técnico, mas artisticamente difícil de se conseguir resultados mais favoráveis.

efeitos especiais Se desejar utilizar algum dos surpreendentes efeitos especiais que o vídeo de hoje oferece, arranje um tempo para isso antes da edição. Os efeitos provavelmente terão de ser produzidos numa máquina diferente, que precisa ser reservada. De toda forma, efeitos especiais sempre tomam mais tempo do que você imagina; seria desastroso se você terminasse por usar todo o seu tempo trabalhando só nos efeitos para uma ou duas seqüências.

Todos os pontos mencionados para a montagem de filmes (evitar muito *zoom*, cortar a primeira pergunta das entrevistas e assim por diante) aplicam-se com certeza à edição de vídeo. Para tudo, com exceção do noticiário (onde a rapidez torna diferente o padrão de qualidade aceitável na edição), sua produção deve ser contínua e bem acabada tanto em vídeo como em filme.

SUMÁRIO

Edição de filme e vídeo

Editar é selecionar – fazer a seleção das melhores cenas para produzir sua matéria.

Edição de filmes cinematográficos

Verifique se o montador recebeu todos os rolos de som e imagem.

Espere até que a imagem e som tenham sido sincronizados, para então ver o filme. O som de filmes com pista magnética deve ser transcrito para a fita magnética separada, exceto os filmes urgentes de telejornais.

Revise todo o material com o montador, explicando de que se trata. Ouça seus comentários com atenção — ele é o seu primeiro espectador.

Faça uma listagem de cenas.

Dê ao montador uma ordem de montagem (improvável que seja a mesma ordem do roteiro).

Permaneça com o montador o maior tempo possível. A sala de montagem é o melhor lugar para se aprender acerca de filmes.

Veja a primeira montagem, sem interrupção, para avaliar o impacto global da produção. Então passe todas as seqüências três ou quatro vezes, procurando alternativas para aprimorar cada uma.

Coisas para se cuidar:

1 Verifique se encontrou a melhor duração possível para cada cena.

2 Os cortes estão fluindo? Os pontos de interesse das cenas seguintes caem na mesma parte da tela? Cortes bruscos podem ser propositalmente feitos usando-se esse princípio ao contrário. Mas esteja certo de que o tipo de plano é diferente – cortes entre planos do mesmo tipo, de uma pessoa, por exemplo, caem sempre mal.

3 Corte a primeira pergunta das entrevistas e escreva seu conteúdo na locução. Se possível, corte pedacinhos da entrevista que sejam meramente repetitivos ou que não acrescentam nada.

4 Corte os pedaços parados das cenas nas duas pontas de movimentos de *zoom* ou de *pan*. Não deixe *zoom* demais.

5 Não corte no meio de movimentos de câmera. Tremidas em movimentos de *zoom* ou de *pan* costumam ser usadas como pontos de corte.

6 Corte quando a pessoa ou objeto na cena se move (se você quiser e se tiver cenas seguintes com um tipo de plano diferente).

7 Elimine cenas fracas. Não tenha esperança de que elas parecerão melhores do que agora. Não mesmo.

8 Use fusões com muita parcimônia.

9 Deixe o montador encaixar cenas nas entrevistas por último. Lembre-se de cortar todos os "hãs" e "hummms" do som respectivo.

10 Guarde todas as cenas rejeitadas até o término da edição. Não jogue nada fora.

11 Pouco a pouco reduza o filme à duração requerida. Não se preocupe se ficar um pouquinho mais curto. Mas avise o seu diretor sobre isso.

Obtenha aprovação do filme e do texto para locução.

Para uma simultaneidade efetiva entre as palavras e as imagens, finalize o texto, grave-o e peça ao montador para deixá-lo como uma trilha sonora separada.

Uma vez que o corte é definitivo, só peça as mudanças vitais.

Edição de vídeo

O tempo de edição, em vídeo, é limitado. Portanto, aproveite ao máximo o tempo na ilha de edição — duplicando todo o material em um videocassete de trabalho, onde você marcará os cortes, usando de preferência o *time code*;

- chegando à ilha de edição com a lista dos cortes pretendidos, tendo identificado cada um por um número (minutagem), descrição e fundamento para o corte;
- editando em *off-line* sempre que possível;
- terminando as seqüências com efeitos especiais, antes de trabalhar na ilha de edição.

Existem dois tipos de edição em vídeo:
- *assemble*, que é a transcrição de todas as informações para uma fita virgem, a fim de montar um programa acabado;
- *insert*, que é a transcrição para uma fita "sincada", que contém a pista de sincronismo já gravada.

Use *insert* sempre que possível.

Redação

A redação da narração sempre deve permanecer em sua mente durante a edição. Embora a concentração deva recair sobre a imagem e o som, é útil guardar uma lista dos pontos possíveis para comentar cada seqüência, à medida que prossegue no trabalho, para que ao final da edição você tenha um esboço da redação no papel.

Então você deve reconsiderar se os pontos anotados encontram-se nos lugares onde causarão o máximo impacto. Se, por exemplo, você está fazendo uma história sobre um homem que está ajudando gente pobre a melhorar seu nível de vida, o fato de o homem ser filho de um deles pode ser uma coisa interessante para mencionar no começo, ou poderá causar mais impacto se mencionado ao final. Obviamente, o posicionamento do fato é importante: não desperdice a chance de tirar o máximo dele. Imagens podem tornar-se mais importantes do que palavras quando você edita, mas você não deve subestimar o poder das palavras; se escolhidas cuidadosamente, as palavras podem determinar e até mudar a atitude do público em relação ao que ele observa. A imagem do petroleiro no horizonte pode tanto ser uma vista atraente como um exemplo de poluição – tudo depende do que você disser.

Existem duas coisas importantes sobre redação — uma é FAZER e a outra é NÃO FAZER.

Faça o comentário adequado à imagem. Não descreva o que você pode ver na imagem.

não descrever Começando com o NÃO; nada é pior do que dizer ao espectador o que ele é capaz de ver na imagem. Por exemplo, "o general salta do helicóptero e cumprimenta as pessoas que o aguardam". O espectador pode estar vendo isso tudo. Mas ele não pode saber, pela imagem, os nomes e os cargos de quem está lá, o tipo de helicóptero, a importância da visita do general e assim por diante. Portanto, não descreva simplesmente a imagem, mas acrescente algo a ela; dê-lhe um significado adicional com suas palavras.

faça o comentário adequado	Agora o FAZER. Faça o comentário se adequar à imagem.

A forma de assegurar isto é fazer uma lista das tomadas-de-cenas editadas, assinalando as que necessitam de narração. Ponha a imagem à esquerda e o som respectivo à direita. Pode contar em minutos e segundos em pés, ou metros, conforme seja a marcação usada na ilha de edição e no estúdio de dublagem. Eis um exemplo de uma lista minutada de cenas:

cronometragem	*imagem*	*som*
0	PG fazenda cachorros perseguindo iscas (lebres mecânicas)	som direto
47,5 seg.	PP Beto	Locução: apresenta Beto e seu *hobby*
1'17"	PP cicatriz na mão	
1'33"	entrevista Beto	som direto "Nada melhor... ...torná-los campeões."
3'05"	multidão no estádio	Loc: a grande noite de competição
3'30"	a corrida	sem loc., só efeitos sonoros e o narrador do estádio
etc.		etc.

Este roteiro de tomadas-de-cenas contém detalhes suficientes para a redação que se pretende narrar. O plano geral da fazenda, no começo do programa, e as imagens dos cães galgos perseguindo lebres mecânicas (iscas) não precisam de qualquer comentário e assim não tenho de me preocupar em detalhá-lo na lista de minutagem.*

* As TVs brasileiras utilizam laudas padronizadas para esse fim. Cada linha datilografada de 32 toques corresponde em média a dois segundos de imagem rodada. (N.R.T.)

Beto é o personagem principal do filme e precisa de apresentação, aos 47,5 seg. Quero chamar a atenção para uma cicatriz em sua mão e assim preciso destacar um tempo para ela. Sua apresentação continua até 1 min e 33 seg, quando Beto começa a falar em som direto. Anotei as primeiras e as últimas palavras de sua entrevista para lembrar-me do que ele falou e também porque poderá ser bom pinçar algumas de suas palavras para o texto da narração. Em seguida, 25 segundos (de 3 min e 5 seg até 3 min e 30 seg) para focalizar o cenário onde a corrida acontece e da qual participam os cães do Beto.

faça sua própria lista de tomadas-de-cenas

Essa lista minutada de tomadas de cenas contém todos os pontos que eu quero para minha redação: *timing*, detalhes de algumas tomadas, primeiras e últimas palavras das entrevistas. O importante, no entanto, é que estes sejam os pontos que eu queira trazer à tona em meu roteiro. Outro redator pode ver coisas diferentes que ele deseje comentar (por exemplo, o tamanho da fazenda), e assim a lista dele será ligeiramente diferente. O ponto a destacar é: sempre faça você mesmo a lista. Ninguém pode ver o filme através de seus olhos.

primeiro escreva, depois confirme com a imagem

Uma vez feito o roteiro de tomadas de cena, vá a algum lugar calmo para escrever a narração. Algumas pessoas gostam de passar esta etapa sentando-se defronte ao monitor, redigindo e checando cada frase com o vídeo. Pode ser ideal para elas. Para a maioria, entretanto, ficar rodando as imagens para frente e para trás pode ser uma distração, quando deveriam estar se concentrando nas palavras. É muito melhor dar duro para conseguir as palavras certas primeiramente (e é um trabalho difícil). e depois confrontá-las com a imagem.

Como fazer sua narração adequar-se à imagem? A resposta é: contando.

contando palavras

Descubra com alguém mais experiente quantas palavras por pé ou por segundo você consegue encaixar, em seu idioma. Em inglês, a média usual é de 2,5 a 3 palavras por segundo, dependendo do lugar – os idiomas são falados e entendidos em velocidades diferentes, em cada país. Redija cada parte da narração contando o número de palavras e acrescentando ou suprimindo palavras até que se encaixe perfeitamente com a duração da imagem. Se você acha cansativo contar palavras enquanto escreve, um truque útil é escrever em papel quadriculado.

Se	no	papel	couberem	seis	palavras
por	linha,	então	numa	olhadela	você
ficará	sabendo	que	este	texto	leva
dezesseis	segundos	para	o	locutor	ler,
pois	cada	linha	será	lida	em
dois	segundos,	se	a	média	for
de	três	palavras	por	segundo.	

não use cronômetro

Alternativamente, pode-se utilizar um papel pautado comum com colunas marcadas. De qualquer jeito, não use cronômetro para medir quanto dura cada trecho de narração. O motivo é que torna-se praticamente impossível para você ler o texto na velocidade que o locutor irá lê-lo. Assim, a cronometragem certamente estará errada.

O primeiro trecho da locução (cada trecho é comumente chamado por "fala") não deve entrar nos primeiros três segundos, a fim de se reduzir o risco de algumas palavras não irem para o ar, por alguma falha na hora da transmissão em rede. Se você deseja que uma fala da locução coincida com determinada imagem, anote a minutagem da tomada de cena entre colchetes no texto (veja a ilustração). O mesmo acontece para a locução que deve terminar em um ponto certo (veja o último balão da ilustração). Esses tipos de marcações devem ser trabalhados contando-se as palavras de trás para frente, a partir da palavra crucial. As palavras devem ser curtas, tal como na abertura, pois quanto mais longas forem, maior a possibilidade de uma variação na velocidade da leitura fazendo a fala recair no bloco seguinte.

De fato todos os parágrafos entre as cronometragens devem ser curtos. Se você estiver escrevendo mais do que três ou quatro períodos para um parágrafo, algo está errado. Provavelmente a imagem esteja comunicando pouco e as palavras muito. Neste caso, corte o número de idéias, reduzindo assim a quantidade de palavras. Corte também imagens (se ainda der tempo), para que seu programa passe mais depressa para o bloco seguinte. O melhor texto para vídeo e TV é simples, claro e curto.*

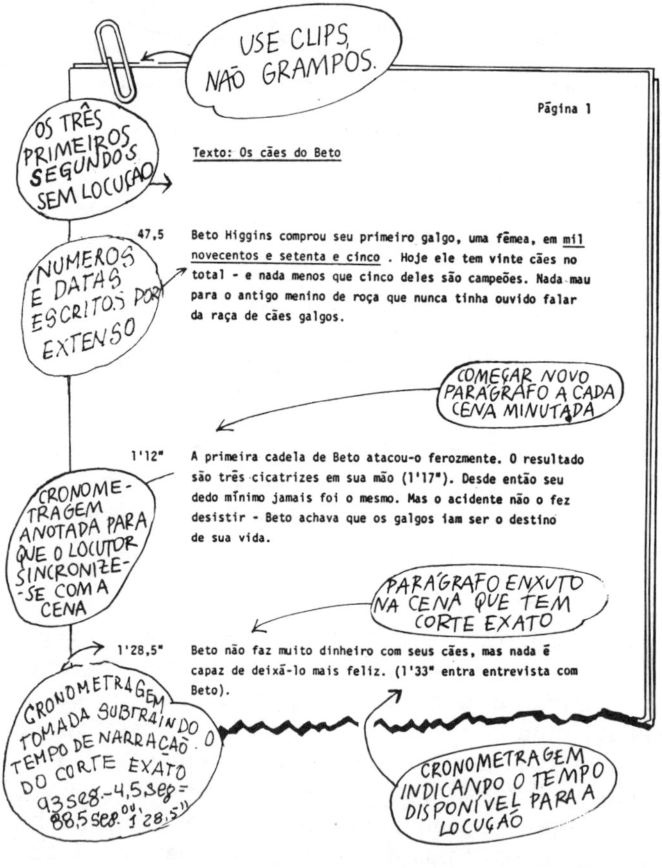

Exemplo de texto para locução

* Você encontrará mais material sobre a arte de escrever comentários nas Instruções nº 16.

diagramação do roteiro O texto deve ser datilografado em papel que não faça barulho quando é manuseado. O último parágrafo não pode terminar na página seguinte; se o parágrafo inteiro não couber, comece-o numa nova página. É melhor prender as folhas com clips do que com grampos: isto torna mais fácil a leitura de cada página separadamente e assim evita ter de dobrar a folha para começar nova página. E auxilia o locutor se todas as datas e números forem escritas por extenso (veja a ilustração).

Para finalizar, não queira cobrir tudo com o texto. Deixe um tempo para as entrevistas, música e efeitos sonoros — e também tempo para seus espectadores "respirarem". Quando terminar de escrever e relatar, leia o texto em voz alta para você mesmo, para eliminar cacofonias e tornar o texto mais claro. E depois verifique o texto junto com a imagem, antes de ir para a gravação: o ideal é obter um sincronismo perfeito, mas as coisas podem sair errado.

SUMÁRIO

Redação

Faça uma lista dos pontos importantes para narrar, de cada seqüência, durante a fase de edição. Verifique se os fatos importantes estão colocados onde causam maior impacto.

NÃO DESCREVA o que o espectador pode ver na imagem.

FAÇA um texto adequado à imagem:
- fazendo sua própria lista de tomadas de cenas;
- escrevendo primeiro a narração para depois checá-la;

– contando as palavras por segundo (ou pé);
– não utilizando cronômetro.

Não inicie a locução antes dos três primeiros segundos do programa (ou cinco pés).

Anote onde a locução deve sincronizar-se perfeitamente, colocando a cronometragem entre colchetes. Torne conciso o texto que antecede esse ponto.

Deixe todo o texto enxuto. O melhor texto para TV é simples, claro e curto.

Não deixe os parágrafos terminarem na página seguinte.

Use clips no lugar de grampos.

Escreva todos os numerais em palavras.

Não cubra tudo com locução. Dê tempo para o público "respirar".

Verifique o texto lendo-o em voz alta (remova os cacófatos!).

Cheque o texto em conjunto com a imagem, antes de gravá-lo.

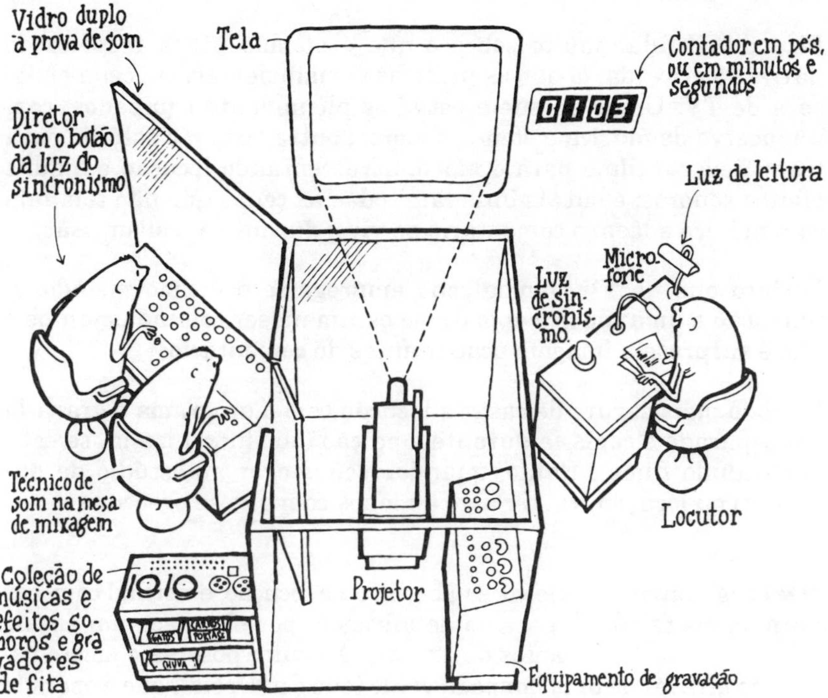

O Estúdio de Dublagem e Som

Locução

Fica difícil falar muito sobre o que é ou não útil a respeito de narração gravada, já que as práticas variam demais em cada emissora de TV. Umas possuem estúdios plenamente equipados, com um acervo de música e efeitos sonoros; outras usam o estúdio para transcrever o filme para o vídeo, acrescentando locução e alguns efeitos sonoros; e outras inundam todas as cenas que não têm fala com música e lêem o comentário ao vivo, durante a transmissão.

É claro que na TV Cambalacho emprega-se o último método. A narração e uma música enjoativa costumam ser colocadas juntos e não é surpresa a imagem acabar antes do comentário.

O modo mais seguro de casar a locução com o programa é gravá-la em separado e copiá-la durante a edição (ou sincronizá-la, se estiver usando filme). Então, quando você chegar ao estúdio de dublagem ou locução, vai ter algo a menos com que se preocupar.

"Deixas" para começar a falar Se você não gravou a locução, é normal começar a sessão de mixagem por ela. Faça um ensaio antes de gravar. O locutor observa o sincronismo através de uma lâmpada verde (que é a "Deixa") que é operada pelo diretor. Os sinais sempre devem ser dados a meio segundo (ou um pé) antes do instante real, de forma que ele possa tomar fôlego e começar (ninguém começa instantaneamente).

rock and roll Quando tiver resolvido qualquer eventual problema surgido no ensaio, grave. Se o estúdio for moderno, é possível parar em qualquer ponto, retornar ao anterior e começar dali em diante (sistema conhecido como *rock and roll*). Se o estúdio for antigo, pode não dar para entrar gravando no meio e aí é preciso retornar ao comecinho, cada vez que parar. Por falar nisso, se estiver usando o sistema *rock and roll* ou gravando a locução em separado sem sincronismo, é válido voltar à primeira página do texto no final da sessão e gravá-la de novo. A primeira página costuma ser a mais difícil e fica mais fácil para os locutores refazer sua leitura quando suas vozes estiverem menos empostadas e mais relaxadas.

planilha de mixagem Depois da locução o técnico de som, que faz a mixagem, começará a trabalhar a trilha musical e de efeitos (também conhecida como banda internacional de som). O montador de filmes terá preparado uma planilha de mixagem, listando as durações exatas das entradas (*ins*) e saídas (*outs*) de tudo: locução, música, diálogos e efeitos (cada um destes terá no mínimo uma trilha só para ele); o técnico de mixagem trabalha com essa planilha para combinar todos os elementos na banda internacional de som. Sua tarefa é dosar os sons, conforme você deseje enfatizá-los.

Quando a banda internacional estiver pronta, o técnico de mixagem passa tudo uma última vez para sincronizar a banda com a locução. Isto se chama mixagem final e mais uma vez você deve prestar atenção nos níveis relativos de som da música, dos efeitos e das falas. Leve em conta que os alto-falantes de estúdio costumam ser de muito melhor qualidade que os embutidos nos aparelhos domésticos de televisão. Como resultado efeitos sonoros que podem ser ouvidos claramente mais baixo no estúdio, podem ser completamente inaudíveis para o espectador; se suspeitar que isso possa estar ocorrendo, converse com o técnico e peça a ele para não deixar os efeitos sonoros em volume muito baixo. Os técnicos costumam estar tão habituados com seus alto-falantes de alta qualidade, e têm uma audição tão apurada, que se esquecem da pequena qualidade dos alto-falantes dos espectadores (assim como sua sensibilidade auditiva não é tão apurada).

Vale a pena prestar atenção ao que está acontecendo no estúdio, já que uma boa mixagem pode dar um belo acabamento à produção. Efeitos sonoros cuidadosamente selecionados podem, de repente, criar uma atmosfera que proporciona ao público aquela sensação estimulante de estar "ali" de verdade. Cenas sem vida podem renascer pela colocação de um latido ao longe, de um canto de pássaro, insetos voando ou o som do vento balançando as árvores.

acrescentando efeitos sonoros O sincronismo entre a locução e o começo de uma entrevista pode, com freqüência, ser melhorado pelo deslocamento da trilha das falas contendo a locução, um pouquinho para a frente ou para trás,

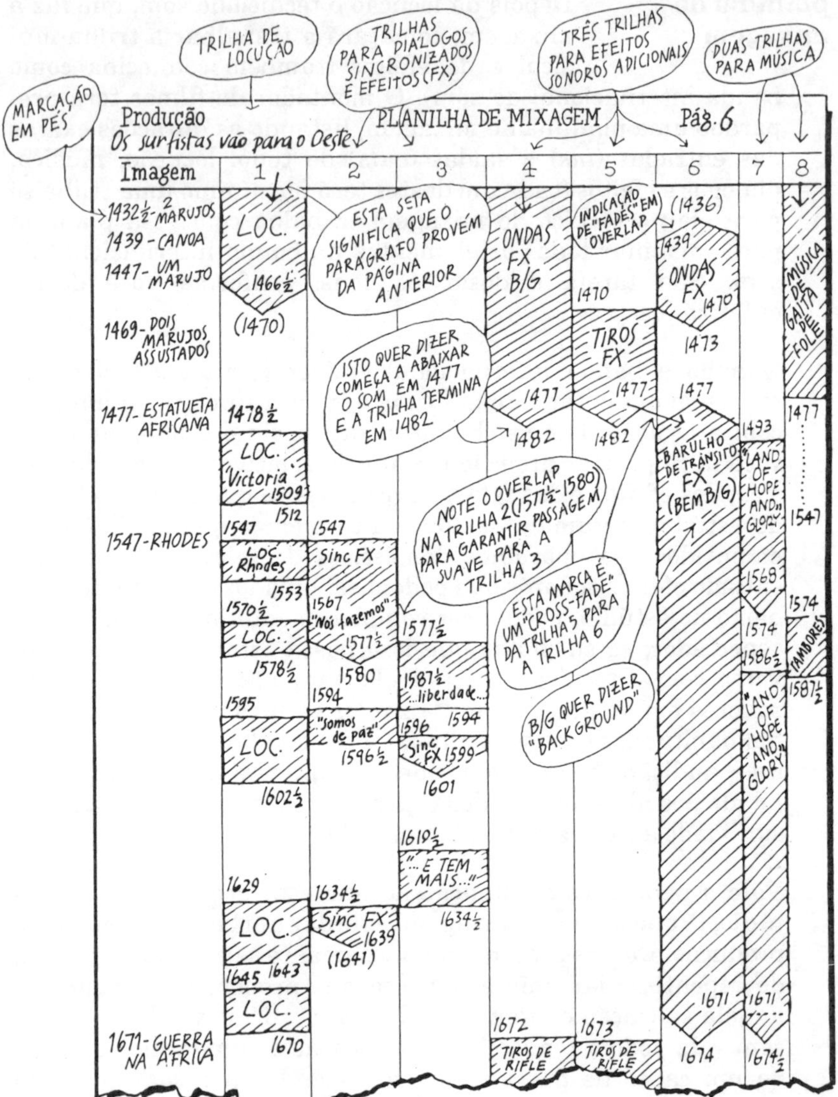

Planilha de Mixagem
Note o cuidado e detalhamento necessários para se produzir uma trilha sonora de primeira qualidade.

caso não esteja exatamente certa na gravação. Uma profundidade da imagem pode ser obtida deixando o espectador ouvir, realmente, alguma coisa daquele navio visível na linha do horizonte. Os detalhes acrescentados podem parecer sutis e os espectadores até podem não se dar conta deles conscientemente, mas ainda valem porque todos esses aspectos sutis contribuem para o impacto final da produção.

mixando no estúdio de TV Se você estiver usando o estúdio de TV para mixar ou transmitir seu programa e, portanto, não preparou uma planilha de mixagem normal, é importante que o texto para locução inclua tudo o que você pretende fazer e uma cronometragem para cada uma delas. Por exemplo:

49"	Letreiro
1' 23"	Entra "Marches" - lado 2, faixa 3
1' 54"	Termina "Marches"
3' 15"	Roda fita com canto de passarinho
3' 55"	Sai fita
7' 06"	Legenda: General Hiro

Estas instruções podem estar escritas no texto para locução ou, se o texto for longo, pode ser mais conveniente escrevê-las numa folha separada, para distribuir ao diretor de tevê, ao assistente de estúdio, à técnica, ao técnico de som, à sala de VT e ao telecine. O assistente de produção e o técnico de som sem dúvida precisarão de uma cópia do "Script" de locução; os outros provavelmente não, se tiverem em mãos uma cópia dessas instruções. Você deve fazer um ensaio geral antes de gravar, para que cada um saiba exatamente o que fazer.

efeitos sonoros Uma palavra sobre música e efeitos sonoros para encerrar este capítulo. Os efeitos devem constituir o acompanhamento normal das imagens; a importância de gravá-los e editá-los em sincronismo já foi salientada. Sem esses efeitos o impacto da imagem cai pela metade: por exemplo, imagine a chegada de um helicóptero sem som, em seguida com o som. Um efeito bem gravado pode dar ao começo de uma seqüência um impacto enorme, se for reproduzido alto e sem fala simultânea. Também podem ser usados para dar vida a desenhos ou fotografias. Mixados com música, ou entrando após uma seqüência com música, podem tornar-se mágicos.

música A música também é para ser lembrada. Tem o poder maravilhoso de atingir os sentimentos das pessoas em poucos segundos. Mas você precisa utilizá-la com sensibilidade; por exemplo, não a corte abruptamente só porque a seqüência terminou; ao invés disso, abaixe-a suavemente. Empregue-a à semelhança da locução (e algumas vezes, no lugar da narração), para acrescentar significado à imagem: uma canção de amor na hora que um navio deixa o porto de seu país, pode dizer muito mais sobre as emoções dos marinheiros e os familiares dando adeus do que o mais bem redigido comentário. Você também pode explorar a música ironicamente: por exemplo, a marcha nupcial sendo tocada numa cena de divórcio no tribunal. E, claro, dá para você editar a imagem em cima da música também (assim os cortes coincidirão com o compasso da música).

Quando quiser utilizar a música como comentário, uma boa idéia é dar uma indicação no texto, antecipando a música, para que o público saiba o que o espera. Existem muitas formas de fazer isso: uma frase como "é hora de refletirmos sozinhos" funcionaria para ambos os exemplos acima.

Seja como for, não use a música como um pensamento em voz alta. Ela deverá ter uma mensagem especial a comunicar para o público. Assim, tê-la tocando baixinho em bg (*background*, ao fundo) para ocultar uma ausência de efeitos sonoros, ou simplesmente porque você acha que a trilha sonora está quieta demais, é um terrível desperdício. Se, por exemplo, você tiver uma pessoa no estúdio contando uma historinha para crianças ilustrada por desenhos, é perfeitamente aceitável ter a voz do narrador e nada mais. Se você acha que a música ajudaria na história, tudo bem, mas no caso evite tocar uma única música durante a história inteira. Em lugar disso, examine em que partes a música auxiliaria e inclua trechos musicais específicos, que realcem o significado das imagens, naqueles pontos.

Talvez onde a personagem esteja sonolenta, ou nervosa, ou correndo perigo.

SUMÁRIO

Locução

Procedimentos no estúdio de dublagem

1 Primeiro ensaie, depois grave a locução.
O locutor observa a deixa pela luz verde, e não pela cronometragem ou contador de pés. Lembre-se de acender a luz um pouco antes de cada ponto.

2 Faça e grave a banda sonora internacional.

3 Faça a mixagem final (locução mais a banda internacional).

Certifique-se de que a música e os efeitos sonoros não ficaram baixos demais. Observe onde usar efeitos sonoros para dar vida a determinadas cenas.

Se a gravação for em estúdio de TV

1 Prepare uma planilha contendo tudo o que você deseja (ou escreva no *script* para locução). Distribua cópias para as pessoas envolvidas.

2 Primeiro ensaie, depois grave.

Os efeitos sonoros normalmente devem acompanhar todas as imagens: sem eles, o impacto delas cai pela metade.

Nunca use a música como um pensamento em voz alta. Ela é muito poderosa para ser desperdiçada, cobrindo uma ausência de efeitos sonoros apropriados. Utilize-a como a locução, para realçar o significado das imagens.

Estúdio

O estúdio da TV Cambalacho é o coração da estação. Também é o lugar onde a maioria dos produtores chegam mais perto do infarto.

Estúdios podem assustar o produtor inexperiente, tanto quanto assustam os entrevistados. Fileiras de luzes brilhantes, dependuradas no teto (e por alguma razão os jornalistas costumam confundi-las com as câmeras), portas e paredes com grosso revestimento, de duas a cinco câmeras apontando para você uma equipe de técnicos esperando, atrás de vidros duplos (serão à prova de balas?), esperando por palavras e (erros) do diretor, — tudo isso simplesmente podia ser uma câmara de torturas, no lugar de um estúdio de televisão.

Claro que o estúdio não precisa ser uma câmara de torturas. De fato, uma vez que você saiba como proceder, dirigir um estúdio pode tornar-se excitante, podendo estimular você para um alto "astral".

Para acabar com a tortura no estúdio, você tem de lembrar-se de um fato vital: nada acontece ali a não ser que você providencie para que aconteça. Você diretor, tem — ou deveria ter — total controle do que acontece. Deve pensar e produzir tudo, desde a cor das paredes até cada passo das pessoas durante o programa.

Felizmente você não precisa fazer isso tudo sozinho. Os diversos departamentos técnicos estão ali para ajudá-lo e aconselhá-lo. Mas todas as iniciativas precisam ser tomadas por você.

O primeiro passo é decidir o que você quer no seu programa. Os capítulos anteriores tratam disso e qualquer diretor que tenha aberto este livro neste capítulo, esperando poupar a si mesmo de mais leituras, deveria voltar ao início. Idéias, pesquisa e roteiro são tão importantes para os programas de estúdio como qualquer outro aspecto. Somente quando você decidiu o conteúdo de seu programa é que o procedimento passa a ser diferente.

reserve um estúdio

Faça uma reserva do estúdio o quanto antes, na verdade assim que você tiver certeza de que vale a pena fazer o programa. Os diretores da Cambalacho tendem a tratar os estúdios como uma cantina e aparecem lá quando bem entendem; você precisa tratar o estúdio com o cuidado de um pai que encomenda uma festa de casamento, preocupando-se com cada detalhe da decoração, do cardápio, da música e do custo.

o *set* Faz sentido começar com os itens que levam mais tempo para a preparação. Isto quase sempre significa o cenário ou *set*. Assim, comece pelo cenógrafo e conte-lhe sobre seu programa (o que você está pretendendo com ele, quantos artistas e o que eles vão fazer, qual a verba para o cenário e assim por diante). E também o tipo de *set* que você está imaginando. E então... o que você deve procurar num *set*?

É difícil orientar sobre isso, uma vez que o *set* depende totalmente do tipo de programa. Mas se você começar a pedir um cenário extremamente complicado, com características presentes em todas as casas do país, tome cuidado. Talvez você não deva fazer seu programa num estúdio. Não seria melhor sair em locação?

Não esqueça as virtudes de um *set* simples que ganha vida pela iluminação eficaz e um ou dois adereços providenciados pela contra-regra. Um praticável (plataforma) para quebrar a extensão chapada do piso do estúdio e uns padrões gráficos coloridos podem funcionar maravilhosamente. Lembre-se que a TV chega às casas mais em planos médios e em closes e os espectadores não terão chance de observar minuciosamente o cenário. De qualquer forma, o que as pessoas presentes no *set* estiverem falando e fazendo atrairá a atenção do público, mais do que o *set* em si. Mas não exagere pelo outro lado: se um *set* for muito réduzido e comum vai chamar por si só a atenção e desviá-la das pessoas ali presentes, o que naturalmente falha em seu propósito.

a planta baixa O cenógrafo precisará de algum tempo para trabalhar suas idéias. Ele vai desenhá-las na planta baixa, que é um diagrama do estúdio dentro de um gabarito, no qual dá para se assinalar qualquer posição no piso. Quando receber o projeto, rode o programa na sua "TV mental", visualizando-o dentro do *set* e pensando onde as câmeras vão estar, o que elas vão captar, onde as pessoas vão ficar de pé e se sentar, por onde elas entram e saem. Faça isso sistematicamente do começo ao fim do programa e anote a lápis todas as posições principais na planta baixa, verificando se há espaço suficiente para o tráfego de câmeras e se os cabos não vão cruzar, assegurando ainda que os monitores do estúdio podem ser vistos pelos presentes etc. Também é bom checar as tomadas de cenas de cada câmera.

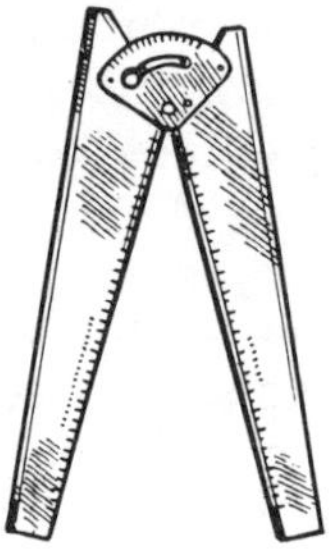

Use um transferidor na planta baixa para checar se suas tomadas funcionarão

Com um transferidor, para certificar-se de que um plano e contraplano não vão vazar o cenário; e que a câmera consegue se afastar o bastante para tomar um plano geral de tudo, conforme você planeja. Provavelmente vai encontrar vários problemas para serem resolvidos junto com o cenógrafo (melhor agora do que no estúdio).

Construir o cenário pode levar desde alguns dias até semanas. Se você somar isso ao tempo necessário para o projeto, pode notar que deve começar a trabalhar com o cenário de quatro a seis semanas antes do "dia do estúdio". Uma coisa é certa: ninguém vai se queixar que você está solicitando uma coisa cedo demais — a menos que você esteja pedindo antes de ter uma idéia clara do que você quer. Isso vai desperdiçar o tempo de todo mundo.

Se precisar de figurino especial ou contra-regra, converse com as pessoas responsáveis o quanto antes.

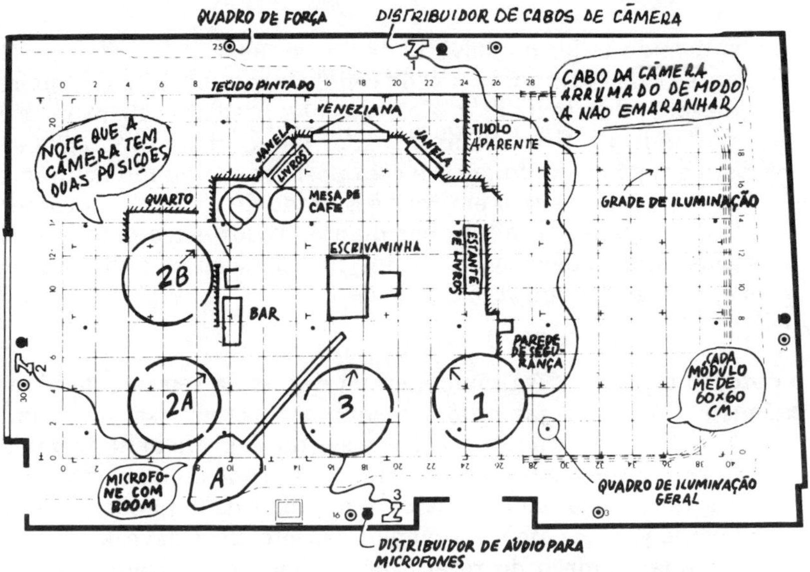

Planta baixa para um pequeno estúdio com 3 câmeras*

o planejamento do evento O próximo passo importante é o planejamento do evento. Pode ser feito algumas semanas antes do "dia do estúdio", ou apenas alguns dias antes, se você tem uma programação semanal regular. Em geral o planejamento do evento é assistido pelo cenografista e pessoas-chave da equipe técnica, que estarão trabalhando no "dia do programa": os supervisores técnicos, de iluminação e de áudio. Pode ser útil ter um assistente de estúdio e um representante dos entrevistados também. Você deve trazer para a reunião a planta baixa marcada com as posições de câmera e a movimentação de todo mundo no programa. Se você puder, envie aos envolvidos o texto (ou um esboço dele) alguns dias antes (quanto mais cedo, melhor).

A melhor maneira de conduzir uma reunião de planejamento é começar dando um resumo do programa e pedindo ao cenógrafo para explicar os pontos principais do *set*. Leia o programa

---

* Normalmente no Brasil as câmeras e microfones são numeradas em ordem crescente da esquerda para a direita, em relação a quem vê o cenário. (N.R.T.)

explicando todos os movimentos, posições e ações dos participantes e das câmeras em cada cena. Os técnicos não vão querer que você leia o texto para eles, mas eles desejam saber coisas do tipo "onde vai ficar o apresentador na abertura do programa? Está em pé ou sentado? Ele está posicionado quando o programa começa, ou entra em cena? E vindo de onde? Para câmera ele deve olhar?" E assim por diante. Todos estes detalhes são vitais para os técnicos. Sem eles, não conseguem a iluminação, som e imagem que você deseja.*

o roteiro de câmera

A próxima etapa depois da reunião de planejamento é terminar o roteiro, se você ainda não o fez. Deve ser datilografado na forma de um roteiro de câmera, contendo não só tudo o que será dito no programa como também todos os detalhes de tomadas de cenas, movimentos de câmera, sonoplastias, etc. Você deve se reportar às laudas padrão de roteiro normalmente utilizadas em sua emissora de TV ou produtora, caso difira do aqui ilustrado, já que o importante é que todos entendam o roteiro.

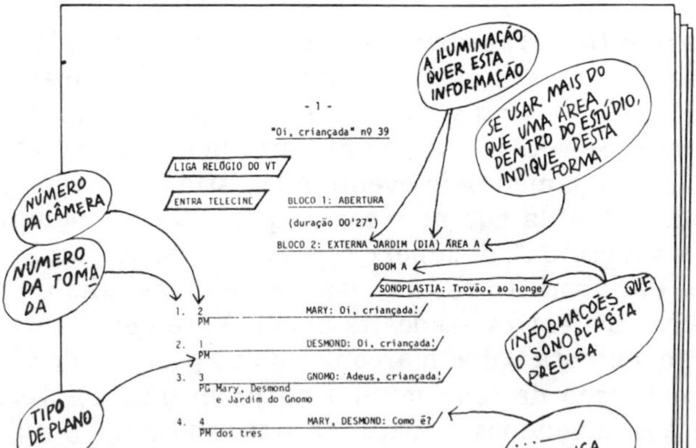

Exemplo de Roteiro de Câmera

* Nas televisões brasileiras há uma distinção entre o operador e técnico. O operador (de câmera, de gerador de caracteres, etc.) manipula o equipamento durante a gravação ou emissão ao vivo, o técnico cuida da manutenção e conserto do equipamento. (N.R.T.)

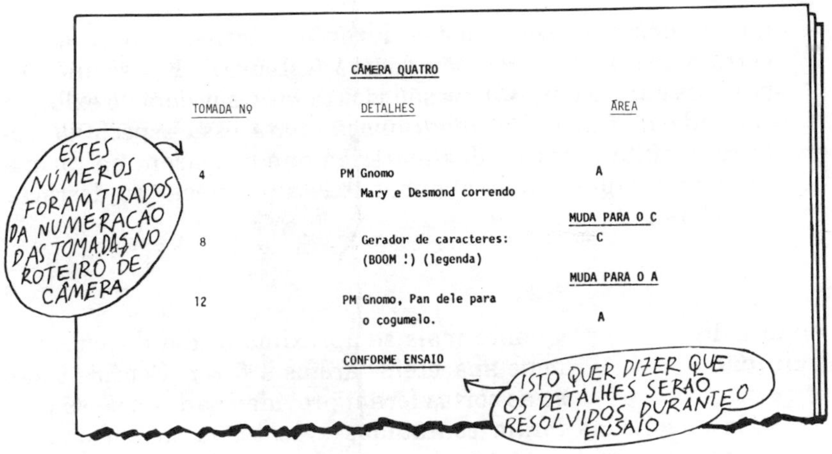
CÂMERA QUATRO

TOMADA Nº	DETALHES	ÁREA
4	PM Gnomo Mary e Desmond correndo	A
		MUDA PARA O C
8	Gerador de caracteres: (BOOM !) (legenda)	C
		MUDA PARA O A
12	PM Gnomo, Pan dele para o cogumelo.	A

CONFORME ENSAIO

Exemplo de Ficha de Câmera

ficha de câmera ("tripa") Com o roteiro acabado, a próxima tarefa é preparar as fichas de câmera. São cartões para cada um dos operadores de câmeras contendo uma lista de todas as suas tomadas; de fato, constituem roteiros individualizados para cada câmera. É melhor datilografá-la com bastante espaço entre cada tomada, para que o operador possa fazer suas próprias anotações durante o ensaio.*

Para telejornais e programas de entrevistas e debates geralmente não é possível preparar um roteiro de câmera detalhado, nem fichas de câmera com antecedência; quase a totalidade do programa é sem *script*, os itens são acrescentados ou retirados, ou chegam tarde demais. Para este tipo de programa, o melhor é pôr cada item numa página separada, anotando o título do item, as palavras da abertura sem abreviá-las, as de abertura e fechamento dos *inserts* em VT ou filme, além da duração, real ou estimada. Freqüentemente se atribuem pontos de término alternativos para os itens gravados com antecedência, para que o programa não ultrapasse sua duração. Com freqüência, as matérias previamente gravadas têm deixas alternativas, para

* No Brasil a folha que contém a ordem, título, tempo e apresentador das matérias é chamada de Espelho. (N.R.T.)

que se possam fazer ajustes durante a transmissão e assim certamente o programa não deverá "estourar". Em seguida as páginas para todos os itens são montadas e a ordem de exibição colocada no início. Tal diagramação para essa espécie de roteiro, facilita a adição das matérias que chegaram na última hora ou a supressão de algumas (basta grampear ou destacar as folhas).

ordem de exibição

Quanto mais se aproxima o "dia do estúdio", mais aparecem tarefas a fazer. Confira tudo: se as coisas foram providenciadas e se as pessoas envolvidas foram contatadas e se todas sabem onde e quando comparecer. Não se esqueça de pedir aos participantes para chegarem mais cedo se precisarem de maquiagem, ou, se muitos precisarem de maquiagem. Em ambos os casos avise o setor encarregado disso. Desenhos, contra-regra, vestuário, música, efeitos sonoros – tudo precisa ser verificado por você, pessoalmente.

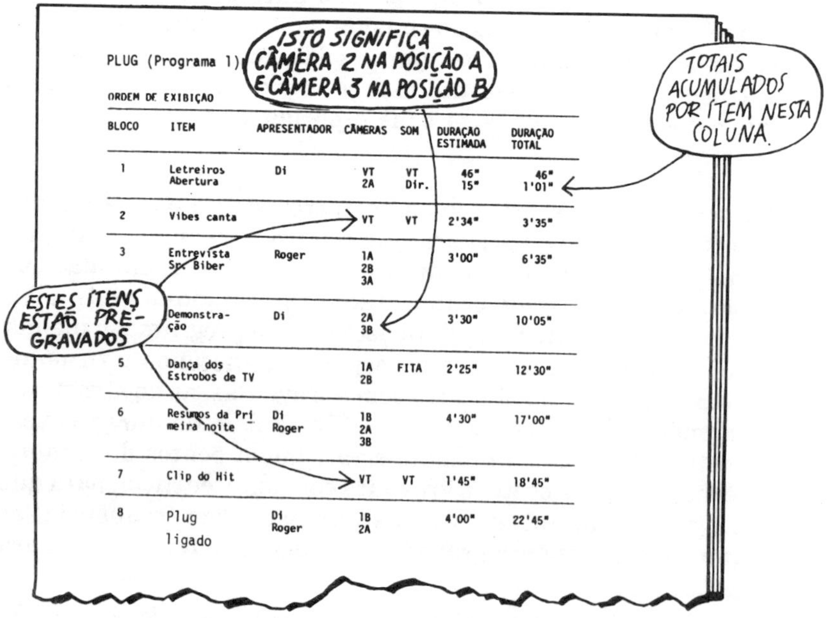

PLUG (Programa 1)

ORDEM DE EXIBIÇAO

BLOCO	ITEM	APRESENTADOR	CÂMERAS	SOM	DURAÇÃO ESTIMADA	DURAÇÃO TOTAL
1	Letreiros Abertura	Di	VT 2A	VT Dir.	46" 15"	46" 1'01"
2	Vibes canta		VT	VT	2'34"	3'35"
3	Entrevista Sr. Biber	Roger	1A 2B 3A		3'00"	6'35"
	Demonstra- ção	Di	2A 3B		3'30"	10'05"
5	Dança dos Estrobos de TV		1A 2B	FITA	2'25"	12'30"
6	Resumos da Pri- meira noite	Di Roger	1B 2A 3B		4'30"	17'00"
7	Clip do Hit		VT	VT	1'45"	18'45"
8	Plug ligado	Di Roger	1B 2A		4'00"	22'45"

Exemplo de Ordem de Exibição

O tempo passa muito depressa no "dia do estúdio". Sempre surgem algumas emergências imprevisíveis (como quando pifa uma câmera), que consumirão seu tempo de ensaio. Verifique problemas já resolvidos com antecedência: quanto mais coisas você descobrir que estão OK, mais tempo sobra para contornar os imprevistos.

o *set* está limpo? Então chega o grande dia. Esteja no estúdio no mínimo uma hora e meia mais cedo, para dar tempo de conversar com os operadores e de se familiarizar com a disposição dos objetos cênicos de acordo com a planta baixa. Em seguida verifique o *set*. Está limpo e bem pintado? Foi danificado quando estava sendo montado? Se o *set* é utilizado regularmente, está mostrando sinais de desgaste (principalmente nas quinas)? Os cabos estão escondidos? Há tocos de cigarro, papéis amassados ou marcas de giz no chão, do programa anterior? Se encontrar qualquer destes problemas, fale com o cenógrafo sobre isso. A câmera não pode esconder a sujeira de cenário, nem você.

Quando chegar a hora de começar o ensaio, pergunte à técnica e operadores se tudo está pronto. Se estiver, vá em frente, sem demora.

a revisão geral Comece fazendo uma revisão geral do programa, tomada a tomada. Pegue um plano por vez, observe-o, confirme-o para o operador de câmera ou peça-lhe para fechar ou abrir, deslocar à direita ou à esquerda, etc. Quando ficar satisfeito, passe para a tomada seguinte e repita o procedimento. Esta revisão de cada plano nunca deve ser pulada. É sua única chance de dizer exatamente o que você deseja de cada um deles; se você não o fizer, os operadores limitar-se-ão a adivinhar suas intenções a partir das fichas de câmera.

Quando você tiver acertado as tomadas de uma seqüência difícil — por exemplo, com uma porção de legendas — interrompa a revisão geral e experimente introduzir os efeitos também. Isto ajuda a quebrar o gelo no estúdio. Todos vão tentar encaixar os efeitos no tempo certo e quando estiverem quase acertando (não se chega à perfeição, neste estágio), cada um vai se sentir mais seguro e perceberá que juntos formam uma equipe. Vale a pena montar uma seqüência dessas, logo no início do ensaio.

A revisão geral pode levantar todo tipo de problema, alguns dos quais você vai solucionar acrescentando ou eliminando tomadas. Avise sobre qualquer mudança, claramente, no *talk-back* (intercomunicador).

acrescentando cenas À nova tomada deve ser dado o mesmo número da tomada anterior seguido de uma letra: "Acrescente tomada 27A, câmera 3, *close* das mãos do apresentador". Dê tempo para todos tomarem nota da modificação em seus roteiros.

A propósito, a primeira revisão geral pode começar antes do cenário e da iluminação ficarem totalmente prontos. Não há problema se uma mesa ou um vaso não estiverem no lugar. Você também não precisa esperar que todos os participantes cheguem, é possível ensaiar suas cenas colocando alguma outra pessoa para servir de modelo. Mas verifique se essa pessoa tem a mesma altura do participante. Isso é tão importante para a iluminação como para as câmeras.

Depois da primeira revisão geral, ensaie os pontos com efeitos especiais que você pulou. Veja o início e o fim de cada *insert* de vídeo ou de filme (caso não tenha tempo de assisti-los integralmente) para ter certeza de que todos estão cientes dos melhores pontos para entrada e saída. Em seguida passe o programa inteiro de novo, desta vez tentando fazê-lo no tempo exato. Se sobrar tempo após esta segunda revisão geral, use-o para ensaiar novamente os trechos onde houve falhas.

Logo você descobre que tem de interromper o ensaio porque está na hora dos "ajustes". Os técnicos precisam desse tempo (geralmente uma hora e meia) para checar as câmeras e o resto do equipamento; seus participantes podem aproveitar para descansar e retocar a maquiagem. E você pode aproveitar para dar as últimas instruções. Mas, por favor, só algumas, pois não é hora de fazer grandes mudanças no programa.

Em seguida você começa a gravar ou transmitir ao vivo seu programa. Se preparou e ensaiou direito, você precisa falar muito pouco, dando instruções ao diretor de tevê. Concentre-se, então, no que vem a seguir, checando se a próxima tomada está pronta, se o gráfico está no lugar, se o próximo participante está a postos. É importante verificar o plano para o qual se vai cortar. Se tiver, mude o enquadramento da tomada a seguir, ou então não faça o corte. Ele não deve ter o mesmo enquadramento da tomada anterior; não descanse durante os *inserts* gravados; use o momento para verificar se tudo ficou pronto para o próximo bloco do programa.

E boa sorte!

Aqui vão alguns pontos adicionais sobre programas de estúdio.

1 *Som de abertura*
Fica muito mais atraente você abrir o programa com o som ligeiramente adiantado da imagem; introduzir a imagem antes dá a impressão que o departamento de som está dormindo. O som em primeiro lugar não quer dizer que o departamento de imagem esteja surdo, talvez porque não se considere que o programa tenha realmente começado, até que se veja a imagem. De qualquer maneira, seja qual for a razão, introduza o som antes.

2 *Margem de segurança*
O público em casa vai ver um pouco menos da imagem que você vê no estúdio. Não porque a tela deles seja menor, mas porque a maioria dos televisores domésticos é calibrada para fazer a imagem parecer a maior possível, ainda que isso signifique perder uma tirinha em toda a volta (os engenheiros chamam esses aparelhos de "alto ganho"). Assim, certifique-se que partes importantes da informação visual não se situem muito próximos das bordas da tela. Principalmente letreiros, que facilmente perdem uma ou duas letras, por falta desse cuidado. Se você pedir, o técnico pode mostrar-lhe a margem de segurança no *monitor de preview*.

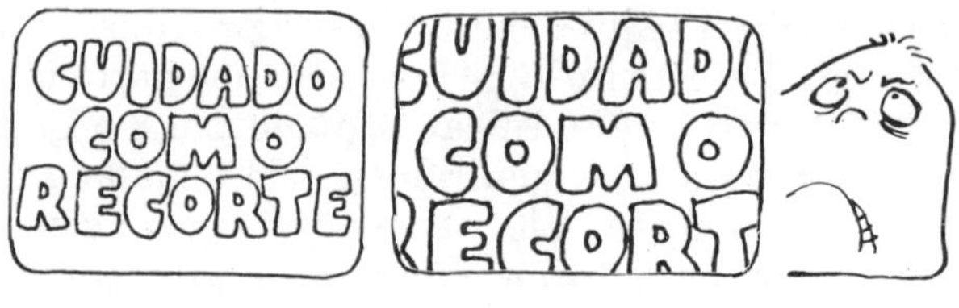

Recorte de imagem

3 *Monitor* de preview
Não deixe o monitor de *preview* de lado. Na maioria dos estúdios os monitores para cada uma das câmeras são em preto e branco e somente os monitores de programa (P.M.) (P.V.W.) e o monitor de *preview* são em cores. Você pode pedir que a imagem de qualquer outro monitor seja passada para o monitor de *preview*. Isso permite ver se alguma cor não está combinando, ou checar como a legenda, por exemplo, de um nome, aparece quando vai sobreposta à cena da entrevistada cujos joelhos aparecem na parte inferior da tela — e geralmente é melhor fechar a tomada para que a legenda fique fora dos joelhos.

4 *Estúdios pequenos*
Não deixe para outro dia caso o estúdio tenha apenas duas (ou mesmo uma) câmeras. Afinal, quando você está em locação, tem só uma câmera para trabalhar durante 99 por cento do tempo. Em programas de estúdio onde não é possível parar entre uma cena e outra, uma câmera só é limitante (experimente gravar um bom tanto e usar gerador de caracteres e *inserts* pré-gravados para variar). Se você planejar cuidadosamente, duas câmeras são adequadas para todos, exceto programas mais complexos. Aqui, novamente, você pode fazer maravilhas pré-gravando trechos complicados do programa e inserindo-os depois.

5 *Recursos do estúdio*
Mesmo o estúdio menos ambicioso tem um número surpreendente de recursos técnicos. Em sua maior parte, raramente são usados porque os realizadores simplesmente desconhecem sua existência. Portanto, reserve um tempo (não no "dia do estúdio", é claro) para pedir a um engenheiro que esteja disponível para demonstrar o que o estú-

dio pode fazer por você; cores geradas eletronicamente, *wipes*, bordas coloridas ou não, sobreposições, gerador de caracteres, gráficos, *chromakey*, luzes coloridas piscando, objetivas e filtros, câmera de eco, imagem negativada etc. Você vai ficar surpreso com a quantidade de efeitos disponíveis.

6 *O* switcher
Alguns realizadores parecem pensar que a direção de tevê (ou diretor de imagem) é um trabalho relativamente pouco qualificado, que pode ser feito por eles mesmos. Não seja um deles. Agora você deve ter compreendido que você tem mais o que fazer sem se preocupar com os botões. O argumento que às vezes se ouve é que o diretor de tevê sempre se atrasa uma fração de segundo ao sinal dado pelo diretor do programa. A resposta para isso é que um bom diretor de tevê prevê a intenção do diretor do programa e, portanto, corta quase que instantaneamente; em qualquer caso você deve, assim como o maestro, estar sempre dando os sinais uma fração de segundo antes do momento em que você queira que as coisas aconteçam.

7 *Equipes de estúdio*
Lembre-se que todas as equipes são formadas de seres humanos. Assim, diga à sua equipe quem você é logo no início (podem não reconhecer sua voz pelo *talk-back*, ainda que o conheçam pessoalmente), expressões cordiais como "por favor", "obrigado" e uma pausa de dez minutos para descansar são bem apreciados. Mantenha-se atento, entusiasta e calmo quando dirigir; mostre interesse pelos problemas dos outros e não perca seu senso de humor. Acima de tudo, não mostre indiferença quando dirigir — cada palavra áspera fecha uma porta de amizade.

8 *Disciplina no estúdio*
Se você tiver problemas com membros da equipe (o sonoplasta quem sabe, não parece estar cumprindo suas instruções, o pessoal de iluminação está conversando em voz tão alta, perturbando a sua concentração), não tente resolvê-los sozinho. Peça ao chefe de operações para falar com a equipe; ele é o chefe direto deles.

Se observadores na galeria estiverem fazendo barulho, você, que é o diretor, deve pedir a eles para fazerem silêncio (afinal, eles deveriam estar ali?). Se seu superior estiver na galeria e for como Magno Vision, o gerente geral da Camba, que tem o hábito de interromper para fazer sugestões nos momentos mais críticos, peça-lhe para deixá-las para a hora da pausa do ensaio. Se (como o Sr. Vision) ele continua interrompendo, chega a um ponto onde você tem de pensar em dar-lhe uma cadeira e pedir que dirija o programa... mas, claro, isto é drástico. O Sr. Vision imagina-se um desportista e costuma aparecer no estúdio de "Arredondando a Redonda", do Cesar Andante. Um dia, quando o Sr. Vision tinha feito uma de muitas sugestões, Cesar virou-se e pediu-lhe para dirigir o programa. Silêncio, todos esperando para ver o que o GG (gerente-geral) iria responder. "Não", ele disse, "você prossegue, Andante; se eu assumir, a mudança de estilo ficaria muito visível."

Não é à toa que Magno Vision é o gerente-geral da TV Cambalacho.

Mas ele parou de fazer sugestões depois disso. Em seguida deixou o estúdio. Assim, Cesar agiu corretamente.

9 *Falhas técnicas*

Se o estúdio não estiver pronto a tempo de se começar o ensaio e também houver falhas técnicas, que consumirão seu precioso tempo, convém fazer uma anotação discreta de quanto tempo você perdeu devido a cada incidente. Você

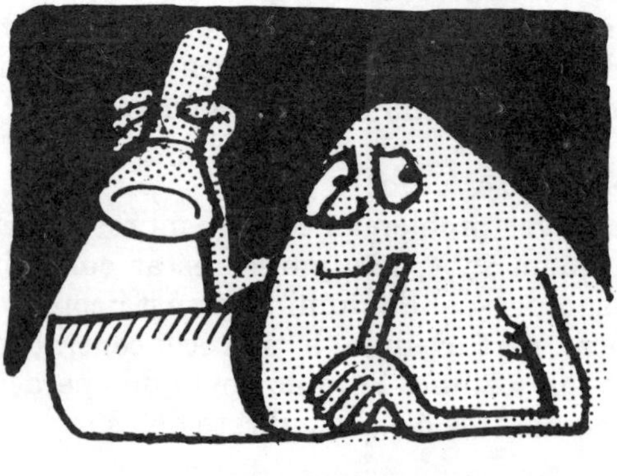

Faça uma Anotação Discreta do Tempo Perdido
em Virtude de Falhas Técnicas

não tem autoridade para ter esse tempo recuperado, como um direito (você deve considerar alguma perda de tempo por falha técnica). Mas isso é para os técnicos não falarem que o programa enfrentou problemas porque o diretor não estava devidamente preparado, bem como para ter alguns fatos registrados na sua argumentação.

SUMÁRIO

Estúdio

Em estúdio você tem controle total sobre o que acontece. Nada acontece, a menos que você providencie.

Certifique-se de que o estúdio está reservado para seu uso, no dia certo e na hora certa.

Peça ao departamento de cenografia para trabalhar em seu cenário o quanto antes. Visualize seu programa no cenário, a fim de prever problemas.

Solicite com antecedência o figurino e o contra-regra.

Convoque o cenógrafo, o chefe de operações e os supervisores de áudio e de iluminação para a reunião de planejamento. Leve a planta baixa com as posições das câmeras e participantes marcadas. Exponha o programa, explicando todas as posições e todos os movimentos.

Finalize o roteiro de câmera e prepare as fichas de câmera.

Verifique tudo e todos pessoalmente, à medida que o "dia do estúdio" se aproxima. Eles sabem aonde ir e quando chegar? Compute o tempo da maquiagem quando combinar com os participantes a hora que devem chegar. Antecipe tudo que você puder isto; deixará você com mais tempo para lidar com os imprevistos.

No "dia do estúdio", cheguem ao menos uma hora e meia mais cedo. Confira a limpeza do *set*.

Faça uma revisão de cada plano em primeiro lugar, dizendo aos operadores como você quer cada um deles. Ensaie trechos com efeitos especiais. Assista a todos os *inserts*.

Durante a revisão geral pode falar aos participantes sobre o programa, mas por favor deixe um tempo para descansar e retocar a maquiagem.

Não tente fazer mudanças durante a transmissão ou gravação. Ao invés disso, concentre-se na marcação para a direção de tevê e mantenha-se sempre um item a frente, para saber se tudo está em ordem.

Pontos adicionais

1 Se houver som na abertura, este deve ser introduzido antes.

2 Considere o corte de imagem nos televisores domésticos, quando enquadrar.

3 Use o monitor de *preview* para checar as cores e como saem as sobreposições.

4 A não ser os programas mais complexos, todos podem ser realizados com êxito, fazendo-se uso de apenas duas câmeras, se você planejá-los cuidadosamente, e empregar *inserts* pré-gravados em VT.

5 Peça uma demonstração de todos os recursos do estúdio.

6 Não queira fazer você mesmo a direção de tevê.

7 Os operadores são seres humanos. Trate-os com cortesia.

8 A disciplina no estúdio: deixe o chefe de operações cuidar da equipe técnica. Você cuida do resto.

9 Faça uma anotação discreta do tempo perdido devido às falhas técnicas.

Externas

As externas representam o contrário do estúdio. No estúdio, você leva a locação para o estúdio; na externa, você leva o estúdio até a locação.

Eis porque a tradicional unidade de externa compõe-se de: um estúdio sobre rodas completo, com câmera, *switcher*, máquinas de VT e gravador de áudio, *talk-back* e um gerador de caracteres. Tudo o que se encontra no estúdio normal, exceto aquelas fileiras de luzes dependuradas no teto (e se alguém inventar um jeito barato de pendurá-las no céu, lá estarão elas!).

Segue que para fazer uma externa você usa uma mistura de técnicas de filmagens em locação e de programas em estúdio. O principal elemento que você deverá utilizar da técnica de locação é o reco (lembre-se do capítulo de mesmo nome). Em externa pela primeira vez numa locação nova, a checagem não só é aconselhável, como também essencial. Mesmo se a locação tiver sido usada antes, você deve fazer um levantamento. As coisas podem ter mudado e você terá de alterar seus planos.

a checagem na externa

O engenheiro precisa ir com você no levantamento. A unidade tradicional de externa necessita de um grande suporte técnico e compete ao engenheiro organizá-lo: a fonte de energia elétrica, as linhas de telefone, os *links* de microondas (se for ao vivo), praticáveis para a câmera, se você desejá-las tomando de cima para baixo (e quase com certeza você vai querer), postes para a cabeação cruzar as vias sem obstruir o tráfego, autorização da segurança local para construção de qualquer estrutura, etc. Se estiver levando uma unidade muito grande para uma região distante, o engenheiro poderá checar a resistência das pontes no caminho; unidades de externas gigantes precisam de apoio "no ar" e "no chão". Claro que existem as novas unidades leves, que na prática são equipamentos de vídeo portátil dentro de um veículo especialmente projetado. Aí você não tem de se preocupar com pontes, mas com uma porção de outras coisas de planejamento de externas.

Na checagem o engenheiro, primeiro vai querer saber os pontos básicos do programa: natureza, duração do evento, época do evento, localização das entregas de prêmios nas cerimônias, entrevistas e quaisquer outras atuações.

posicionamento de câmera Em seguida decide-se o posicionamento de câmeras.

É muito mais difícil mover as câmeras tradicionais que as portáteis, e uma vez acertadas as posições, você provavelmente não conseguirá modificá-las. E é claro que essas posições de câmera são importantissimas: para você, porque o êxito de suas tomadas depende disso; para o engenheiro, porque provavelmente ele tem uma extensão máxima do cabo e deverá conseguir estacionar o ônibus de externas num local que permita obter as posições de câmera que você solicitou.

O engenheiro também desejará saber que objetiva você quer em cada câmera; geralmente existe uma seleção de objetivas grandes-angulares e *zooms* curtas e longas. Você deve pedir sugestão do engenheiro, se encontrar dificuldade em decidir, em sua primeira externa. Pode-se ter uma ou mais câmeras com controle remotos, as quais não precisam ser ligadas por cabos. Elas são úteis para cobrir áreas que não se podem alcançar com o comprimento do cabo, ou áreas onde você deseja tomadas de uma porção de ângulos diferentes (que não podem ser obtidos com uma câmera fixa).

E onde colocar suas câmeras? Os itens seguintes darão a você uma orientação geral para os eventos mais comuns em externas. Lembre-se de evitar "inverter o eixo" (use sua TV mental para checar se a ação que cada câmera focaliza mantém o mesmo sentido de movimento). Seu objetivo é situar o espectador na melhor cadeira da tribuna de honra — e deixá-lo lá.

Futebol

Ponha duas câmeras tão próximas quanto possível na divisória do gramado. Elas devem estar situadas alto o suficiente para dar uma tomada clara da linha lateral oposta e afastadas o bastante para pegarem a lateral do lado em que elas estão. Se você colocá-las muito perto, não conseguirão focalizar para baixo para captar o jogo que ficará bem debaixo delas. Peça a um operador de câmera para cobrir o jogo somente em plano geral

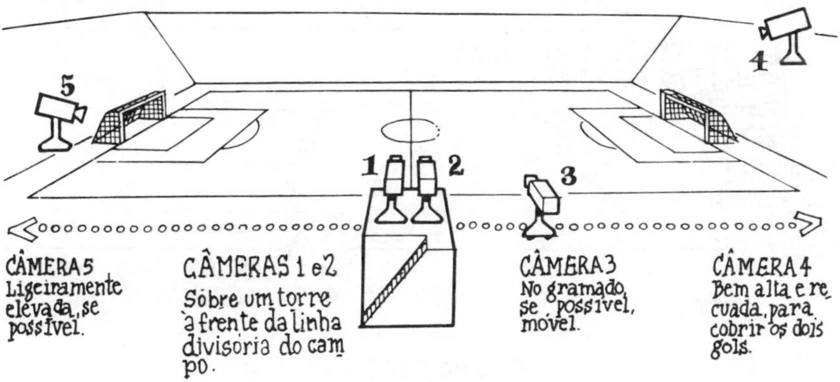

Cobertura de Futebol

e ao outro (o que estiver com a *zoom* mais potente) para acompanhar o jogo em *close*. Dá para cobrir o jogo inteiro muito adequadamente com esse par de câmeras em plano geral/*close-up*.

Se tiver uma terceira câmera, coloque-a na proximidade da linha lateral para tomadas ao nível do gramado. Se puder movimentá-la ao longo da lateral, tanto melhor. Esta câmera também se tornará útil nas entrevistas e na entrega da taça.

Se tiver uma quarta e uma quinta câmeras, coloque ambas ligeiramente altas, atrás de cada um dos gols. Essa posição é ideal para *closes* dramáticos dos lances ameaçadores que precedem um gol, ou tentativa de gol. Se tiver somente quatro câmeras, deverá decidir qual gol é melhor – leve em conta a posição do Sol. Em seguida posicione a quarta câmera cerca de 15 a 20 metros atrás do gol e com 15 a 20 metros de altura. Isto dá uma visão clara de ambos os gols e você então pode gravar as imagens resultantes deles separadamente, para *replays* em *slow-motion*. Lembre-se também de checar se ao menos uma delas consegue pegar um bom *close-up* do placar.

Esse arranjo de câmeras funciona para a maioria dos jogos que são praticados em campos grandes, com dois gols de cada lado, tais como rúgbi, hóquei, pólo e futebol americano. Procure saber as cores dos uniformes dos times. Se forem muito parecidos ou se não contrastarem bem em preto e branco, tente persuadir um dos times a mudar de uniforme. O time que joga em casa costuma ser mais fácil de aceitar.

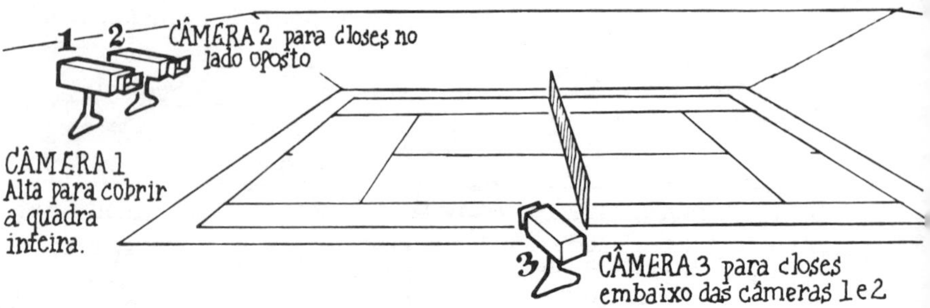

Cobertura de Tênis

Tênis

Jogos praticados com redes tais como tênis, tênis de mesa, vôlei etc. tendem a possuir áreas de jogo menores. Assim, a técnica das duas câmeras na linha divisória não irá funcionar. As câmeras não conseguirão praticar a panorâmica com rapidez suficiente para acompanhar a bola em jogo. Em vez disso, coloque a câmera principal num dos lados da quadra, em posição suficiente alta para cobri-la por inteiro, em plano geral. Uma outra câmera pode ficar vizinha a ela para pegar *closes* do jogo no lado oposto da quadra. Uma terceira câmera pode ser posicionada na quadra, para cobrir o jogo debaixo das outras duas e também o descanso dos jogadores nos intervalos. Não se esqueça do placar. Estas mesmas posições de câmera são adequadas também para jogos que têm uma área pequena, tal como a sinuca.

Corridas

As posições de câmeras para corridas num percurso reto são como você pode prever: uma câmera ligeiramente na frente da largada, outra na chegada e uma móvel, acompanhando o percurso, se este for longo. Se for curto (não mais que duzentos metros), uma câmera colocada atrás da chegada, mostrando os competidores chegando em linha reta rumo à câmera, pode ser muito eficaz.

Esse arranjo cobre corridas de atletas, maratona, natação, turfe etc. Em corridas náuticas é bom ter uma câmera numa lancha acompanhando ao lado ou atrás dos competidores, caso possua uma que dispense ser ligada por cabos à unidade de externas. Em corridas com padrão circular, use sua TV mental para verificar se as tomadas de cada câmera mantêm continuidade de sentido e direção e se não "atravessam o eixo". Concentre sua cobertura na largada, na curva final e na chegada.

Pugilismo e luta livre
Esportes pugilísticos, como boxe, luta livre, judô e caratê não envolvem defesa de território, e assim a posição de onde você os cobre não é tão importante como nos outros esportes. Uma ou duas câmeras montadas no alto para dar planos gerais e *closes* é tudo o que você precisa, mas tenha certeza de que ambas estejam mais ou menos do mesmo lado do ringue. Uma câmera muito próxima de um lado do ringue pode dar excelentes *closes*, mas você precisa verificar se a posição é segura. Os lutadores com freqüência voam para fora sem avisar, o que pode atingir o operador e a câmera.

Golfe
Para cobrir adequadamente um percurso completo de dezoito buracos você pode precisar de quatro ou cinco unidades de externas. Com uma unidade completa você terá sorte se cobrir quatro buracos — todavia quatro buracos são melhores do que nenhum. Onde posicionar as câmeras depende totalmente do traçado do percurso.

Eventos de grande percurso
Eventos como procissões, *rallies*, corrida de longa distância e ciclismo causam problemas especiais, devido à longa rota envolvida. Primeiro, decida em que parte da rota concentrar-se. Obviamente a largada, a chegada, os acenos do público e principalmente trechos cheios de curvas são o que você deve focalizar. Porém, mais uma vez, você pode ficar severamente limitado pelo comprimento da cabeação e número de câmeras necessárias. Uma câmera móvel, montada num veículo, pode ajudar na corrida de longa distância e em provas ciclísticas, mas enviar um sinal contínuo para a unidade de externas pode tornar-se um problema técnico difícil. Tomadas aéreas de um helicóptero ou balão também podem ser eficazes, porém um engenheiro é fundamental para se obter êxito nas tomadas provenientes destas câmeras móveis.

Você também pode achar, nessa modalidade de evento, que é impraticável deixar todas as suas câmeras estáticas do mesmo lado do percurso; um trecho interessante pode estar ao lado de um penhasco, por exemplo. O jeito é fazer uma tomada intermediária, com uma terceira câmera, que mostre a ação vindo em direção à câmera ou se afastando dela. Essa tomada intermediária deve ser usada para separar as duas tomadas que estão contrariando a continuidade da direção.

tomada intermediária Se você não tiver uma câmera sobressalente para fazer a tomada intermediária é possível obter quase o mesmo efeito através de um movimento panorâmico de uma ou de ambas as câmeras e mantendo a tomada (da ação indo rumo à objetiva ou se afastando dela). Outro procedimento é cortar para um *close-up* de algo como uma placa na pista, ou uma bandeira, e então pedir ao operador de câmera para abrir o *zoom*, a fim de mostrar o que está acontecendo no percurso. O *close-up* funcionará como uma tomada intermediária, mas obviamente não se pode usar esse recurso mais do que uma vez, sem que o espectador perceba.

som em externas Uma coisa que pode exigir muitos truques é conseguir uma boa cobertura de som em externas. Geralmente você pode estar tentando captar o som de algo distante — por exemplo, o escanteio de um jogo de pólo, que pode estar a quase duzentos metros de distância do microfone. Deixe os detalhes da cobertura com o sonoplasta, mas vale a pena trocar idéias com ele; os jogadores podem ser persuadidos a carregar com eles microfones sem fio, ou mesmo enterrar um microfone no chão (a terra pode ser um bom meio de conduzir o som). Mas confira se você captou o melhor som possível da ação e do público; em futebol, por exemplo, o coro da torcida contribui muito para incentivar os esforços dos jogadores.

a cabine do locutor O terceiro maior componente do som, depois dos jogadores e do público, é o locutor. Em seu levantamento, o sonoplasta desejará saber onde colocar a cabine do locutor. Este vai precisar de um microfone, um fone de ouvido para receber instruções e um monitor de vídeo para observar o que está sendo transmitido. A cabine deve ser colocada onde ele tenha plena visão do campo de ação, com seus próprios olhos, para que saiba o que está

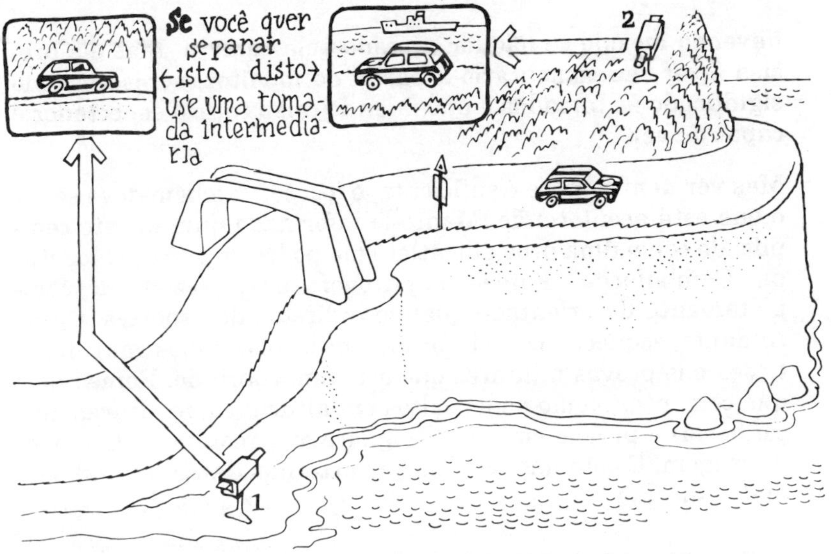

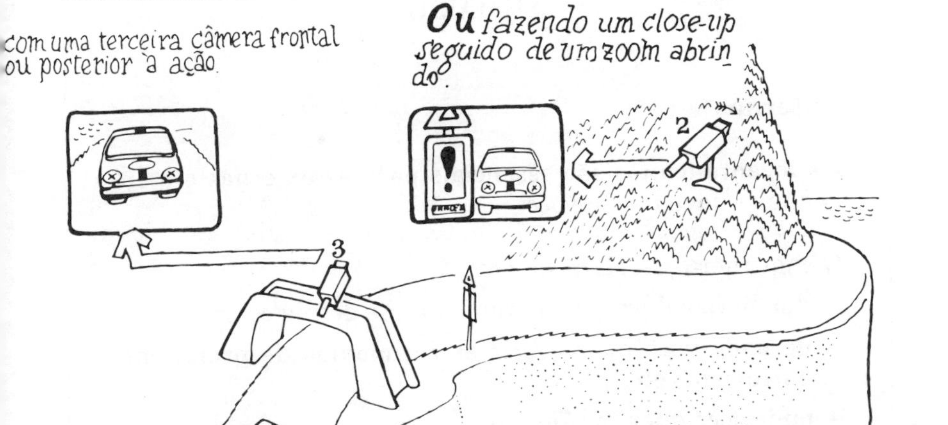

Tomadas Intermediárias

havendo mesmo se não for captado pela câmera. Mas ele precisa fazer seu comentário a partir do monitor, acrescentando significado às tomadas e não falando coisas que o espectador é capaz de ver.

Mas ver nem sempre é suficiente; o locutor também deve saber o que está acontecendo. Mantê-lo informado num evento complicado como uma prova de atletismo pode ser difícil. O locutor da Cambalacho, Romeo Landrover, uma vez ficou completamente desorientado quando o diretor de esportes, Cesar Andante, esqueceu-se de informar-lhe os resultados das competições nas provas militares que estavam cobrindo. Romeo teve que comentar, como pôde, saltos em altura (cujas alturas desconhecia) e provas em que ele ignorava o resultado da cronometragem. E esta não foi uma das externas da Cambalacho de maior sucesso.

SUMÁRIO

Externas

Os levantamentos são essenciais para as externas e o engenheiro deve ir com você.

O engenheiro desejará saber:

- dia, hora e duração do evento que se deseja cobrir;
- de onde você quer cobrir as cerimônias de premiação, entrevistas etc.
- onde você quer as câmeras;
- onde você quer a cabine do locutor.

Lembre-se de levar em conta a posição do Sol quando decidir onde colocar as câmeras.

Certifique-se de que nenhuma das câmeras "inverta o eixo" (a ação captada por todas as câmeras deve fluir na mesma direção).

Onde for impossível evitar a colocação da câmera do lado contrário da ação, providencie tomadas intermediárias, com a ação vindo direto para a objetiva ou se afastando dela, se tiver uma câmera extra.

Ou então faça uma *pan* com as câmeras disponíveis, para obter o mesmo efeito.

Ou use um *close* como tomada intermediária e depois abra o *zoom*.

As externas precisam de um roteiro e de ensaio, do mesmo modo que os programas de estúdio.

Confira se você está com uma boa cobertura do som da ação e do público. O locutor deve fazer seu comentário de um monitor de vídeo, mas também deve ser capaz de ver a ação diretamente de sua cabina. Mantenha-o informado sobre cronometragens, medições, pontos etc.

Chamadas e Imprensa

Agora você acabou seu programa, mas não o seu trabalho. Ainda falta saber se o seu programa está bem divulgado. A resposta deve ser sim, sem levar em conta a divulgação normal da programação da emissora.

Um telefonema ou telegrama dizendo quando o programa irá ao ar é sempre bem recebido por quem tomou parte nele. Um parágrafo extra no *release* de divulgação da emissora, junto com uma fotografia, não deve ser difícil de se arrumar. Há muito pouco a perder (e possivelmente muito a ganhar) em contatar um jornal, oferecendo um fato interessante e uma foto. Ou, ainda melhor, escrever um *release* sobre o programa (o pessoal do jornal pode modificá-lo, se quiser).

Claro que a mídia mais poderosa de propaganda é sua própria emissora: faça uma chamada, um *trailer* animado. E não se esqueça do rádio — o pessoal das emissoras de rádio fica à procura de material interessante para suas programações, como todo mundo.

E, finalmente...

COMO FAZER MELHORES PROGRAMAS

1 Não deixe de ler muitos capítulos deste livro, principalmente os primeiros: Idéias, Pesquisa, Reco e Roteiro.

2 Faça toneladas de produções. Adquira experiência. Aprenda com seus erros.

3 Leia livros sobre produções de programas (se eles forem de auxílio para você).

O mais importante

4 *Assista aos filmes e programas de outros* e compare-os com o modo que você tem abordado os mesmos problemas. Analise as técnicas deles: funcionam ou não? Use seus olhos e ouvidos com inteligência, enquanto assiste. Lembre-se que nada acontece numa produção, sem ser determinado por alguém. Poderia ter sido produzida melhor?

5 Esforce-se ao máximo na produção. Há tantas coisas para fazer e tantas formas de melhorar seu produto final que você nunca pode se permitir parar de tentar.

6 Valorize seu trabalho desse modo, é provável que o público também apreciará suas produções.

7 Tenha como meta produzir um programa melhor do que o anterior. Não se deixe fracassar e nunca use métodos ineficazes de produção da Camba. Diga adeus à TV Cambalacho!

On Camera

Segunda Parte:

INSTRUÇÕES

INSTRUÇÕES

Agora você se familiarizou com os procedimentos explicados na primeira parte deste livro e tem ao seu dispor um plano de ação para produzir e dirigir um programa. A segunda parte — Instruções, leva você um passo adiante, abordando com detalhes tópicos selecionados.

Alguns dos itens aqui incluídos poderiam estar na primeira parte, mas não estão, devido ao risco de se sobrecarregar o produtor novato com excesso de informações; alguns são de interesse somente para quem já fez programas; outros servem somente como manual de referência.

Use estas Instruções exatamente da mesma maneira que você fez com os Fundamentos. Primeiro examine-as superficialmente para descobrir do que se trata. Depois leia detalhadamente quando estiver pronto (ou pronta) para explorar com profundidade cada tópico em discussão.

NÚMERO UM

AS PALAVRAS CERTAS

É importante ser claro e preciso quando você estiver falando com o pessoal de televisão. Por exemplo, uma câmera pode mover-se de doze maneiras diferentes; ela também pode movimentar-se de quatro maneiras ao mesmo tempo (embora isto seja incomum). É importante, então, que o operador de câmera receba informações específicas, em vez de ter que atender a pedidos do tipo: "Você...hã...pode apontar pra lá?...".

Vamos começar com os tipos de planos ou tomadas. (Veja a ilustração na página seguinte).

1 *As palavras certas para descrição das tomadas*
Os nomes usuais e as abreviaturas dos planos são:

Plano Geral (PG)	Meio Primeiro Plano (MPP)
Plano de Conjunto (PC)	Primeiro Plano ou *Close-up* (PP)
Plano Médio (PM)	Primeiríssimo Plano (PPP)

Também existe o Grande Plano Geral (GPG) que, como o próprio nome diz, é mais abrangente que o Plano Geral.

Estes tipos de planos variam ligeiramente de um lugar para outro e mudam com o passar do tempo. Por exemplo, provavelmente todos os tipos de planos de hoje em dia são mais fechados do que costumavam ser no passado. Mas as descrições são suficientemente precisas para dar a qualquer pessoa um ponto de partida comum para lidar com tomadas de pessoas — não faz muito sentido aplicá-las a carros e edifícios, por exemplo.

O Plano Geral mostra a pessoa inteira e também propicia aos espectadores a oportunidade de observarem algo do cenário de fundo. O Plano de Conjunto corta o corpo na altura dos joelhos; é por natureza insatisfatório uma vez

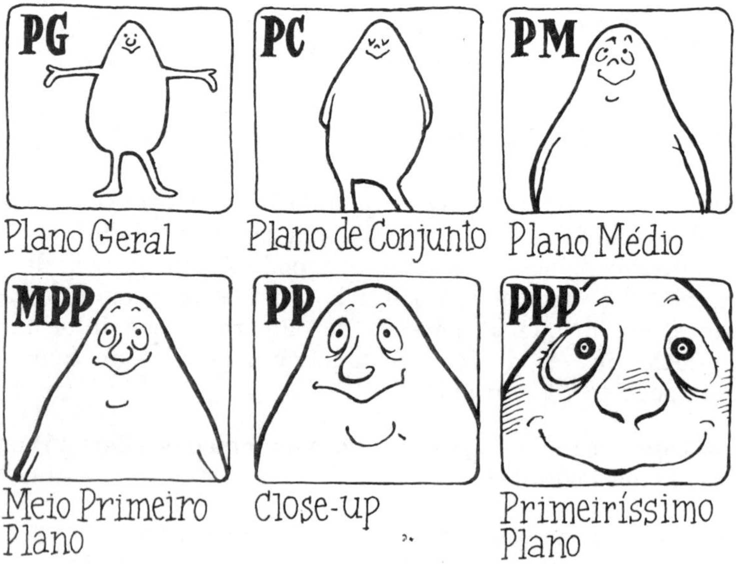

Nomes dos Planos

que não é aberto o suficiente para mostrar muito do cenário de fundo, nem fechado o bastante para mostrar detalhes da pessoa. O Plano Médio corta imediatamente abaixo dos cotovelos e é ótimo para as tomadas de introdução em entrevistas; se mantido por longo tempo, o espectador ficará cansado de olhar para a roupa, que ocupa a maior parte da tela. O rosto é o principal ponto de interesse em uma entrevista; é melhor cortar para o Meio Primeiro Plano e poupar o público de apertar os olhos para ver melhor o rosto. O Meio Primeiro Plano enquadra logo abaixo dos ombros e é fechado o bastante para mostrar detalhes do rosto, sem chegar a ser intruso. Este é o padrão de conforto visual para as entrevistas, nas telas pequenas dos televisores. Com o *close-up* (enquadra na altura da gola), o plano torna-se íntimo. Ou parece estar colocando a pessoa sob pressão, se a entrevista for uma confrontação, em vez de um bate-papo. Com o Primeiríssimo Plano, a sensação de intimidade e confrontação fica ainda mais forte, esse é um recurso do diretor para causar impacto. Mas, quando utilizado com freqüência, o Primeiríssimo Plano perde seu impacto e torna-se cansativo.

2 *As Palavras Certas para o operador de Câmera*
Os movimentos de câmera podem ser divididos em dois: aqueles que envolvem movimento da câmera e aqueles que a utilizam.

Existem vários pontos a observar sobre essas instruções ao operador câmera.

a As instruções devem ser corretas, tanto para no estúdio como para a locação. Na prática, entretanto, as instruções para os operadores de câmeras em locação são menos formais do que aquelas para os operadores no estúdio. A razão é que o relacionamento na locação é diferente: você fala com ele pessoalmente, e não através da intercomunicação; você não pode falar com ele quando está gravando (arruinaria o som); e ele é o único operador. Mas você deve ser claro e preciso ao dar instruções para dirigir a locação, assim como no estúdio.

"à direita e à esquerda" b Quando estiver perto de uma câmera, use as expressões "à direita" e "à esquerda" com referência ao ponto de vista da câmera. Assim, sempre descreva as direções como se você estivesse no lugar da câmera (mesmo que você esteja na frente dela, quando então sua direita e sua esquerda seriam o contrário das câmeras). De fato, para mostrar que eles estão olhando do ponto de vista da câmera e não de seus próprios pontos de vista, o pessoal de televisão costuma usar as expressões "câmera número tal, corta ligeiramente à esquerda", ou "câmera tal, à direita". E assim você também.

c Você pode ter notado que as expressões corretas contêm preposições. Isto indica que é importante orientar o operador sobre o destino final do movimento ("*pan* à direita do cenário", "abre ligeiramente para tirar a entrevistada do meio das flores", "fecha na cabeça da estátua"). Se você não justificar o movimento, especificando para onde ele deve se mover, o operador terá que adivinhar suas intenções e este não é um bom método para você dirigir um programa. Claro que você só precisa especificar para onde você quer que a câmera se mova na hora do ensaio. Durante a gravação ou transmissão um lembrete é suficiente (*pan*; "fecha"). Se você quiser que uma câmera se mova e pare, diga "... e espere" ou "segure" ou "... e espere lá"*.

3 *As Palavras Certas para o Som*

Você só deverá se preocupar com as instruções para o sonoplasta quando ele estiver fazendo sonoplastia para o programa; ele conta com suas orientações para fazer a gravação. A expressão normal é "solta o disco" ou "fita"; mas "queda de áudio" é aceitável (não se esqueça de dizer a ele, durante o ensaio, que velocidade de queda do som você deseja, "devagar", "rápido", "bem devagar" e assim por diante). O começo de um programa sempre parecerá melhor se o som vier ligeiramente antes da imagem. Assim introduza o som primeiro ("solta fita"); em seguida, quando

---

* No Brasil os diretores de programa não se comunicam diretamente com os operadores de câmera e com o assistente de estúdio. Estes recebem suas instruções do diretor de tevê através da intercomunicação. (N.R.T.)

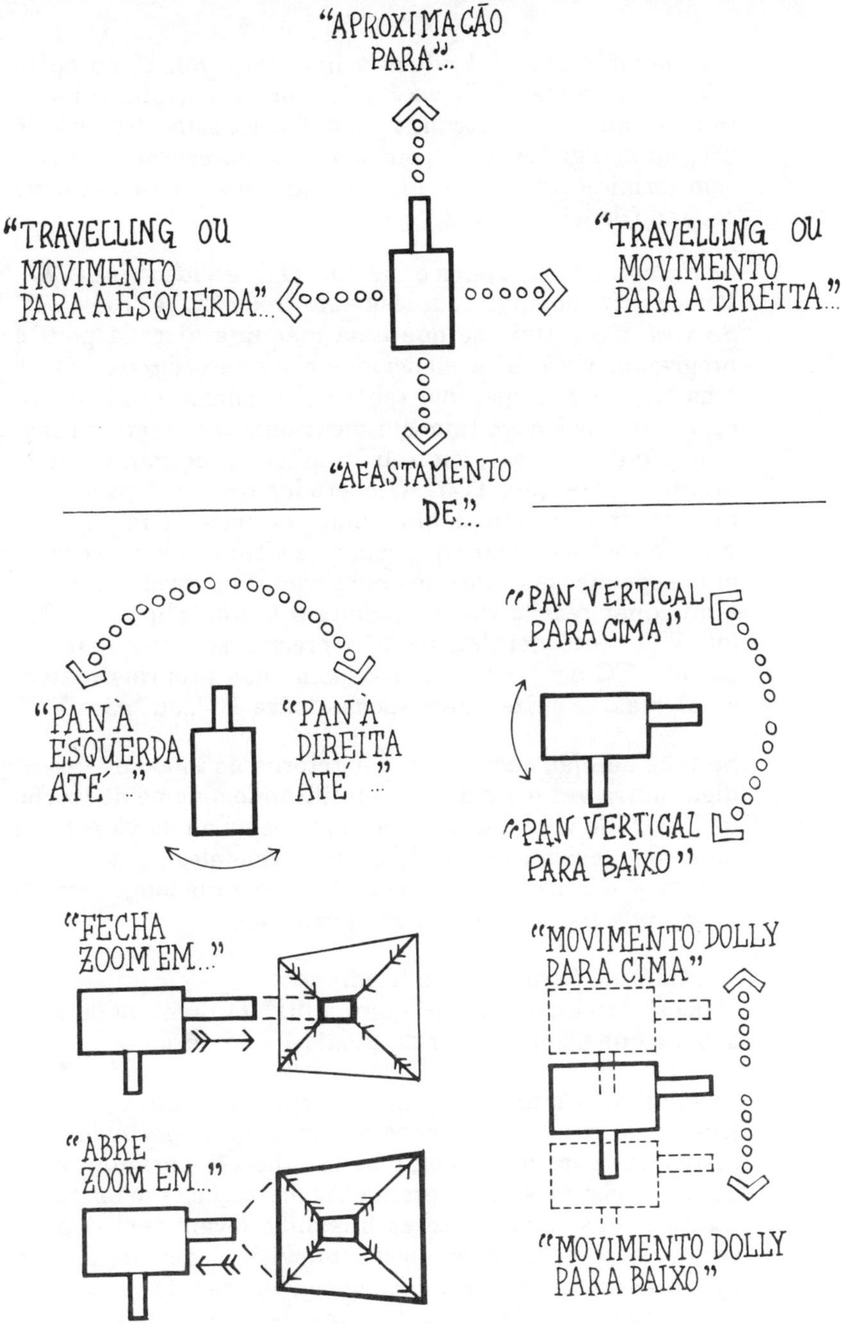

Movimentos de Câmeras

você ouvir o som, introduza a imagem ("vai, 4" ou outro número de câmera). Se você quiser que o sonoplasta interrompa o que estiver tocando, diga "feche o som". No final do programa diga "encerre"; outra vez vai parecer melhor se o som termina primeiro e a imagem esmaece uma fração de segundo depois.

4 *As Palavras Certas para o Telecine (TC) e Videoteipe (VT)*
Para dar início, diga simplesmente "roda TC" e "roda VT". Se você tiver mais do que uma máquina alocada para o programa, você deve mencionar o número ("roda TC3"), mas na prática o operador saberá, pelo ensaio, qual máquina rodar. Você deve também mencionar o número da máquina quando você, ou seu assistente, pergunta "tudo pronto?": "atenção, TC3". O operador responde para você pressionando a campainha uma vez para "sim" e duas vezes para "não"; claro que com este sistema ele não consegue responder mais do que uma pergunta por vez. Retribua a qualquer recado via campainha com um "obrigado, TC" (ou VT). Você geralmente não precisa se preocupar em parar o TC ou o VT (eles possuem suas próprias marcações), mas, se o fizer, diga apenas "pára TC", ou "pára VT."

Se você desejar que o operador retorne ao início do *insert*, diga "outra vez o VT do...", especificando o nome do trecho de *insert*. Se você não precisar do telecine ou do videoteipe no ensaio, avise os operadores, para que eles possam descansar — é irritante manter-se atento por um longo período de tempo e não ser requisitado para nada.

5 *As Palavras Certas para a Iluminação*
"Luzes", "fecha a luz", "diminui a luz". O iluminador deve saber o que fazer a partir do ensaio e do roteiro.

6 *As Palavras Certas para o Assistente de Estúdio*
Durante a gravação ou transmissão, a maior parte de suas instruções para o assistente de estúdio são para dar sinal aos entrevistados do programa. As instruções são bastante diretas. Mas como os seres humanos levam tempo para reagir, e por ser "cambalacho televisivo" deixar alguém aparecer na tela esperando pela sua vez de falar assegure-se de que ela seja avisada antes de você cortar para a câmera que a focalizará. Assim, a ordem é "agora" e "câme-

ra tal". Não tenha medo que o entrevistado (ou apresentador) comece antes que a câmera o focalize — apertar o botão não consome tempo, mas começar a falar leva pelo menos meio segundo.

No final da entrevista no estúdio costuma-se dizer "3 minutos para intervalo", "2 minutos para encerrar", "1 minuto" e "encerra". O assistente de estúdio faz um sinal para o entrevistado. Corte para uma câmera que não focalize o entrevistado enquanto o assistente de estúdio faz o sinal para ele.

Se você desejar que o assistente de estúdio interrompa o ensaio ou gravação, diga "pare" ou "espere". Para evitar confusão, não use este termo para interromper um movimento de câmera.

7 *As Palavras Certas para o Diretor de Tevê*
No final do ensaio o diretor de tevê deve saber tanto quanto o diretor sobre as marcações do programa. Assim, suas instruções durante a transmissão "ao vivo" ou durante a gravação serão meramente uma indicação de quando fazer alguma coisa. Um diretor de tevê treinado pode reagir muito rapidamente a um comando, mas é útil dar a ele algum aviso antes da instrução. Assim, habitue-se a dizer o que você quer em seguida ("câmera tal", ou "TC"). Os comandos devem ser pronunciados claramente. Este sistema também funciona com "*wipe*", "*mix*" etc.

Alguns diretores gostam de dizer "atenção" antes do comando. Ótimo. Não importa o que você diga, desde que forme o hábito de dar um aviso.

checando adiantado

As indicações são úteis não só para o operador de câmera e diretor de tevê mas também para você, diretor, porque fazem-no lembrar de olhar para o monitor para checar se a câmera está na posição que você queria. Você deve habituar-se a checar adiantado, mesmo quando seu assistente disser "agora câmera 2" para você, como ele (ou ela) faria numa telenovela ou qualquer programa com roteiro rígido. O hábito de verificar pelo monitor poupará você de muitos equívocos embaraçosos; por exemplo, cortar para uma câmera com o mesmo tipo de plano ou para uma ainda acertando o foco.

8 *As Palavras Certas para Todos*
Alguns pontos genéricos que se aplicam ao trabalho geral de direção:

quem - o que quando

a Há pelo menos uma dúzia de gente ouvindo suas instruções através do *talk-back* e, portanto, você sempre deve anunciar, primeiro, quem você está chamando. "Alô, TC fala com *Switcher* B". "Som Abra áudio".

atenção

b "Atenção" é a palavra utilizada para alertar as pessoas. Mas não abuse dela. Imagine a irritação de alguém que ouviu seu primeiro "atenção", ficou atento e depois teve de ouvir você falar "atenção" mais meia dúzia de vezes. Se for gente do telecine ou do VT, terá apertado a campainha depois de seu primeiro "atenção"; se for o operador de câmera, ele estará mostrando a tomada no monitor dele ou movendo a câmera para cima, para baixo para dizer que sim (ou de um lado para outro para dizer não). Assim, repetir "atenção" só aumenta a pressão arterial, não o grau de atenção das pessoas. Uma chamada é o bastante.

c Quando estiver dirigindo, você não vai querer perder tempo olhando para a próxima tomada no roteiro. Assim, reescreva a numeração em cima do roteiro com uma caneta, para que seja vista instantaneamente. Deste modo:

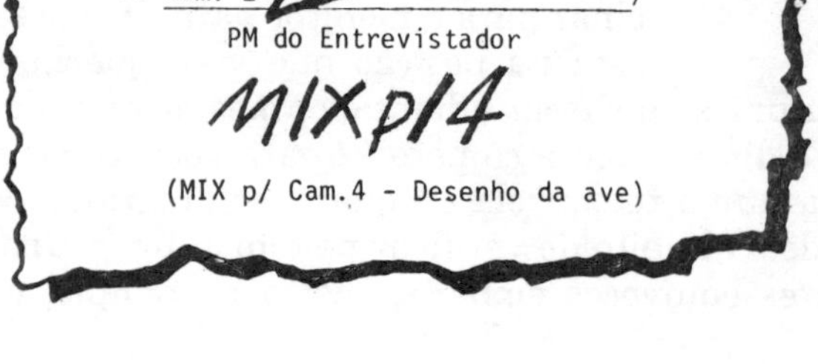

d Se você interromper um ensaio para descanso, avise claramente a duração do intervalo para café. "Dez minutos de descanso. Retornamos daqui a quinze minutos."

e As gravações em estúdio geralmente começam com o relógio — ele identifica a fita e, como o *leader* cinematográfico, dá ao operador de VT um tempo para ajuste técnico. O relógio de VT, especialmente projetado para vídeo, é colocado na frente de uma câmera e quando a máquina de VT estiver rodando o diretor diz "dispara o relógio". O assistente de estúdio aciona o relógio. A partir de 10 segundos regressivos, o assistente de estúdio fala em voz alta "dez, nove, oito, sete, seis, cinco, quatro, três". No 3 o assistente de produção pega a contagem e o diretor de tevê faz *fade* para *black*. A 1 segundo o diretor (você) diz "parte VT." ou "gravando". Se você estiver gravando uma entrevista, é comum cortar para um plano do entrevistado em vez de fechar em *fade* aos 3; é que isso lhe dá uma tomada extra de segurança, que também pode ser usada para apresentar o entrevistado.

f Não se esqueça de dizer "por favor" e "obrigado" de vez em quando, durante o ensaio. Ninguém espera que você faça isso durante a transmissão "ao vivo" ou durante a gravação. Mas todos gostam de saber que você usa essas palavras. No final do programa diga "obrigado a todos" pelo *talk-back*.

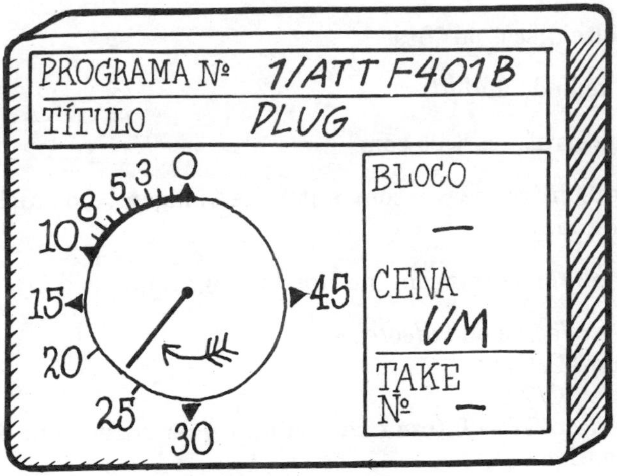

Relógio de VT

g Após uma gravação, espere o operador de VT checá-la e dar o OK antes de liberar o pessoal.

SUMÁRIO DAS INSTRUÇÕES NÚMERO UM
As Palavras Certas

para *tomadas*:

1 – Plano Geral (PG)

2 – Plano de Conjunto (PC)

3 – Plano Médio (PM)

4 – Meio Primeiro Plano (MPP)

5 – Primeiro Plano ou *close-up* (PP)

6 – Primeiríssimo Plano (PPP)

para o *operador de câmera:*

PAN À ESQUERDA PARA..."
"*PAN* PARA CIMA"
"FECHE *ZOOM* EM..."

"ABRA *ZOOM* PARA..."

"VÁ E ESPERE..."

"*PAN* À DIREITA PARA..."
"*PAN* PARA BAIXO"
"MOVIMENTO *DOLLY* PARA CIMA"
"MOVIMENTO *DOLLY* PARA BAIXO"
CÂMERA ESQUERDA/DIREITA

para o *som:*

— "solta disco" ou "fita";

— "queda de áudio";

— "encerra". "corta o som"

Sempre introduza o som antes da imagem, no início do programa.

Fade no som e imagem (no fim do programa)

Para o *telecine* ou *videoteipe:*
— rode TC/VT;
— pare TC/VT;
— atenção TC/VT (uma campainha quer dizer sim; duas, negativo).

para as *luzes:*

"Luzes", "feche a luz", "diminua a luz", "mais luz"

Para o *assistente de estúdio:*

"3 minutos para intervalo",

"2 minutos para encerrar",

"1 minuto"

"encerra"

"avisa o ... que encerrou"

Para o *diretor de tevê:*

— "câmera 1, agora";

— mix.

Quando disser isso, verifique o monitor da respectiva câmera.

Em geral

Quando dirigir em estúdio sempre obedeça a ordem "quem - o quê - quando".

Uma "chamada de atenção" é o bastante.

O operador de câmera balança a câmera verticalmente para responder "sim", e horizontalmente para dizer não.

Dê destaque para as anotações de direção no roteiro.

Não se esqueça do relógio no começo das gravações em estúdio.

Um "por favor" e "obrigado" de vez em quando são bem recebidos.

Diga "obrigado a todos" ao final do programa.

Ao final de uma gravação, aguarde até que o operador de VT, faça uma revisão e dê OK antes de dispensar o pessoal.

NÚMERO DOIS

SE VOCÊ NÃO SE "LIGA" EM TECNOLOGIA, LIGUE-SE NO TEXTO ABAIXO...

Alguns cérebros incham ao pensar em qualquer coisa técnica. A tecnologia de televisão e vídeo é complicada — assim esta atitude é compreensível. Mas as idéias básicas que tornam a televisão possível são suficientemente objetivas e diretas para serem percebidas por uma pessoa não técnica. Certamente valerá o esforço. Na melhor das hipóteses você passará a entender um pouco das engenhosidades do vídeo. Na pior delas, você perceberá que nem tudo o que os engenheiros dizem e fazem deve ficar num livro fechado.

Uma Primeira Olhada no Sistema
Vídeo é luz. Para TV em cores, necessitam-se de apenas três cores básicas: vermelho, verde e azul. Elas são conhecidas como cores primárias; combinando-as em diferentes proporções, consegue-se no vídeo todas as outras. As três cores juntas dão o branco; o preto é a ausência de luz.

A câmera eletrônica tem três tubos em seu interior, um para cada cor primária. A luz que entra na câmera é dividida nas três cores primárias e cada um dos tubos mede continuamente a quantidade da respectiva cor primária que "enxerga", através de varredura com feixe de elétrons, da mesma forma que seus olhos percorrem este livro: da esquerda para a direita, linha por linha, de cima para baixo. Nos Estados Unidos, Japão e alguns outros lugares, (inclusive no Brasil) cada página de vídeo (ou imagem) possui 525 linhas; na maioria dos outros lugares, tem 625 linhas. A informação de cores dos três tubos transforma-se num sinal (um processo conhecido como "codificação"), que pode ser transmitido para o aparelho do telespectador via cabo, fita de vídeo ou por radiodifusão (usando-se um transmissor e uma antena). Há três sistemas diferentes de codificação que são usados atualmente, o PAL, o NTSC e o SECAM. Significam Phase Alternate Line, National Television Systems Committee e (em francês) Séquential Couleur à Mémoire.

O televisor faz a mesma coisa que a câmera, mas ao contrário. Ele recebe o sinal codificado do transmissor e divide-o em três sinais separados, um para cada cor primária. A tela tem muitos milhares de grupos de três pontos de fósforo (chamados "tríades"), outra vez um ponto para cada cor primária.

Estes pontos brilham quando são varridos pelo feixe proveniente dos canhões eletrônicos do televisor, cada ponto reproduzindo exatamente a mesma quantidade de sua respectiva cor primária que a câmera captou na imagem original. Uma vez que os pontos são pequeninos e muito próximos, os olhos confundem-nos como uma imagem que, naturalmente, é quase idêntica àquela na frente da câmera.

Esta operação de analisar e recriar a imagem — conhecida por varredura — acontece numa velocidade incrível: trinta vezes por segundo na América do Norte e no Brasil, 25 vezes em por segundo em outros lugares, muito rápida para ser percebida. É muito importante que os feixes de elétrons da câmera estejam em exato sincronismo uns com os outros para que as três imagens, dos três tubos, caiam precisamente uma em cima da outra, quando reproduzidas no televisor. Em outras palavras, o "registro" da câmera deve ser correto. É este processo, mais o balanceamento de cores, que os engenheiros precisam checar durante o período preliminar da gravação ou transmissão dos programas em estúdio.

Câmeras modernas com um tubo só colorido superam o problema de registro, analisando a cena como uma única imagem. O feixe de elétrons varre a luz da cena após passar por uma máscara que a divide em três finas frestas de vermelho, verde e azul. Este sinal é a seguir codificado da maneira usual. Quando um tubo faz o papel de três, resulta em perda de definição (o sinal tem menos informação para definir a imagem), mas as câmeras de um tubo só tendem a ser adotadas como padrão para o jornalismo eletrônico.

Codificando o Sinal de Vídeo — 4 em 1

Vamos começar novamente com a câmera.

Pense nela como um equipamento para converter variações de luz em variações elétricas, ou sinais. A câmera em cores, portanto, tem quatro tarefas para realizar: deve produzir um sinal para o vermelho, um para o verde e um para o azul. E também um sinal para os televisores em branco e preto — por que os espectadores com televisores em branco e preto ficariam sem programa? Teoricamente, não há razão para cada um destes quatro sinais deixarem de ser transmitidos para os televisores em separado — em outras palavras, você teria quatro transmissores, quatro cabos ou quatro máquinas de vídeo, cada um alimentando o televisor com um sinal em separado. Além de um transmissor extra, seja cabo ou fita de vídeo para o som, é evidente.

É fácil ver que tal sistema se tornaria inviável, técnica e financeiramente. Além do fato que, no tocante à radiodifusão, as emissões já congestionaram "o ar": e seria impossível achar espaço para transmitir cinco sinais diferentes para cada canal de TV.

Como diminuir essa multiplicidade? Uma solução é fazendo uso de uma peculiaridade da forma como enxergamos as coisas: o olho humano não é capaz de ver as cores tão bem como o faz em preto e branco. Imagine como uma história em quadrinhos, em cores, ficaria borrada se todos os contornos pretos fossem removidos. Essa também é a razão pela qual enxergamos uma cor contínua na tela e

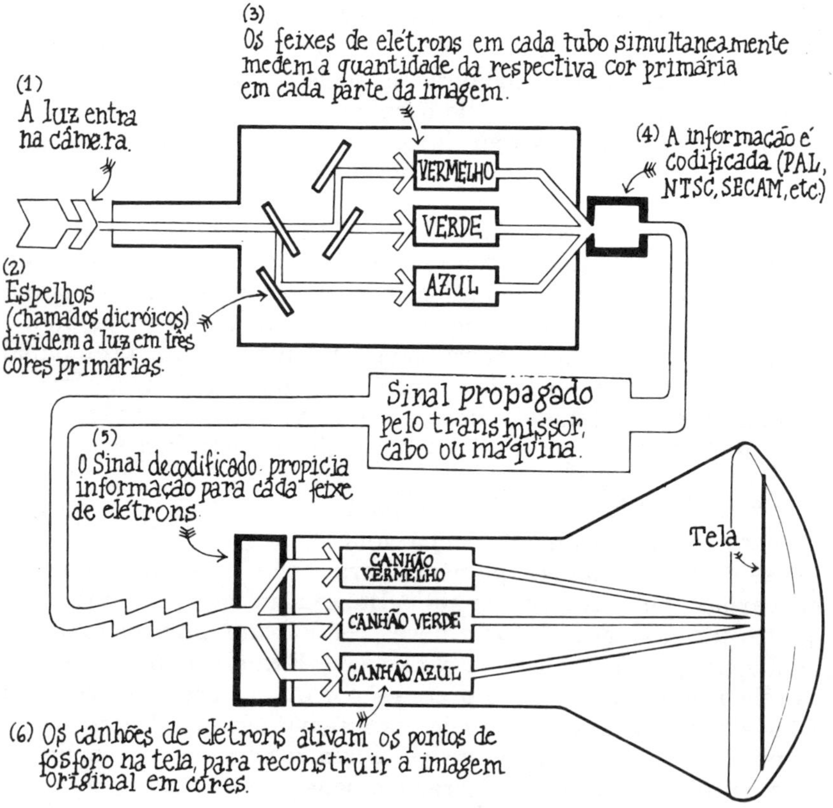

Transmissão em Cores

não milhares de minúsculos pontos de cor, de que realmente consiste a imagem.

Assim, a câmera converte a imagem em dois conjuntos de sinais elétricos: um em preto e branco conhecido como luminância, para transmitir todos os detalhes, e um sinal chamado de crominância que transmite a informação das cores. Devido à nossa incapacidade para detalhar em cores, o sinal de crominância necessita de baixa definição (o que também traz vantagens, na hora de se combinar com o sinal de luminância). De fato, a televisão trabalha como um desenhista descuidado de história em quadrinhos; primeiro desenha uma detalhada imagem em preto e branco e depois preenche-a grosseiramente com cores. Se você congelar uma imagem simples na tela e observar cuidadosamente seu contorno (por exemplo, o nariz de uma pessoa de perfil), é possível que você consiga ver esse descuido nas cores – freqüentemente as cores ultrapassam a linha do contorno.

Assim, quatro sinais ficaram reduzidos a dois: luminância e crominância. Mas como conseguir um sinal em preto e branco (sinal de luminância) de uma câmera em cores com três tubos de imagem? a resposta é: veja os princípios.

o sinal de luminância

Vermelho, verde e azul na forma de luz, como vimos, produzem luz branca; a mistura exata é 30% de vermelho, 59% de verde e 11% de azul. A câmera faz a soma das saídas de cada tubo nestas proporções, a fim de produzir o sinal de luminância. A intensidade do sinal varia de acordo com a luminosidade da imagem. Uma área muito brilhante de imagem produzirá um sinal de luminância forte (branco); uma área escura produzirá um sinal de luminância fraco (preto ou cinza escuro). Assim, pela adição da saída dos três tubos coloridos, nas proporções corretas, a câmera produz um sinal que define todos os graus de cinza entre o preto e o branco. Este é o sinal que vemos nos aparelhos em preto e branco. Também é o sinal que define os detalhes nos aparelhos em cores.

o sinal de crominância

Como a câmera faz para chegar ao sinal de crominância? Não é codificando a saída de cada tubo separadamente. Afinal de contas, isso multiplicaria a informação que já está na luminância (vermelho + verde + azul = branco). Em vez disso, a câmera produz sinais para apenas duas cores, vermelho e azul, escolhidas porque respondem por somente 30% e 11%, respectivamente, da luz branca e, portanto, é mais fácil incluí-las no sinal completo. A proporção da terceira cor, o verde, pode ser obtida no televisor pela subtração dos valores de vermelho e azul do sinal de luminância — de fato, qualquer brilho na imagem que não tiver origem no vermelho e no azul será proveniente do verde. Para tornar os sinais mais facilmente transmissíveis, o vermelho e o azul são codificados como os valores que sobraram, depois que o sinal de luminância foi subtraído da saída de cada tubo. Em outras palavras, eles são codificados como dois sinais de diferença de cores, que juntos comporão o sinal de crominância. Parece complicado quando está por escrito, mas se você considerar isto como um conjunto de equações, ficará mais fácil de entender.

AS EQUAÇÕES QUE CODIFICAM AS CORES

R = vermelho G = verde B = azul Y = luminância ou brilho*

A câmera soma a saída em cores de cada tubo para produzir o sinal de luminância. R + G + B = Y.

Ela também produz R - Y (vermelho menos luminância) e B - Y.

O receptor usa Y sem qualquer outro processamento.

Ele decodifica R - Y e B - Y somando Y.

(R - Y) + Y = R

(B - Y) + Y = B

(Y - R) - B = G

* Por ser notação internacional, foram mantidas as letras do idioma inglês. (N.T.)

Ainda estamos no ponto onde a câmera reduziu os quatro sinais necessários para a televisão para dois: luminância e crominância. O próximo estágio no processo de compressão — colocar toda a informação em um só sinal de vídeo — envolve engenhosidades técnicas que são difíceis de se compreender sem um entendimento dos princípios básicos de rádio. Em resumo, entretanto, os sinais de diferenças de cores podem ser confinados a uma pequena secção do espectro, porque o sinal de crominância, como vimos, requer baixa definição (como se fora taquigrafado, ao invés de ser escrito com todas as letras, como acontece com o sinal de luminância). Envelopando essa informação de cores numa onda portadora;* cuja freqüência escolhe-se em função da parte menos utilizada do espectro ocupado pelo sinal de luminância; tanto este como o sinal de crominância podem ser enviados como um só sinal. É como enviar uma mensagem taquigrafada aproveitando os espaços em branco do verso de um cartão postal.

Claro que toda essa informação sobre brilho e cores não reproduzirá uma imagem, se a câmera e o receptor não trabalharem em rigoroso sincronismo. Portanto, o sinal de vídeo, além do brilho e da cor, contém uma gama completa de informações puramente técnicas: pulsos de sincronismo da linha, para guiar o feixe de elétrons no retorno para início de uma nova linha (à razão de 15.625 pulsos por segundo!), um sinal de *color burst* para possibilitar a decodificação correta da informação de cores, e assim por diante. O sinal completo, em cores, é um caso complicado.

* Uma onda portadora (*carrier*) é uma invenção para converter a informação em uma forma mais manejável. Em termos elétricos, uma onda portadora começa como uma onda elétrica normal que é modulada (ou modificada) na freqüência, amplitude ou fase através do sinal com o qual é combinada. O sinal é transmitido para o receptor, que recupera o sinal original separando-o da portadora. Sem a portadora seria impossível transmitir o sinal; também seria impossível dar ao público uma escolha de canal. A portadora é como fabricar lingüiças – primeiro você põe a mistura dentro de peles, com diferentes formas de tripas para diferentes tipos de lingüiça. Depois você amarra as lingüiças com barbantes. O aparelho receptor reconhece o tipo de lingüiça pela pele (mesmo se ela tiver sido amassada no transporte). E é claro que o conteúdo (a carne) não é afetado pela portadora.

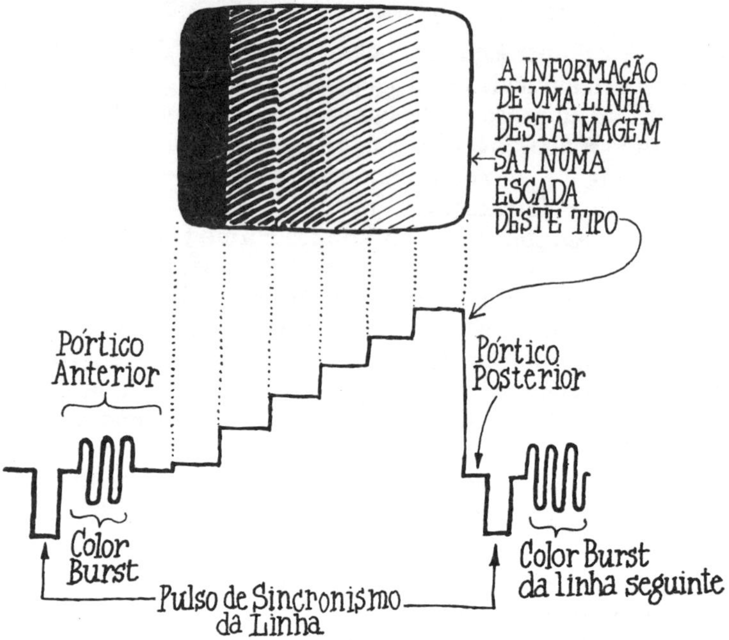

O Sinal de uma Linha de Imagem de TV

Esta é uma versão muito simplificada de como as cores são codificadas nos sistemas NTSC e PAL, mas dá uma idéia da admirável engenhosidade envolvida. O sistema PAL é um refinamento do NTSC e obtém melhor fidelidade de cores comparando os sinais de linhas sucessivas e exibindo a média entre as duas linhas. O NTSC não faz isso e é propenso a distorções de cores. Eis por que os aparelhos NTSC possuem um botão para ajuste de matiz e muitos engenheiros irreverentemente chamam o NTSC de *Never Twice the Same Colour* ("nunca duas vezes a mesma cor"). O PAL é batizado com *Pictures Always Loved* ("imagens sempre adoráveis") e o SECAM *System Essentially Contrary to the American Method* ("sistema essencialmente contrário ao método americano"). O SECAM, embora seja invenção francesa, é o padrão da URSS e da Europa Oriental e trabalha em um sistema diferente. Transmite cada sinal de diferença de cores em linhas alternadas. Nenhum dos sistemas é compatível com outros, e, a menos que você tenha equipamentos especiais para exibição, os programas em outros sistemas terão de ser transcodificados.

Dois Campos Fazem um Quadro
As imagens em movimento são uma ilusão; as imagens em vídeo e em filme são, de fato, estáticas. Elas parecem mover-se devido a um fenômeno chamado persistência de visão. Nossos olhos continuam a ver a imagem por uma fração de segundo depois que ela desapareceu; se uma segunda imagem aparecer enquanto a memória da primeira persiste, o olho funde as duas imagens. Assim, o movimento que vemos na tela é o resultado de uma rápida sucessão de imagens estáticas.

A velocidade de varredura de 30 quadros por segundo é mais do que suficiente para enganar o olho e fazê-lo crer que esteja enxergando movimento na tela. Mas esta velocidade não é o bastante para fazer os olhos pararem de ver uma cintilação entre cada quadro. O filme supera esse problema mostrando cada quadro de imagem duas vezes. A televisão supera-o através de um processo chamado de entrelaçamento; a varredura não acontece linha por linha, mas sim em linhas alternadas, primeiro as linhas ímpares, depois as pares. Cada varredura de todas as linhas (pares ou ímpares) é chamada de campo e acontece em um sexagésimo de segundo. Cada campo de vídeo têm 262,5 linhas; dois campos fazem um quadro. *A visão combina os dois campos juntos, bem como une os quadros sucessivos. Assim o movimento parece fluido na tela. E a cintilação de um sexagésimo de segundo é rápida demais para se perceber. (Veja ilustração na página seguinte).

* Teletexto. De fato nem todas as 262,5 linhas de um campo são utilizadas para a informação de imagem. O feixe de varredura precisa de tempo para retornar ao topo da tela; também precisa de tempo para se estabilizar quando chega lá. Assim o feixe de fato, não transporta nenhuma informação de imagem até a linha 16 do primeiro campo e até a linha 279 do segundo campo. Essas linhas de reserva, no topo da tela, podem ser usadas para transmitir informação codificada conhecida como teletexto — dá para ser vista como uma linha se movimentando no topo da tela, em preto e branco, se o botão de vertical for ajustado para que a imagem role devagar. Para usar o teletexto, o receptor necessita de um decodificador para “traduzir” o que está sendo transmitido; e um teclado para selecionar a página de texto desejado a partir do índice.

Gravação de Vídeo

Fica difícil imaginar a televisão de hoje sem o videoteipe, mas nas primeiras duas décadas da televisão, de 1936 em diante, não existia maneira satisfatória de gravar imagens eletrônicas. Apontar uma filmadora para um cinescópio era a técnica mais freqüentemente usada; entretanto, resultava em gravações caras e de baixa qualidade.

A idéia de poder gravar um sinal elétrico através da magnetização de uma fita e, em seguida, reproduzi-la sem qualquer processamento, já havia sido desenvolvida para o áudio, antes da Segunda Guerra Mundial. Parecia óbvio que o próximo passo seria adaptar essa tecnologia do áudio para gravar o sinal elétrico contínuo produzido pela câmera, mas a maior amplitude e a quantidade de informações contida no sinal de vídeo causou dificuldades para se resolver o problema.

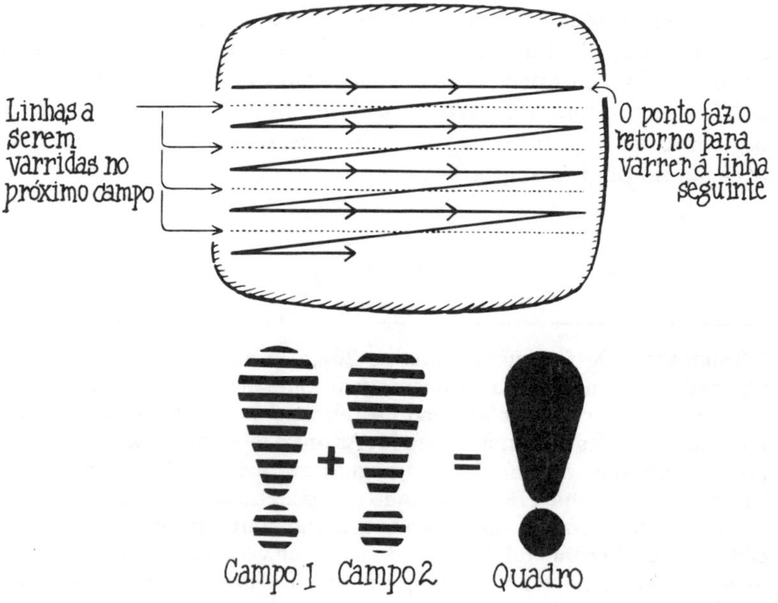

Entrelaçamento

A fita magnética é uma tira contínua de ímãs cujos pólos norte e sul podem ser realinhados passando-os numa fenda (*gap*) bem estreita de uma cabeça eletromagnética. Isto transforma o campo magnético ao redor da fita em uma cópia do campo magnético presente ao redor da cabeça, no momento da passagem. Esta cópia pode depois ser lida pelo processo contrário: em outras palavras, usando o campo ao redor da fita para alterar o campo ao redor da cabeça. É o que acontece quando você reproduz (*playback*) uma fita.

A televisão em cores precisa de uma faixa de cerca de dezoito oitavas* para acomodar seu sinal; o áudio precisa de cerca de dez (para os que gostam de técnica, de 50 hertz até 5,5 mega-hertz para TV e de 20 a 20.000 hertz para o áudio). Manipulando-se o sinal de vídeo e combinando-o como uma portadora de freqüência modulada (FM), a banda do sinal pode ser reduzida para cerca de cinco oitavas — o espectro escolhido recai normalmente de 500 quilo-hertz até 16 mega-hertz. Mas estas são freqüências muito altas para uma fita magnética. No limite superior desta banda a informação chega tão depressa (a 16 milhões de *bits* por segundo) que estoura a capacidade de gravação da fita, limitada pela largura da fenda na cabeça de gravação, a dimensão das partículas (ímãs) e a velocidade com que eles passam pela cabeça. Uma vez que é, obviamente, impraticável ir reduzindo cada vez mais a largura da fenda da cabeça e a dimensão da partícula magnética indefinidamente o único jeito de adaptar a fita magnética para receber o sinal de vídeo é aumentando a velocidade de passagem da cabeça por ela (a velocidade de registro). A aritmética sugere que uma velocidade de cerca de quinze metros por segundo é a necessária; isto quer dizer que uma hora de gravação utilizaria 55 quilômetros de fita; claro que isso é impraticável.

formato de 2 polegadas

A solução do problema é ter mais do que uma cabeça e movê-la assim como se move a fita. O primeiro videoteipe praticável (trazido pela Ampex** em 1955) usava quatro cabeças montadas num cilin-

* Uma oitava é a faixa entre qualquer freqüência e o seu dobro. Assim, entre 20 e 40 Hz, uma oitava; entre 40 e 80, outra.

** O memorável nome Ampex não tem nada a ver com amplificador mas sim com as iniciais de Alexander M. Poniatoff, seu fundador, mais a primeira sílaba de "excelente". Esse sistema de gravação e reprodução é conhecido no Brasil, como "quadruplex" e até hoje é utilizado em algumas emissoras.

dro girando a 240 revoluções por segundo, para 525 linhas. A fita com 2 polegadas de largura passava pela cabeça a uma velocidade de 15 polegadas por segundo. Essa invenção produziu uma velocidade efetiva de registro de 137 quilômetros por hora.

As pistas n. fita de duas polegadas são escritas quase que em ângulos retos em relação à borda da fita. Somente uma das quatro cabeças entra em contato com a fita de cada vez. Assim cada cabeça escreve cerca de 16 linhas do campo em cada passagem. Isto torna impossível exibir uma imagem congelada na tela, supondo a fita imóvel — as cabeças simplesmente iriam repetir as mesmas 16 linhas, produzindo só uma faixa estreita na tela. Mas o formato de 2 polegadas ou transversal (apelidado de *quad*), produz imagens excelentes e serviu, com êxito, como formato padrão *broadcasting** durante 25 anos. O custo, tamanho e o peso da máquina (e das fitas), no entanto, fizeram dele um formato inadequado para um uso mais disseminado.

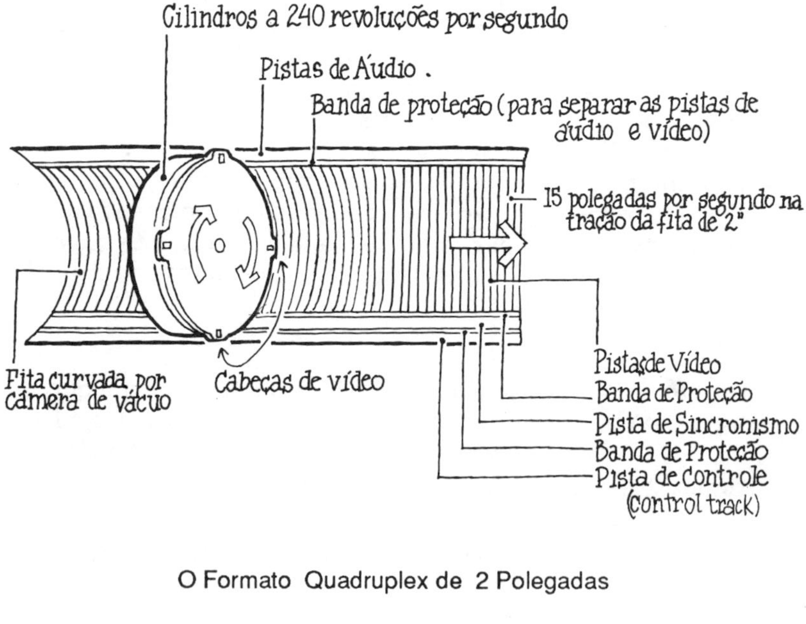

O Formato Quadruplex de 2 Polegadas

* "Broadcasting" usa-se, no Brasil, com referência aos padrões das emissoras de televisão. (N.T.)

formato helicoidal O formato helicoidal é o sistema que evoluiu a partir do *quad*, tendo revolucionado o vídeo. Agora é, virtualmente, o padrão tanto de máquinas profissionais como domésticas.

Existem muitos tipos de formatos helicoidais no mercado; a maioria deles, infelizmente, incompatíveis entre si. De maneira geral, o formato moderno pode ser dividido em duas categorias, pela forma que a fita é laceada ao redor do cilindro que contém as cabeças: o Ômega aberto e o Ômega fechado.

ômega aberto O Ômega aberto é usado em todas as máquinas cassetes por ser mais fácil de se lacear automaticamente. Duas cabeças são montadas em oposição dentro do cilindro, de tal forma que uma cabeça esteja sempre em contato com a fita. As velocidades do cilindro e da fita são alinhadas para que cada cabeça grave um campo diagonalmente na fita, em cada passagem.

ômega fechado Com o Ômega fechado, há somente uma cabeça para gravar e reproduzir, mas pelo fato da falha na trajetória da fita ser muito pequena, a perda de sinal neste ponto pode ser desprezada. Para este tipo de máquina, o cilindro gira a 3.600 revoluções por minuto, que vem a ser duas vezes a velocidade requerida para o Ômega aberto. O Ômega fechado geralmente proporciona imagens de melhor qualidade, mas como custa mais para construir um cilindro que possa trabalhar a essa velocidade, é empregado somente em máquinas de vídeo *broadcasting* de carretel aberto.

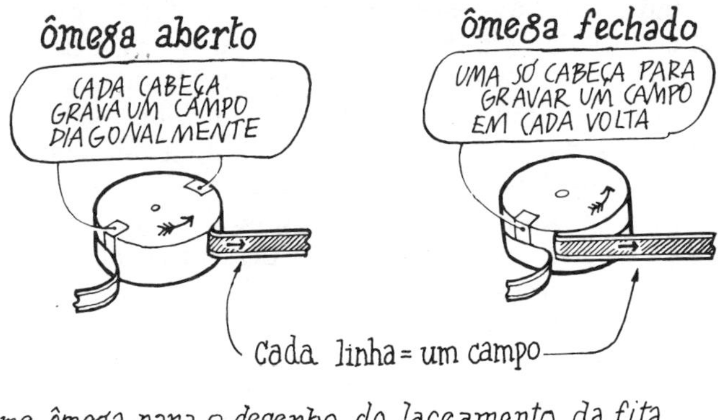

O nome ômega para o desenho do laceamento da fita, deriva da letra grega Ω

Em ambos os tipos de helicoidais, a fita deixa o cilindro num ponto mais alto em que entrou, igual à sua largura, seja porque o cilindro é montado inclinado (Ômega aberto) ou porque os carretéis alimentadores e receptores são montados em alturas diferentes (Ômega fechado). Em ambos, o percurso da fita ao redor do cilindro tem a forma de uma espiral — ou em linguagem geométrica, a parte de uma hélice. Daí o nome, formato helicoidal.

O formato helicoidal tornou possível simplificar a parte eletrônica do gravador, bem como reduzir a largura da fita. Uma vez que as trilhas são escritas diagonalmente, elas podem ser muito mais longas do que no formato transversal e cada trilha, de fato, representa um campo completo de imagem. Isto tornou exeqüível produzir uma imagem congelada na tela, mesmo quando a fita não esteja se movendo (o cilindro simplesmente lê o mesmo campo sem parar e cada campo é exibido duas vezes para dar a aparência de um quadro completo). Também permitiu mostrar a imagem no dobro da velocidade (a máquina lê trilha sim, trilha não) ou na metade dela (a máquina lê duas vezes cada trilha). Verdadeiros *slow-motion* e *fast-motion* não são possíveis em gravação de vídeo normal, porque não se pode ajustar a velocidade de leitura na câmera; com o filme, naturalmente, você pode ajustar a velocidade, expondo um número maior ou menor de quadros por segundo.

Os progressos alcançados nos projetos de cabeças de vídeo, de fitas e de circuitos parecem ser cada vez maiores e não é exagero (embora seja um chavão) afirmar que estamos no início de uma revolução no uso do meio. Cada lançamento se sucede no espaço de poucos meses, de câmeras cada vez mais baratas, mais leves e de melhor qualidade. A tendência atual é combinar a câmera e o gravador num conjunto, usando (*camcorder*) o formato de meia polegada (que, infelizmente não é compatível com os formatos de meia polegada existentes). Uma combinação câmera-gravador de um quarto de polegada também está sendo lançada. De fato, pode-se afirmar que, com a gravação digital do vídeo em plena evolução e com o crescente uso da tecnologia da informática em vídeo, é só uma questão de tempo para que a procura da fita magnética diminua tanto que esta desapareça por completo e seja substituída pelas memórias de estado sólido (*chips*) utilizadas nos computadores. Quando isso acontecer, o vídeo se tornará tão acessível quanto uma calculadora de bolso.

GUIA PARA OS FORMATOS DE VÍDEO

2 polegadas ou quadruplex (*quad*)	padrão *broadcasting*, não mais produzido. Substituído pelo formato de 1 polegada.
1 polegada	novo padrão *broadcasting*. Fitas em carretéis abertos, não embutidas em cassetes. Disponível em três tipos: A, B e C, todos incompatíveis entre si. O formato B é amplamente usado na Europa, principalmente Espanha e Alemanha Ocidental. O formato C é mais comumente usado na Grã-Bretanha.
3/4 de polegada U-matic	duas versões: alta-banda e baixa-banda. O de alta-banda é considerado de qualidade *broadcasting* para jornalismo. O de baixa-banda é mais barato. Os cassetes de alta-banda reproduzidos nas máquinas de baixa-banda dão uma imagem instável; os cassetes de baixa-banda podem ser reproduzidos nas máquinas de alta-banda, mas saem em preto e branco.
1/2 polegada	dois sistemas: Betamax da Sony e VHS (Video Home System, sistema de vídeo doméstico), o formato mais procurado para uso doméstico.
Video 2000	A resposta européia ao Betamax e VHS. Usa só metade da largura da fita para gravar e assim a fita pode ser aproveitada na outra metade.
1/4 de polegada	mesmo tamanho do cassete de áudio. Formato do futuro?

SUMÁRIO DAS INSTRUÇÕES NÚMERO DOIS

Se a tecnologia o aborrece, leia o texto a seguir...

Uma visão geral...

Todas as cores em vídeo podem ser obtidas pela combinação em várias proporções de três cores primárias: vermelho, verde e azul.

As três cores somadas nas proporções corretas dão luz branca. O preto é a ausência de luz.

Os três tubos dentro da câmera analisam a proporção de cada cor primária existente em cada ponto, varrendo a imagem em sincronismo. Esta informação é codificada (em PAL, NTSC ou SECAM) e transmitida ao aparelho do espectador, que produz a imagem, revertendo o processo.

Grupos de três pontos na tela, correspondentes aos pontos medidos na imagem original, reproduzem exatamente a mesma quantidade de cada cor primária como no original. O olho do espectador funde os três pontos em um. Cada imagem passa por uma varredura à razão de 30 vezes por segundo e a imagem original é recriada na tela.

Os engenheiros costumam regular a convergência, principalmente para checar se os feixes de elétrons nos tubos estão trabalhando em sincronismo, e verificar se o vermelho, o verde e o azul estão saindo corretamente balanceados da câmera.

Codificando o sinal

A câmera produz o sinal de luminância, adicionado à saída dos três tubos de cores. Também produz dois sinais de diferença de cores, que formarão o sinal de crominância. Luminância, crominância e pulsos de sincronismo são combinados para formar o sinal composto de vídeo.

Dois campos fazem um quadro

Trinta quadros por segundo é rápido o suficiente para dar a aparência de movimento às imagens, mas não o suficiente para eliminar a cintilação. Daí o entrelaçamento – varredura de linhas alternas.

Dois campos de 262,5 linhas formam um quadro de 525 linhas.

O teletexto utiliza as linhas de reserva no topo de cada campo.

Gravação de vídeo

A gravação do sinal de vídeo em fita magnética, requer uma velocidade alta de registro (velocidade da cabeça na fita). Ela é obtida pela montagem das cabeças de vídeo num cilindro que gira rapidamente.

O sistema *quad* usa quatro cabeças de vídeo e escreve as pistas transversalmente numa fita de 2 polegadas. Imagens congeladas não são possíveis em máquinas *quad*.

Com a trilha escrita diagonalmente nos formatos helicoidais, cada uma contendo um campo, obtém-se as imagens congeladas* e um *fast* ou *slow-motion*. Existem dois tipos principais de laceamento helicoidal da fita: o Ômega aberto e o Ômega fechado.

A fita magnética vai desaparecer; o futuro está nas memórias digitais de computador.

---

* Nos meios televisivos brasileiros, ouve-se "frizadas", de um verbo "frizar" oriundo de *freeze*, em inglês.

NÚMERO TRÊS

CHROMAKEY

Pergunta: como colocar uma pessoa dentro de uma foto?

Resposta: fotografe a pessoa, recorte-a e cole o recorte noutra foto.

Basicamente isso é o que você faz quando usa o *chromakey*, também conhecido como sobreposição por separação de cores. Funciona assim: você põe a fotografia na frente de uma câmera no estúdio e coloca a pessoa na frente de outra câmera, em outro estúdio. No lugar de tesouras para recortar a pessoa, você monta um fundo azul atrás dela e faz com que a câmera despreze tudo o que for azul. Este recorte eletrônico em seguida é sobreposto na imagem da fotografia da outra câmera. E pronto: você colocou a pessoa dentro da foto, através do *chromakey*.

Vamos analisar isso com mais detalhe.

A fotografia
Pode ser uma pintura, desenho, diagrama ou um cenário completo de estúdio. A imagem também pode vir do TC (telecine) ou VT (videoteipe); de fato, qualquer coisa que você queira sobrepor a outro fundo. Se quiser seu *chromakey* eficaz e realista, a imagem deve ter alguma profundidade de campo e alguma coisa ligeiramente fora de foco (tal como o cenários de fundo costumam ser, se observados cuidadosamente).

A pessoa
Claro que pode ser um objeto, se for o caso. A única limitação é que nada deve trajar azul, ou ter a cor azul, porque a respectiva câmera terá sua imagem filtrada eletronicamente, para excluir todo azul, sem exceção. Assim, preste atenção em camisas, gravatas, bijuterias etc.

Pode ficar difícil acertar a iluminação da pessoa com a iluminação da imagem de fundo; assim, disponha de tempo para conseguir isso. Se quiser criar a ilusão da pessoa estar realmente dentro da imagem, uma boa idéia é providenciar alguns objetos técnicos no estúdio onde a pessoa está, que combinem com a imagem de fundo — por exemplo, as mesmas cadeiras, um vaso de flores, um arbusto ou árvore (no caso de externas). Isto, se usado com cuidado, vai causar uma sensação de profundidade à cena inteira.

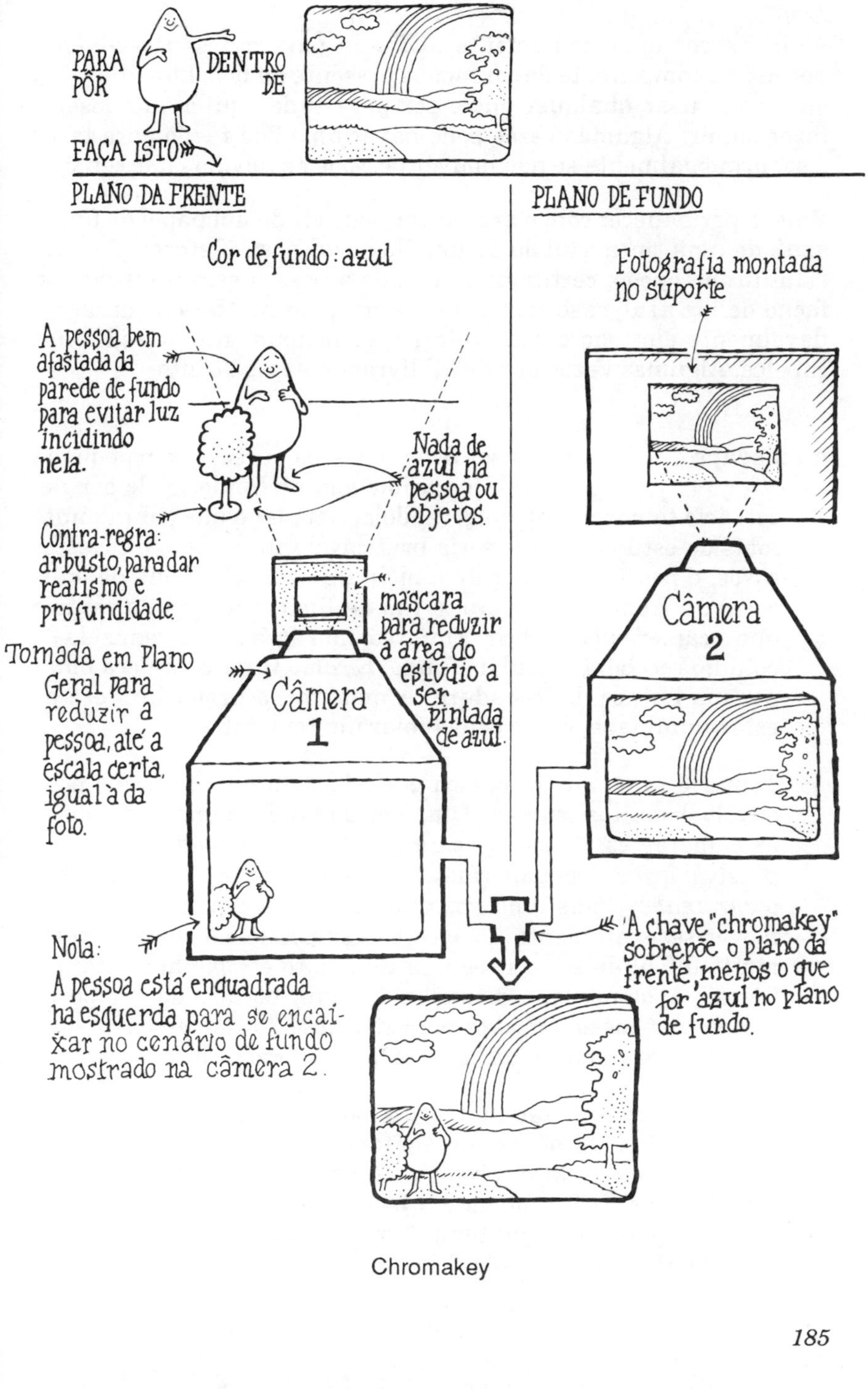
PARA PÔR DENTRO DE
FAÇA ISTO
PLANO DA FRENTE
PLANO DE FUNDO
Cor de fundo: azul
A pessoa bem afastada da parede de fundo para evitar luz incidindo nela.
Nada de azul na pessoa ou objetos.
Contra-regra: arbusto, para dar realismo e profundidade.
máscara para reduzir a área do estúdio a ser pintada de azul.
Tomada em Plano Geral para reduzir a pessoa, até a escala certa, igual à da foto.
Câmera 1
Fotografia montada no suporte
Câmera 2
Nota: A pessoa está enquadrada na esquerda para se encaixar no cenário de fundo mostrado na câmera 2.
A chave "chromakey" sobrepõe o plano da frente, menos o que for azul no plano de fundo.

Chromakey

Azul

Azul é a cor mais comumente utilizada para o desaparecimento porque é o componente de cor menos presente na pele humana. Mas você pode usar qualquer outra cor para tudo aquilo que desejar fazer sumir. Algumas vezes pode haver uma boa razão para fazer isso, principalmente se não houver pessoas envolvidas nas cenas.

Vamos permanecer com o azul. A cor pode vir de um papel de fundo azul, de uma tinta azul ou de uma luz azul nos refletores. Se usar esta última opção, certifique-se de que a pessoa está protegida do facho de luz azul, caso contrário sua imagem irá "ferver" desagradavelmente em todo o seu contorno, principalmente ao redor dos cabelos. Algumas vezes fica difícil livrar-se desse defeito.

a máscara Se quiser fazer a pessoa parecer bem pequena em relação à imagem de fundo, pode ser necessário tomar um plano geral dela, um plano que cubra muito mais do estúdio do que seria praticável pintar de azul. Nestes casos, é possível colocar uma moldura azul (chamada de máscara) na frente da câmera, a fim de limitar a área do estúdio que a câmera pode cobrir. Então só uma área muito reduzida do estúdio receberá o azul de fundo. É como fazer a câmera olhar por um buraco de fechadura. A máscara, a propósito, terá de estar iluminada, o que pode tomar um tempinho.

Tomar o tamanho da pessoa em relação à foto do fundo pode envolver muitos truques. Uma vez que tudo esteja certo, deixe as câmeras estáticas e peça à pessoa para se movimentar. É possível fazer uma panorâmica ou movimentar o *zoom* durante o *chromakey*, mas uma vez que ambas as câmeras precisam mover-se exatamente ao mesmo tempo, torna-se uma coisa muito difícil de ser conseguida com êxito e é melhor você não tentar, a menos que disponha de uma bocado de tempo de ensaio. Até mesmo o corte para um *close-up* da pessoa envolve mudança de plano em ambas as câmeras. Isso pode levar tempo.

O *chromakey* é, de fato, um processo que consome grande tempo, mas não o despreze — o efeito pode ser espetacular. O uso mais comum é, claro, propiciar uma janela mágica nos telejornais, mas isso também é a base da maioria das cenas que deixam o público perguntando "como fizeram isso?". Portanto, é certamente valioso explorá-lo em profundidade — estas instruções são meramente uma breve introdução a um grande tema, que pode tornar-se muito complicado e... fascinante.

SUMÁRIO DAS INSTRUÇÕES NÚMERO TRÊS

Chromakey

Chromakey, também conhecido como sobreposição por separação de cores, é um tipo de tesoura eletrônica que recorta todas as partes que você não deseja de uma imagem (azuis) e sobrepõe o restante em outra imagem.

A imagem do plano de fundo pode vir de qualquer fonte. Se você busca realismo, escolha um cenário de fundo que contenha profundidade.

Seu plano da frente pode ser qualquer coisa ou pessoa, desde que não contenha azul (se estiver usando azul na filtragem eletrônica). Para dar a ilusão de profundidade, uma boa idéia é providenciar objetos cênicos no plano da frente, que combinem com o plano de fundo. Acertar a iluminação em ambas as imagens pode ser difícil.

Você pode usar qualquer cor na filtragem do *chromakey*. O azul é o mais comumente usado porque é o componente de cor menos presente nos tons de pele.

A cor *chromakey* pode ser pintada, iluminada ou de papel. Certifique-se que a luz azul não esteja incidindo nas figuras do plano da frente.

Para planos muito gerais, diminua a área de estúdio que precise ser pintada e utilize máscara azul na câmera.

Os movimentos de câmera com *chromakey* são difíceis de serem executados com sucesso. Procure evitá-los, a não ser que tenha muito tempo de ensaio disponível. Também mantenha o número de cenas diferentes a um mínimo, já que cada tomada-de-cena leva muito tempo para ser acertada.

O efeito *chromakey* pode ser espetacular e vale a pena explorá-lo.

Não tenha medo de usar *chromakey*.

FILME REVERSÍVEL E FILME NEGATIVO

Existem dois tipos de filme: negativo e reversível. Os procedimentos para sua utilização são bem diferentes.

A *NEGATIVO*

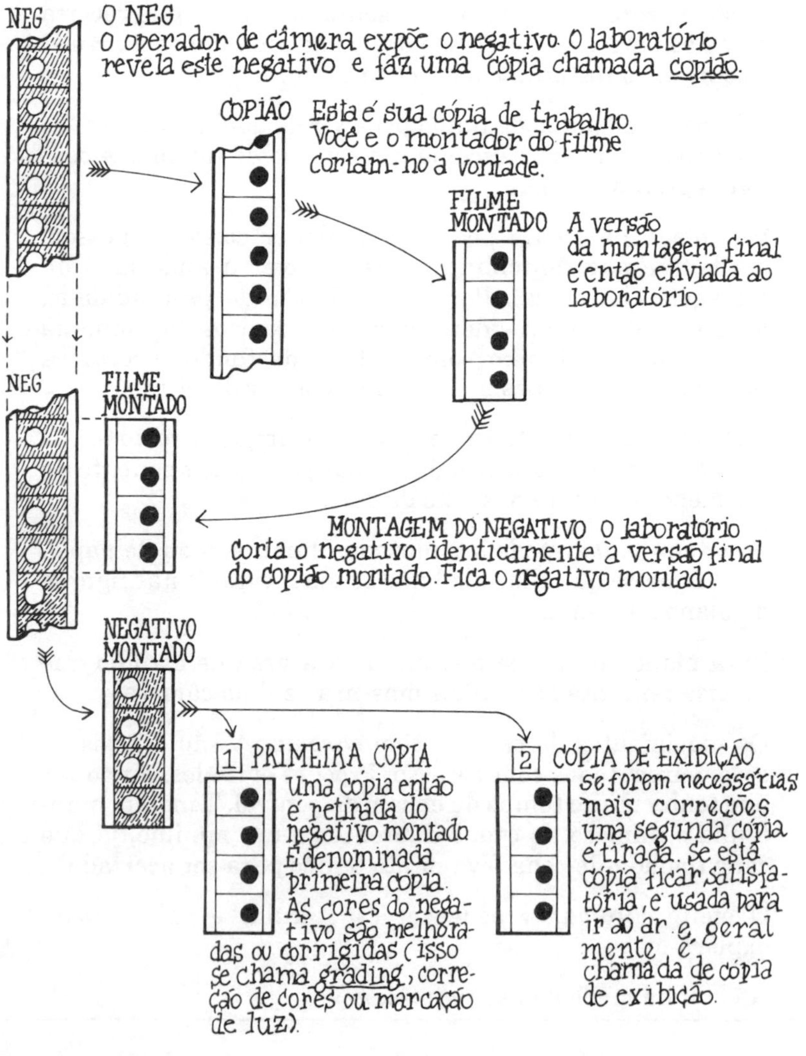

Você deve dar vários dias para o laboratório montar o negativo, corrigir as cores e produzir uma cópia de exibição. Obviamente, o negativo não é recomendável para filmes de jornalismo, por exemplo, que são levados ao ar tão rapidamente quanto possível. Em circunstâncias excepcionais, na realidade pode-se levar ao ar diretamente o negativo, mas isto não é bom porque corre-se o risco de danificar o frágil material de que é constituído.

B *REVERSÍVEL*

O filme reversível pode ser levado ao ar diretamente ou ser copiado.

(1) *Exibindo o Master*

O método de exibir diretamente é o seguinte:

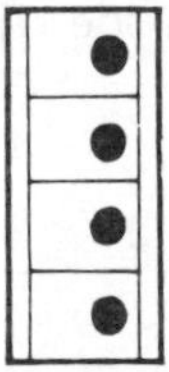

O filme que o operador de câmera expõe e manda revelar é chamado de master (ou original de câmera) e é o filme que será exibido.

vantagens de se exibir o *master*

Há duas vantagens em se exibir o *master*. A primeira é, lógico, a rapidez. O tempo de processamento para o reversível pode ser menor que quinze minutos, mais o tempo que leva para o filme passar pelas máquinas (que depende da velocidade que as máquinas estão rodando). Um bom laboratório de noticiário deve ser capaz de processar uma lata de 400 pés em menos de meia hora, se realmente houver pressa.

A outra vantagem de se exibir o *master* é o custo. Como somente um tipo de filme passa pelo laboratório uma única vez, os custos caem ao mínimo.

desvantagens de se exibir o *master*

Claro que há desvantagens também. Como você está exibindo o filme que realmente foi exposto pela câmera, não tem nenhuma oportunidade de corrigir as cores em laboratório e melhorar a imagem. Se você cortar a tomada durante a montagem e decidir repô-la, a imagem dará um salto naquele ponto. E, inevitavelmente, um filme reversível pega sujeira e riscos na sala de montagem, mesmo se manuseado com cuidado.

(2) *Cópia de reversível*

As desvantagens de se exibir o *master* diretamente podem ser evitadas se você tirar uma cópia antes. Então você usa essa cópia como *copião*, corta o *master* de acordo e exibe o *master* que, dessa forma foi poupado de desgaste na sala de montagem.

Ou, se houver tempo e custo disponíveis, quando você terminar, peça ao laboratório para fazer uma cópia de exibição com marcação de luz. Ela terá cores corrigidas e ficará sem emendas. Também dá para incluir fusões, letreiros sobrepostos e outros efeitos especiais, como na cópia feita de negativo. Neste estágio, a propósito, uma trilha sonora óptica pode ser adicionada.

Existem duas maneiras de se fazer uma cópia de filme reversível:

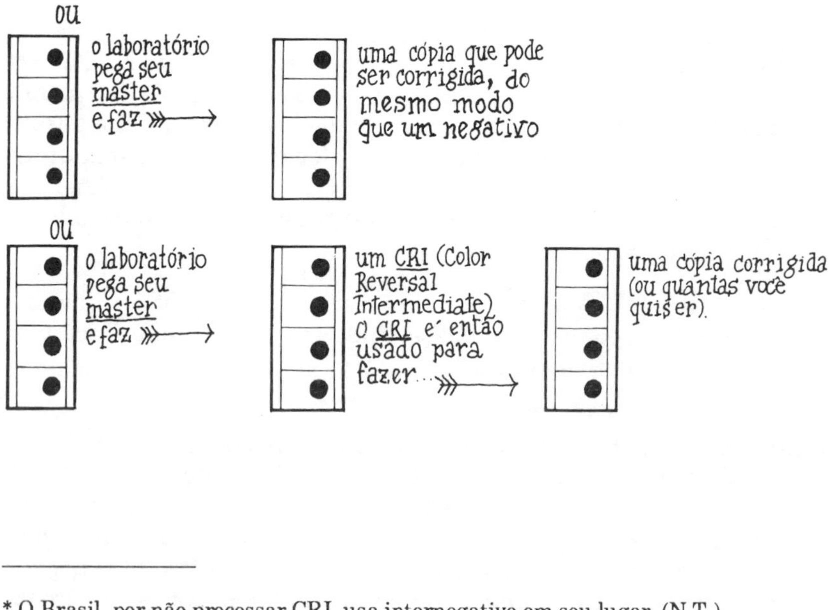

* O Brasil, por não processar CRI, usa internegativo em seu lugar. (N.T.)

A vantagem de tirar uma cópia diretamente do *master* é que sai mais depressa e mais barato. Mas se você quiser muitas cópias, o desgaste de seu *master* pode tornar-se sério e assim é preferível tirar um *intermediate* (ou internegativo). Note, entretanto, que não é possível enxertar cenas de uma cópia tirada diretamente do *master* no próprio *master* porque a emulsão (lado da película que contém o registro da imagem) não estará do mesmo lado e, portanto, aparecerão fora de foco na tela. O mesmo pode ser válido, algumas vezes, para tomadas de uma cópia tirada via CRI (ou internegativo). Este problema de verificar o lado certo da emulsão é complicado e você deve deixá-lo a cargo do montador do filme. Aliás, você pode descobrir qual o lado da emulsão porque ele brilha menos e gruda num dedo úmido.

mantendo o negativo e o reversível limpos

Se empregar o método direto de exibição, fica difícil manter limpos os *masters* e livres de riscos, ainda que cuidadosamente manuseados. Isto é verdadeiro principalmente se estiver montando um filme por mais que um dia. Se seu filme for precioso e se for impossível repetir a filmagem, uma boa idéia é ter uma cópia dele em vídeo, enquanto o *master* ainda está em boas condições; você deve fazer isso antes mesmo de enviar o *master* de volta ao laboratório para copiagem.

Manter o negativo limpo não é um grande problema, uma vez que você usa a cópia de trabalho na montagem e o original negativo nunca é manuseado, a não ser em condições de laboratório, na sala de montagem de negativo, isenta de poeira. Se a poeira depositar-se no negativo, prejudica muito a imagem, aparecendo como uma mancha branca na tela. A poeira no reversível aparece como mancha preta e é menos perceptível.

negativo ou reversível?

Então, que tipo de filme você deve usar: negativo ou reversível? A resposta depende do tipo de filme que você está realizando e de quanto tempo e dinheiro você dispõe para garantir a qualidade.

Para noticiários e filmes que têm de estar prontos em poucos dias, o reversível é claramente o indicado. Se for exposto corretamente, a qualidade deverá ser quase tão boa quanto a do negativo; se tirar uma cópia por CRI, o laboratório terá a chance de corrigir as cores. Se não estiver corretamente exposto (principalmente se superexposto) e se você não providenciar uma cópia, terá de confiar nas correções eletrônicas de cores (embora este trabalho possa não ser feito com precisão, a não ser que haja tempo para isto). Mas talvez a maior desvantagem do reversível seja que, quando é enviado para a filmoteca, está muito ruim para ser usado. Assim, uma emissora que só usa reversível, de fato, nunca vai montar uma filmoteca de boa qualidade.

O filme negativo, por outro lado, é a melhor escolha, se você estiver trabalhando num grande programa e tiver muito tempo para a edição. O procedimento do laboratório é concebido mais em função da qualidade do que de economia e velocidade. A definição de imagem é melhor no negativo, proporcionando cópias de melhor qualidade (as cópias de reversível ficam um pouco embaçadas).

Mas, no final, tudo leva a uma única questão: o dinheiro. Uma cena em negativo custa três vezes mais do que se usando um só *master* reversível para filmagem, montagem e exibição. O custo extra justifica-se no caso de sua produção?

SUMÁRIO DAS INSTRUÇÕES NÚMERO QUATRO

Filme negativo e filme reversível

O procedimento para o *negativo:*

— o operador de câmera expõe o negativo;
— o laboratório tira o copião;
— você monta o copião até ter o filme montado;
— o laboratório monta o negativo de acordo com o copião (filme) montado;
— em seguida tira a primeira cópia corrigida;
— se mais correções forem necessárias, o laboratório faz uma cópia de exibição;
— tanto a cópia de exibição como a primeira cópia são usadas para ir ao ar.

O procedimento para o *reversível*:

ou você monta e leva ao ar o *master*;

ou você copia o *master* diretamente (ou via *intermediate*), monta a cópia, monta o *master* de acordo e leva ao ar o *master*.

Sujeira no reversível aparece preta na tela.

Sujeira no negativo aparece branca na tela e é mais perceptível (todavia, mais fácil de se evitar).

Vantagens do *reversível*:
— rapidez;
— economia;
— boa qualidade, se trabalhado corretamente.

Desvantagens do *reversível*:
— se você levar o *master* ao ar não poderá corrigir cores (a não ser por tentativas eletrônicas);
— a imagem salta se você cortar uma cena e depois se arrepender, repondo-a;
— fica difícil manter um reversível livre de sujeira e de riscos.

As últimas duas desvantagens podem ser evitadas, fazendo-se uma cópia do *master*. Mas lembre-se de que você não pode enxertar cenas de cópias com cenas do master.

Vantagens do *negativo*:
— a qualidade de imagem tem prioridade sobre a rapidez e economia;
— as imagens são mais definidas e dão melhores cópias;
— o negativo raramente é manuseado e pode ser usado para montar um filmoteca de alta qualidade.

Desvantagens do *negativo*:
— leva mais tempo;
— maior custo.

Use o reversível para noticiários e filmes com limite de tempo.

Use o negativo para programas longos e filmes que possam ficar muito tempo na sala de montagem.

NÚMERO CINCO

ILUMINAÇÃO

Se você tivesse de selecionar o fator mais importante a respeito de imagens, seria bom escolher a luz. Porque imagens *são* luz. Câmeras de vídeo ou de cinema simplesmente são meios de captar a luz. Os transmissores de televisão são um meio de transmitir a luz. E o aparelho de televisão é um meio de reproduzir a luz. Assim, como produtor de vídeo, você precisa estar consciente a respeito da luz, porque, em última análise, ela é a matéria-prima com a qual está lidando.

É uma pena, então — já que a luz é um requisito tão fundamental — que o vídeo não se satisfaça com a maior parte da luz que nos ilumina todos os dias. Nossos olhos são mais sensíveis e, auxiliados pelo cérebro, mais seletivos do que a câmera. A maior parte da iluminação de interiores, por exemplo, foi projetada para o olho humano, e não para a câmera. Assim ela fica insatisfatória na tela de vídeo (você pode ver quão insatisfatória, semicerrando seus olhos). Pela mesma razão, a maior parte das paisagens parecem chapadas e decepcionantes na tela de vídeo: a luz do Sol não é própria para a câmera e você não pode ajudar a natureza iluminando a paisagem inteira. Quando você enfrentar esse problema, tente com o operador de câmera para ver se ele não se incomoda de levantar mais cedo para fazer a tomada-de-cena. A luz da alvorada fará a vista muito mais interessante para a câmera.

Para a maioria das locações em interiores, no entanto, você terá mais trabalho para modificar a luz existente e torná-la melhor na tela de vídeo. A situação que você enfrentará mais comumente é a entrevista com uma só câmera. A forma mais simples de iluminar o entrevistado é jogar uma luz direta nele vinda da frente, assim como o *flash* de uma máquina fotográfica. O resultado é puro cambalacho: um rosto lavado, destituído de detalhes, com uma forte sombra preta atrás dele. Os editores novatos algumas vezes têm de engolir esse tipo de imagem em suas ordens de serviço, mas eles devem fazê-lo com relutância e depois pedir explicações. Outros produtores jamais devem aceitar esse tipo de coisa.

Ao se falar a respeito de iluminação, não basta dizer que o trabalho do iluminador limita-se a providenciar a luz suficiente para captar a imagem. Também é uma arte, e uma arte muito própria do operador. De fato, não faz muito tempo que o operador chefe de grandes produções cinematográficas geralmente era chamado de operador de iluminação – isso demonstra a importância que os especialistas dão à iluminação. Assim, uma vez que você conversou com o operador de câmera sobre onde você quer fazer a entrevista, aponte alguns dos pontos principais que podem afetar a iluminação (um jeito de você manter um entendimento, talvez) e deixe-o à vontade para realizar seu trabalho.

iluminação de uma entrevista

Já que estamos falando de luz, não custa nada aprender um pouquinho sobre o procedimento usual para se iluminar uma entrevista. Para isso usam-se três luzes: uma luz principal ou luz chave, uma complementar e uma contra-luz. A principal é colocada na frente da entrevistada, do mesmo lado da câmera para a qual ela está olhando (isto minimiza a sombra no nariz). Ilumina de cima para baixo nela, mas não de muito alto (observe aquelas sombras nas pálpebras). Geralmente é uma luz dura, que dá sombras bem definidas, enfatizando as características da face. O lado do rosto mais afastado da luz principal agora ficará, comparativamente, escuro — ali é onde a luz complementar entra. É dirigida para o lado escuro da face da entrevistada, a fim de melhorar a iluminação daquele lado do rosto sem causar qualquer sombra dura. Assim, a luz complementar é suave

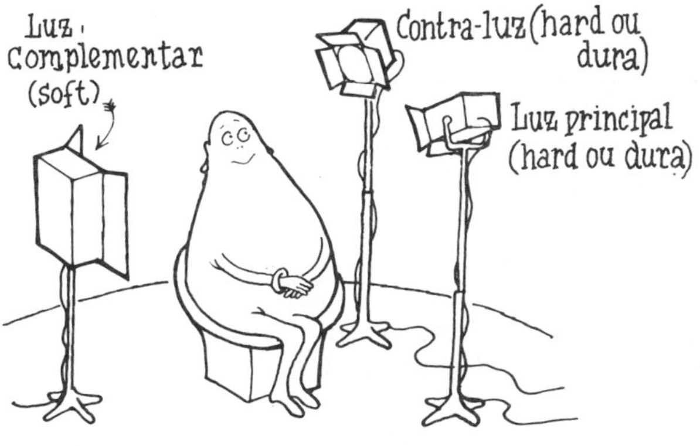

Iluminação de uma entrevista

(*soft*) (cujas sombras são indistintas). A contraluz é então posicionada de um dos lados e atrás da entrevistada, para destacá-la da parede de fundo e lhe dar um brilho extra nos cabelos. Geralmente a contraluz também é dura.

Este é o procedimento usual para iluminar uma entrevista, mas existem tantas variações quantos são os operadores. Alguns usam somente luzes do tipo dura, alguns gostam de pendurar luzes em paredes e tetos, alguns levam sombrinhas brancas à locação para atuarem como refletores portáteis de luz. Mas todos estes procedimentos são derivados, embora alguns sejam variações que guardam apenas uma pequena semelhança com o esquema básico; luz principal/complementar/contraluz.

Sua tarefa é decidir que tipo de luz você aprecia e se ela atende às suas necessidades. O melhor método de fazer isso é imaginar como a luz é capaz de contribuir para sua imagem.

A iluminação realça

O espectador é atraído em primeiro lugar para a parte mais iluminada da imagem. Assim, certifique-se de que lá está o principal centro de interesse e que não há muita concorrência com outros pontos brilhantes de luz. Algumas vezes, em programas de entretenimento, vê-se um cenário decorado com luzes que ofuscam tanto que constantemente desviam a atenção do artista em cena. Do ponto de vista do artista, é como tentar encenar uma peça frente a um farol de navegação, à noite – simplesmente não é possível. A iluminação deve sempre dirigir a atenção para o artista, não ofuscá-lo.

A iluminação cria o ambiente

Luzes brilhantes deixam as pessoas alegres, luzes indiretas fazem-nas sentirem-se melancólicas. Pense em fogos de artifício e iluminação do público em datas de festividades, o pôr-do-sol, quando o ritmo de atividade se torna mais lento na calada da noite, quando o perigo ronda. Evidentemente as pessoas são influenciadas pela luz. Você pode tirar proveito disso, já que proporciona a você um segundo atalho para as emoções do espectador (o primeiro atalho é a música). Defina que elemento na cena você quer enfatizar; numa entrevista em locação, por exemplo, você pode querer denunciar a reação de um executivo face a problemas (iluminação mais forte será requerida) ou de sua simpatia com assuntos de interesse público (certamente uma iluminação mais suave seria adequada). Observe as linhas do rosto do entrevistado: você quer destacá-las, ou quer torná-las menos perceptíveis? Tudo isso pode ser feito através da iluminação.

A iluminação dá profundidade

A tela de TV é bidimensional, a vida é tridimensional. A iluminação bem cuidada ajuda a recuperar a terceira dimensão. Se você iluminar o plano de fundo tão fortemente quanto o entrevistado no plano de frente, ele vai parecer uma figurinha colada num álbum. Diminua a iluminação do plano de fundo um pouco e instantaneamente a pessoa em cena deixa de parecer uma figurinha e começa a ser uma pessoa na terceira dimensão. A boa iluminação deu profundidade à imagem.

a fonte de luz

Existem ocasiões em que a direção das luzes, o ambiente e a profundidade parecem corretos, mas a imagem ainda não sai muito bem. Está na hora de rever a fonte de luz.

Quando estiver em externas, o Sol é a fonte de luz e você tem uma sombra. Quando estiver em interiores, pode haver várias fontes de luz dando várias sombras e se todas elas parecem ser igualmente importantes, o efeito pode tornar-se confuso. Converse com o operador de câmera sobre o melhor local para a fonte de luz principal. Se você tiver uma fonte de luz óbvia na cena (tal como uma janela ou uma lâmpada normal), a luz pode ser arranjada de tal forma que pareça vir dessas fontes visíveis; em outras palavras, o lado do rosto mais afastado da janela ou da lâmpada aparecerá menos iluminado. O espectador então vê que a luz tem uma fonte aparente e faz sentido que apareça daquele jeito. Se não tiver uma fonte óbvia, está livre quanto à direção que deseja para sua fonte aparente de luz. A luz geralmente vem de algum lugar (e não de toda a parte) e para tornar a imagem mais real, selecione uma fonte aparente para a cena, ainda que a luz esteja, na verdade, vindo de diferentes direções.

Luz mista

A luz do dia é azulada, a luz artificial é amarelada. Se tiver uma cena em interiores que contenha luz do dia com luz artificial, as cores sairão distorcidas, a não ser que o iluminador tome providências para corrigi-las.

Geralmente ele faz isso colocando filtros azuis nas lâmpadas, para que a luz artificial pareça-se com a luz azulada do dia (seus olhos não notam muita diferença, mas a câmera sim). A instalação de filtros nelas não é difícil, mas toma um pouco de tempo e diminui a quantidade de luz proveniente das lâmpadas. Por seu lado isto restringe a área que você consegue iluminar com eficácia. Uma alternativa para o iluminador é filtrar a luz do dia colocando filtros alaranjados nas janelas, mas outra vez isso leva tempo e diminui o nível geral de iluminação.

Portanto, se tiver pressa, é uma boa idéia arrumar uma forma de contornar o problema. A mais comum é fechar as cortinas ou as janelas, excluindo a luz do dia da sala e da cena. Ou então mudar sua cena para um canto que não tenha janela.

iluminação em estúdio

A iluminação de estúdio é, por um lado, mais fácil e, por outro, mais difícil. É mais fácil porque o estúdio de TV costuma ter um grande número de luzes disponíveis (na locação o maior problema costuma ser que você não tem luz suficiente). É mais difícil porque a maior parte do trabalho num estúdio é feita em seqüência contínua e assim você não consegue fazer as mudanças de luzes necessárias para cada tomada-de-cena.

A maior parte da iluminação de estúdio tem, portanto, de ser um meio-termo entre as exigências de cada câmera. Você, diretor, pode ajudar pedindo aos artistas para manterem-se afastados das paredes e outros objetos dependurados do cenário (que sempre dão problemas de sombras), dando espaço para o microfone *boom* debaixo de luzes *soft* (outra vez para minorar os problemas de sombras), certificando-se de que os *sets* não estão com pregos demais para serem iluminados, sendo capaz de discutir os problemas em profundidade com o supervisor de iluminação na reunião de planejamento, e, acima de tudo, sabendo o que quer da iluminação.

Realmente, essa é a chave para a iluminação: saber o que você quer. O modo de fazer isso é habituar-se a observar a luz ao seu redor — no exterior e no interior, no fim do dia, ao amanhecer, à noite, em dias ensolarados e em dias nublados e dias que não são nem uma coisa nem outra. Feche um pouco seus olhos para ver o tanto de detalhes que sua câmera vai deixar de captar. Imagine o que a luz está fazendo para a cena à sua frente e como ela poderia ser modificada com uma alteração de luzes. Não se esqueça de olhar para a iluminação de outros programas e filmes, em fotografias e em pinturas. E também de olhar para as sombras – elas contribuem criativamente, tanto quanto a luz. A arte de iluminar para a câmera também é a arte de produzir sombras.

SUMÁRIO DAS INSTRUÇÕES NÚMERO CINCO

Iluminação

A luz normal do dia é suficiente para os olhos, mas não para o vídeo. Você tem de aceitar externas com luz natural. Nas cenas em interiores você pode e deve modificar a luz existente.

As entrevistas normalmente são iluminadas usando-se:

— uma luz principal (dura) para relevar características faciais;

— uma luz complementar (*soft*) para elevar o nível da iluminação no lado do rosto mais afastado da luz principal e

— uma contraluz (dura) para dar profundidade e acrescentar brilho aos cabelos.

Verifique a iluminação levando em consideração:

— direção das luzes: dirigem a atenção do espectador para onde você deseja?

— Ambiente: a iluminação está dando o toque certo?

— Profundidade: a iluminação torna sua imagem tridimensional?

— Fonte: a luz tem uma fonte aparente?

Luz Mista
A luz do dia é azulada, a luz artificial é amarelada. Se você tiver luzes mistas em cena, o iluminador terá de instalar filtros nas lâmpadas ou nas janelas. Isso leva tempo, diminui o nível de iluminação e a área que pode ser iluminada. Você pode evitar isso fechando as cortinas ou mudando para um local afastado da janela.

Iluminação em estúdio
A iluminação em estúdio deve ser planejada em detalhes porque não haverá tempo de tornar a modificá-la a cada tomada-de-cena. Auxilie o supervisor de iluminação

— mantendo os artistas afastados das paredes de fundo e objetos dependurados;

— dando espaço para o microfone *boom* sob luzes do tipo *soft*;

— certificando-se de que os *sets* não estão com muitos pregos;

— dando um resumo completo na reunião de planejamento;

— sabendo o que você quer.

Aprenda a apreciar a luz observando-a (e as sombras que ela produz).

NÚMERO SEIS

SOM

Feche seus olhos e ouça os sons ao seu redor. Primeiro escute os ruídos mais fortes e imagine de onde eles estão vindo. Depois despreze-os e escute os sons mais distantes que consegue (pássaros? trânsito? avião?). Depois de algum tempo, concentre-se nos sons mais próximos de você (rádio ligado? Uma brisa? Gente falando? Relógio fazendo tique-taque?). Finalmente escute os sons de seu próprio corpo. Dá para escutar sua respiração?

Você acaba de fazer o que nenhum microfone consegue: ou seja, escolher o som que deseja captar. Seus ouvidos, como seus olhos, podem ser controlados pelo cérebro para se concentrarem em certas coisas e desprezar outras (imagine como você é capaz de distinguir a voz de determinada pessoa, conversando com você no meio de uma multidão, numa festa). Microfones, por sua vez, parecem mais uma rede de pesca. Eles captam todo o som que estiver ao seu alcance.

Os microfones, portanto, precisam ser cuidadosamente escolhidos para o seu programa. Essa é, de fato, a tarefa para os sonoplastas e operadores de microfones que conhecem a forma e o tamanho da "rede de pesca" de cada microfone.

tipos de microfones

Alguns microfones captam sons de todos os lados — são conhecidos como omnidirecionais. Outros, os sons vindos da frente. Outros, sons vindos da frente e de trás — são conhecidos como microfones bidirecionais ou em forma de " 8". E o microfone direcional, provavelmente o mais usado fora do estúdio, capta o som somente da direção que estiver apontando.

Isso tudo encontra-se no campo de especialidade dos sonoplastas e dos operadores de microfones. O que você deve decidir, para dizer a eles, é o que você deseja ouvir. Quando estiver gravando uma entrevista em locação, você quer ouvir as perguntas do entrevistador ou elas serão substituídas, posteriormente, por uma locução? Ou, no caso de um musical, quanto você quer ouvir dos aplausos da platéia?

microfones direcionais Alguns microfones apresentam vantagens e desvantagens específicas, das quais você precisa estar ciente. O direcional é uma maravilha para excluir ruídos indesejáveis. Mas também é tão direcional que se não for apontado exatamente para onde você quer (por exemplo, o entrevistado), a gravação acabará sendo inutilizada pelo ruído de fundo (a avenida movimentada atrás dele).

microfones de lapela O microfone de lapela, também conhecido por *lavalier* (de Madame de la Vallière, uma senhora da corte francesa na época de Luís XIV, famosa por suas jóias próprias para o pescoço), é ótimo para entrevistas paradas, mas pode captar ruídos de roupas, se seu portador movimentar-se demais. O cordão que vai ao redor do pescoço e o cabo do microfone devem ser mantidos afastados da visão da câmera. Mas se quiser que o entrevistado se movimente, é melhor usar um microfone direcional, quando em locação, e um microfone com *boom*, no estúdio.

microfones externos de mão Microfones externos, de mão (cardióide), também proporcionam mais liberdade de movimentação, mas você deve deixar as pessoas ensaiarem com eles, antes de portá-los frente à câmera. Geralmente eles captam o som de uma área muito restrita e são necessários alguns minutos de uso para descobrir-se a melhor posição de segurá-los e o melhor jeito de manusear o cabo.

microfones sem fio Os "sem fio" dão maior liberdade de movimento. Equipados com um microtransmissor, que a pessoa oculta em seu bolso, permitem andar aonde se quiser dentro do limite do transmissor e sem quaisquer cabos aparecendo. Os microfones sem fio são igualmente eficazes no estúdio ou em locação. Mas algumas vezes não se consegue usá-los perto de aeroportos ou de bases militares, devido a interferência nas rádio-freqüências.

planos sonoros Os microfones sem fio levantam uma outra característica a respeito do som, na qual vale a pena pensar: o plano sonoro. Com um microfone sem fio é possível ver uma pessoa em plano geral e ouvi-la em *close-up* (tão claramente como se você estivesse à sua frente). Obviamente se você estiver gravando ou filmando alguém escalando um barranco, este efeito pode ficar dramático demais. Mas que tal uma pessoa gritando por socorro no meio de um grande armazém deserto? Você deseja ouvir a voz dela em *close-up* ou dando eco? Não há regras sobre qual opção fica melhor. Mas não se esqueça de que na maioria das situações você tem a escolha de planos sonoros e pode empregá-los a seu favor.

microfones em cena Na prática, uma grande parte do tempo será despendida preocupando-se com algo menos artístico do que o plano sonoro, mas não menos importante: o problema de manter os microfones e suas sombras fora da imagem. Existem convenções rígidas sobre quais os microfones aceitos em cena e quais não são. Microfones em pedestal (tanto em cima de mesas como no palco), de mão, e (mais recentemente) microfones de lapela com grampo prendedor na gravata (ou lapela), são aceitáveis. Outros não. Pode tornar-se complicado fazer o operador de microfone chegar perto o suficiente sem que o microfone ou sua sombra entre em quadro. Não se preocupe se o microfone aparece e desaparece da cena enquanto você prepara uma tomada na locação ou no estúdio. É apenas o operador de microfone tentando chegar o mais perto possível da cena com o microfone, sem que este seja enquadrado pelas câmeras. Mas se o microfone estiver em cena quando você for iniciar a gravação, pergunte ao sonoplasta se está com algum problema.

som ambiente Finalmente, um ponto sobre gravar o som (ruído) ambiente (isto é, som direto, mas sem rodar a câmera ou o VT). Procure ter certeza de que seu operador de áudio grave pelo menos um minuto de som ambiente em cada locação visitada – o editor precisará dele para cobrir algum pequeno trecho difícil na trilha sonora sincronizada. Cada locação possui seu som peculiar e leva menos tempo para ser gravada no local do que ficar procurando alguma coisa na discoteca mais tarde. Mesmo locais quietos como museus e estúdios de gravação tem seu "silêncio" característico.

SUMÁRIO DAS INSTRUÇÕES NÚMERO SEIS

Som

Os microfones não são capazes de selecionar o som a ser captado. Mas o tamanho e a forma da sua rede de captação variam. Ajude o sonoplasta e os operadores de microfones a escolherem o microfone certo dizendo claramente, o que você quer ouvir.

Os microfones direcionais (canhão) têm de ser apontados com precisão.

Os microfones *lavalier* (lapela) produzirão ruídos se a pessoa movimentar-se demais.

Os microfones de mão requerem prática para serem utilizados com sucesso. Os microfones sem fio permitem maior liberdade de movimentos.

Não se esqueça dos planos sonoros que podem ser usados a seu favor.

Manter os microfones e suas sombras fora da cena pode ser trabalhoso.

Grave um minuto de som ambiente em cada locação.

NÚMERO SETE

OBJETIVAS

Zooms

A objetiva *zoom* é a mais encontrada não só nas câmeras de *broadcasting*, mas também de cinema e de vídeo. Oferece a vantagem de um jogo completo de objetivas, graças a sua capacidade de variar sua distância focal.

distâncias focais e ângulos de visão A distância focal é a distância entre a objetiva e o filme (ou, no caso de uma câmera de vídeo, entre a objetiva e os tubos ou tubo de imagem). Você pode ver, pelo diagrama, que quanto mais curta a distância focal, maior é o ângulo de visão.

É costume referir-se a uma objetiva *zoom* através da relação entre o maior e o menor ângulo de visão: assim, uma objetiva com um ângulo de 50^{0} em grande-angular e com 5^{0} em tele objetiva é uma *zoom* de 10:1 (e se diz "*zoom* de dez para um").

Com uma filmadora cinematográfica é mais comum falar-se em distância focal do que em ângulo de visão, mas o princípio é o mesmo. Uma objetiva *zoom* de curta distância focal (de 12 milímetros) e uma de longa distância focal (120 mm) também é conhecida como de 10:1 (embora, pela lógica, talvez se devesse dizer 1:10)*. Você pode ter *zooms* de variadas combinações — desde 6:1 até 20:1.

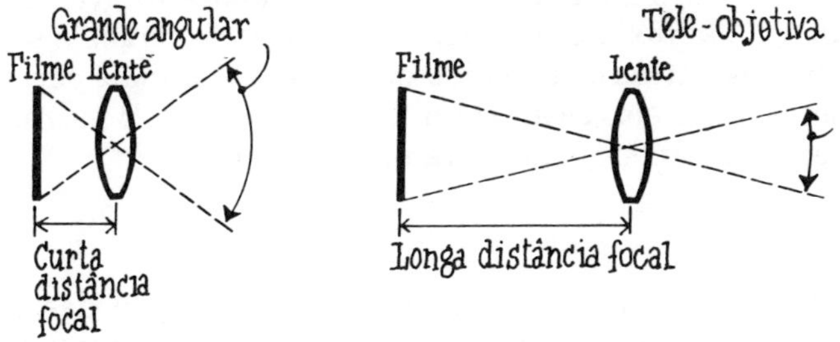

* No Brasil, costuma-se dizer *zum* de "dez vezes". (N.T.)

fazendo uso da distorção da lente

Que tal usar essa informação a respeito das *zooms*? O primeiro ponto é compreender que a *zoom* distorce a imagem em ambas as extremidades de distâncias focais mínima e máxima. A imagem é quase natural na distância focal central. Em grande-angular, a *zoom* faz o plano da frente e o de trás parecerem mais separados do que realmente são, e a velocidade de alguma coisa aproximando-se da objetiva ou dela se afastando fica exagerada. Na extremidade oposta, o efeito da objetiva assemelha-se a olhar por um telescópio: vê-se somente uma porção muito pequena do cenário completo e o plano da frente e o de fundo parecem estar muito próximos, dando à imagem uma aparência chapada e tornando o movimento na direção da câmera muito vagaroso. O plano de fundo também fica fora de foco. Pode-se usar este efeito ao filmar, por exemplo, um atleta correndo na direção da câmera — o efeito chapado fará parecer que ele corre numa mancha e concentrará a atenção do espectador no seu esforço para realizar a corrida. Mas não deixe de usar o tripé: o menor tremor de câmera transforma-se em grande terremoto na tela.

A diferença entre aproximação (afastamento) e zoom

A imagem do homem parecendo correr numa mancha (v. página seguinte) é a chave para se compreender a diferença entre aproximação e o movimento de *zoom*. A objetiva *zoom* dá um plano mais fechado, estreitando o ângulo de visão; a aproximação oferece um plano mais fechado, movimentando a câmera mais perto, sem mudar o ângulo de visão. Assim a *zoom* torna as coisas mais chapadas, deixa o cenário de fundo fora de foco e torna mais lento o movimento aparente (como descrito acima). A aproximação faz as coisas parecerem mais separadas umas das outras e, à medida que você chega mais perto de dois objetos, mais eles se afastam. Como resultado, o movimento na direção da câmera aparecerá mais rápido.

"Macro"

A objetiva *zoom* normal, que equipa a maioria das câmeras, provavelmente lhe dará o tamanho de *closes* de que você precisa; a maioria delas é capaz de preencher a tela com a imagem de uma caixinha de fósforos. Mas se você desejar um *close-up* de alguma coisa realmente pequena (tal como encher a tela com o

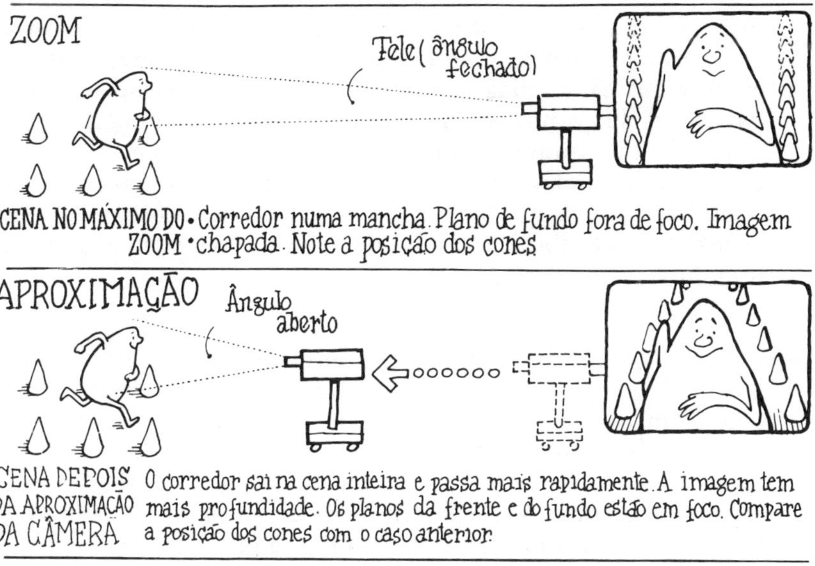

A diferença entre um movimento de *zoom* e uma aproximação de câmera (*travelling*)

desenho no rótulo da caixinha de fósforos), você pode não conseguir fechar em *close* o bastante, sem perder o foco.

A facilidade do uso da lente "macro" na maioria das câmeras de vídeo deve dar o tipo de plano que você deseja. Em cinema, você deve pedir uma lente de aproximação, um acessório que se encaixa na lente frontal da objetiva *zoom* e que permite fechar bastante o plano e permanecer em foco. Leva poucos minutos para montá-la, mas vale o trabalho, se você quer a cena.

grande-angular *Outras lentes*

A versatilidade da *zoom* dá a você todos os tipos de planos necessários para a maioria das produções do dia-a-dia. Mas vale a pena ver as outras lentes de que você dispõe. As grandes-angulares (de curta distância focal) são capazes de dar um plano de muito efeito em espaços limitados (uma cozinha pequena, por exemplo) e também resultados excelentes em paisagens, ou ao se focalizar altos edifícios de baixo para cima. Quanto maior for a grande-angular da objetiva, mais ela tenderá a distorcer a imagem nas bordas — nota-se isto principalmente quando você introduz um movimento de câmera na cena, mas o efeito pode ser interessante. Outra vantagem da grande-angular é que geralmente é mais eficiente que uma tele quanto à luz que transmite à câmera; é o que chamam de objetiva altamente luminosa. Assim, em situações onde haja pouca luz para a *zoom* (pouco luminosa), algumas vezes pode-se obter uma imagem aceitável com a grande-angular.

tele No outro extremo encontram-se as teles de tamanhos variados, algumas delas tão compridas que possuem um pequeno suporte de apoio. Estas, com uma distância focal entre 200 e 1.000 mm, ou mais, são geralmente difíceis de se usar. Elas são menos eficientes quanto à luz que transmitem à câmera (em outras palavras, são objetivas pouco luminosas) e, portanto, requerem um dia ensolarado para serem utilizadas. Mas se estiver calor, o vapor de superfície pode obscurecer a imagem; embora o efeito possa ser atraente para uma tomada ou duas, logo se torna cansativo. Uma brisa também pode fazer a objetiva tremer, o que causa um tremor exagerado na imagem. Muito embora a tele sirva para uma locação onde você não tenha pressa.

Diafragma F e profundidade de campo

A última coisa que você deve conhecer a respeito de objetivas é o número *f* (diafragma) e sua relação com a profundidade de campo. Imagine que a objetiva seja como a janela de um quartinho (com uma só janela). É óbvio que quanto maior a janela, mais luz entrará no quarto. Já vimos que todas as objetivas têm uma distância focal – no caso do nosso quarto, a distância focal seria a distância entre a janela e a parede oposta.

Se você deseja estimar o quanto as objetivas, quando totalmente abertas, transmitem de luz para a câmera (em outras palavras, você quer saber a luminosidade da objetiva), pode calcular a razão do tamanho de cada objetiva em relação a sua distância focal (o quociente entre o tamanho da janela totalmente aberta e a distância dela até a parede oposta). Assim, se uma objetiva tiver 25mm de diâmetro e uma distância focal de 70mm, podemos dizer que têm uma razão de 25:70, o que é igual a 1:2,8 (dividindo ambos os termos por 25). Esta razão

1:2,8 constitui, de fato, o número *f* desta objetiva em particular, quando totalmente aberta, e você o encontra gravado no corpo da objetiva (geralmente como *f*2.8). Esta é a luminosidade normal para uma lente normal; as teles geralmente são muito menos luminosas e as grandes-angulares, mais luminosas. Você pode comprar objetivas especiais que são realmente muito luminosas, mas custam uma fortuna. Em termos gerais, quanto mais luminosa for a objetiva, mais caro ela custa.

O número *f* também é conhecido como "abertura máxima". Muitas objetivas também trazem um número *T* gravado, que informa ao operador sobre sua eficiência em transmitir luz — sempre há uma ligeira variação, mesmo em objetivas de desenho idêntico.

Pontos f

Os pontos *f* (ou aberturas) geralmente são calculados, de tal forma que cada ponto reduz a quantidade de luz à metade do ponto precedente.

número *f*	1.4	2	2.8	4	5.6	8	11	16
quantidade de luz entrando	1	1/2	1/4	1/8	1/16	1/32	1/64	1/128

Portanto, a luz que entra na lente no ponto *f* 2 é metade da luz que entra no ponto *f*1.4.

jogando com o foco

O operador de câmera pode alterar o número *f* de uma objetiva, aumentando ou reduzindo a quantidade de luz transmitida à câmera — diz-se que ele está "mudando o diafragma". Esta necessidade não diz respeito a você em particular, exceto pelo fato que você deve compreender que quanto menor o número *f*, menor será a área de imagem na qual tudo estará em foco. Isto se aplica principalmente a filmadoras; as câmeras de vídeo modernas eletronicamente reforçam o contorno de tudo o que elas vêem e assim o efeito se torna menos notado.

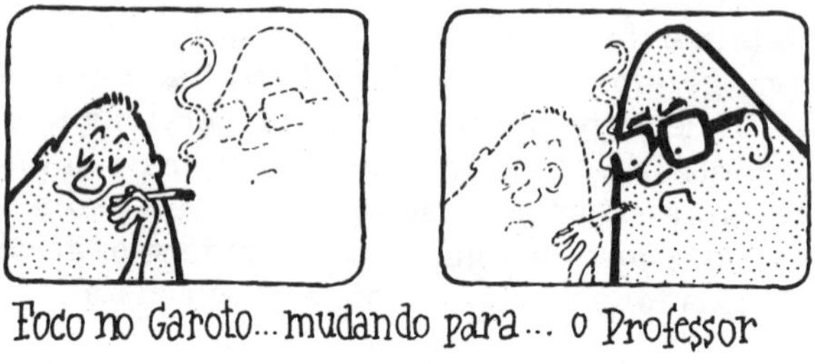

Passando o foco

profundidade de campo

Esta área onde tudo fica em foco é conhecida como profundidade de campo. Você está mais propenso a obter uma pequena profundidade de campo, quando usa a posição tele da *zoom*, do que quando usa um baixo número *f*. Mas não tema, algumas vezes você pode usar uma pequena profundidade de campo para fazer o que é conhecido como "jogo de foco" ou "mudança de foco". Suponha que você tenha um *close-up* de um estudante acendendo um cigarro. Atrás dele a imagem está desfocada. O operador de câmera de repente passa o foco do perfil do menino para o fundo, tornando mais nítida a imagem de um professor em atitude de repreensão. Pode-se obter assim um efeito dramático.

SUMÁRIO DAS INSTRUÇÕES NÚMERO SETE

Objetivas

Zooms

A objetiva *zoom* é a mais útil porque varia sua distância focal.

Quanto mais curta a distância focal, maior seu ângulo de visão.

Quanto mais longa a distância focal, mais estreito seu ângulo de visão.

As objetivas *zoom* são identificadas pela relação do seu ângulo mais largo com seu ângulo mais estreito. Assim, uma *zoom* com grande-angular de 50° e um ângulo estreito de 5° é conhecida por *zoom* de 10:1 (ou zoom de "dez vezes").

As objetivas *zoom* dão sua imagem mais natural na parte central. No extremo grande-angular,
— a distância entre o plano de fundo e o da frente é exagerada,
— a velocidade de qualquer coisa se movendo em direção à câmera exagerada.

No extremo teleobjetiva,
— você vê apenas uma pequena porção da cena (como se estivesse olhando através de um telescópio),
— a imagem aparece "chapada",
— o movimento em direção à câmera parece muito vagaroso,
— o cenário de fundo fica fora de foco.

Use estes efeitos a seu favor (a cena do atleta se aproximando da câmera). Mas certifique-se de que o operador esteja usando um tripé.

Diferença entre aproximação e movimento de zoom.

O movimento de *zoom* dá uma pequena parte da cena, com todas as distorções mencionadas acima.

A aproximação distorce menos. Os objetos parecem mais distantes uns dos outros quando você aproxima a câmera deles.

Macro

Use "macro" para dar um verdadeiro *close* em objetos minúsculos, sem perder o foco.

Outras lentes

As grandes-angulares distorcem nas bordas. O movimento de câmera conduz a atenção para essa distorção, mas pode tornar-se interessante. As grande-angulares transmitem melhor a luz e, algumas vezes, pode-se obter uma imagem aceitável com elas, quando houver luz deficiente para a *zoom*.

As teles precisam de boa luz, nenhum vento e nem muito vapor de superfície.

Diafragma e profundidade de campo

O número *f* ou abertura é a relação entre o tamanho da objetiva e sua distância focal.

O número *f* da objetiva, quando totalmente aberta, é conhecido como a luminosidade da objetiva. Quanto mais alto o número *f*, maior a profundidade de campo (a área onde tudo permanece em foco).

Quanto mais baixo o número *f*, menor a profundidade de campo, que também diminui com o ângulo de visão. Você pode usar isso a seu favor, "passando" ou "mudando" o foco.

NÚMERO OITO

CONVENÇÕES NO USO DA CLAQUETE

Você sempre deve usar uma claquete durante a filmagem, mesmo se não estiver gravando com som direto, ou se estiver usando vídeo ou filme com banda magnética (onde o som é gravado sobre o próprio filme e, portanto, está sempre em *sinc*). Nestas ocasiões você deve colocar uma claquete na frente de cada fita ou rolo de filme e uma no início de cada *take* (tomada). Isto porque a primeira função da claquete é identificar os *takes* na fase de edição (ser capaz de indicar o começo e o final de cada *take*, enquanto se passa o filme ou a fita de vídeo em alta velocidade, economiza um bocado de tempo). A segunda função, claro, é providenciar um ponto de sincronismo para a gravação do som feita à parte.

Aqui estão as diferentes formas de usar a claquete.

Para cada take *com som direto*

Segure a claquete na frente da câmera, leia os números da cena e do *take* e desça o braço da claquete. Se estiver usando a claquete para identificar os *takes* em vídeo ou em filme com pista magnética, você não precisa bater o braço da claquete. Embora alguns diretores prefiram fazê-lo, já que isto deixa as pessoas concentradas. Não bata a claquete na cara das pessoas — não é educado nem ajuda em nada.

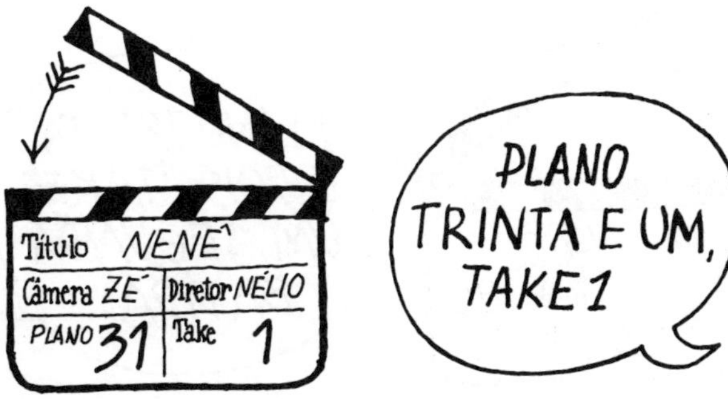

Claquete de final
Se você não colocar a claquete no começo do *take*, ponha-a no fim — porém de cabeça para baixo. Use as claquetes de final quando estiver filmando pessoas (ou animais) que possam ficar desatentos com o ato de bater claquete no começo da cena.

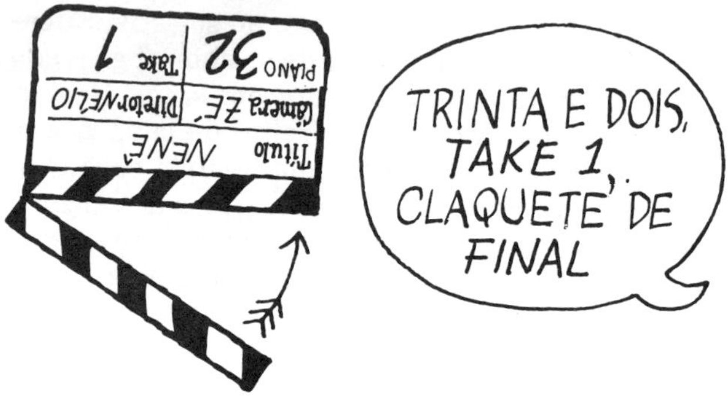

Note que as claquetes de final tomam mais tempo do montador para serem sincronizadas (ele precisa passar o filme três vezes em vez de uma). Portanto, não as utilize com freqüência.

Segunda batida
Se por alguma razão o operador de câmera ou o técnico de som perdem a primeira batida, eles podem pedir para repetir. Leia o número da cena e do *take* e em seguida diga "segunda batida".

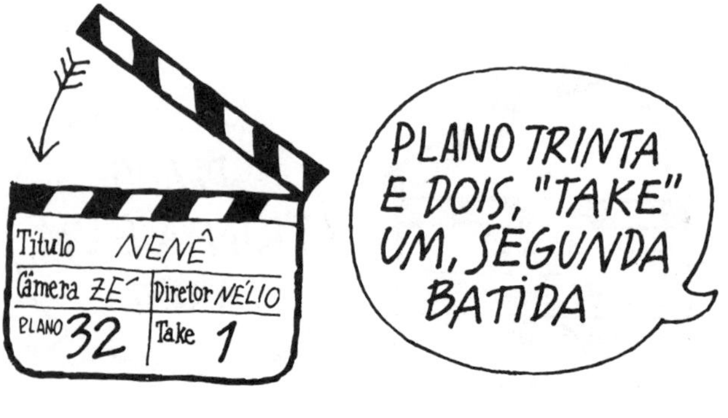

Filme mudo
Se não estiver gravando com som direto, segure a claquete aberta na frente da câmera sem batê-la. Uma claquete servirá para um grupo de tomadas-de-cena consecutivas, sem som direto.

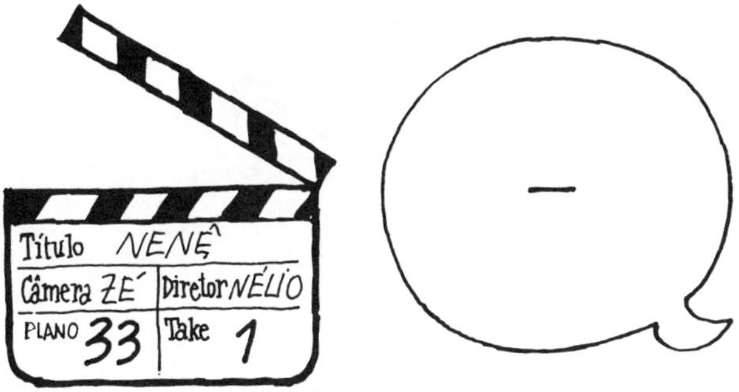

Claquetes de final em cenas mudas
Use o mesmo procedimento para filme mudo, mas segure a claquete de cabeça para baixo.

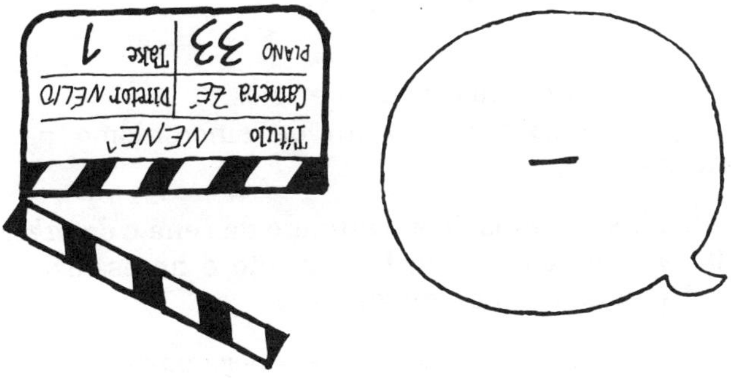

Teste de microfone
Em algumas ocasiões formais, durante um discurso ou uma missa, por exemplo, pode não ser possível usar a claquete sem interromper a cerimônia. Mas você ainda deseja som direto sincronizado e o montador precisará de um ponto de sincronismo.

Nestas ocasiões, use um tapinha no microfone. Faça uma *pan* para o operador de áudio (ou peça-lhe que entre em cena) e solicite que bata delicadamente no microfone. Isso causará um ruído na trilha sonora, que o montador utilizará para sincronizá-la com o filme.

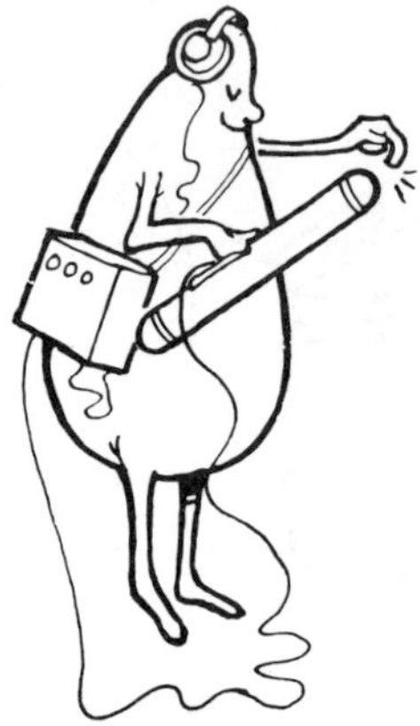

SUMÁRIO DAS INSTRUÇÕES NÚMERO OITO

Convenções no uso da claquete

Use a claquete
— para identificar todas os *takes* e rolos,
— para providenciar um ponto de sincronismo para o montador.

Para tomadas normais, leia o número da cena e do *take*, em seguida bata a claquete (a batida não é necessária para vídeo e filmes com banda magnética).

Para claquete de final, segure-a de cabeça para baixo.

Para cenas mudas, não bata a claquete.

Use batidinhas no microfone quando não puder utilizar a claquete.

NÚMERO NOVE

DECLARAÇÕES DE POPULARES (O POVO FALA)

Qual a opinião do povo?

É uma questão que deve ser levantada regularmente para o pessoal de produção, só para lembrar que os espectadores são o povo e a opinião pública é, por isso, importante.

Que tal incluir alguma opinião pública na produção? Realmente deixar o público manifestar-se? Certamente causaria uma pausa agradável depois das opiniões de todos aqueles *experts* e autoridades.

Mas, como fazer? Entrevistar um porta-voz? Vários? Entrevistas consomem o tempo da televisão, mais do que o disponível, então...

Às vezes, nestes casos, você deve usar a técnica das declarações de populares. É conhecida como *vox populi*, que em latim quer dizer "a voz do povo". A receita é: decida-se sobre a pergunta a formular (Os idosos devem ter passagem gratuita nos ônibus? O que você acha da mini-saia? Na sua opinião, temos feriados demais?). Vá para a rua com uma equipe e faça a pergunta para cerca de dez pessoas (escolha tanto homens como mulheres, jovens, idosos e pessoas de meia-idade). Depois edite as respostas, cada uma seguida da outra. Isso é "O povo fala".

A edição é fase importante. Você não precisa usar a formulação da pergunta mais do que uma vez na edição final. E não precisa passar todas as respostas por completo. Em vez disso, observe as respostas com muita atenção e selecione a parte mais significativa — na maioria das vezes, duas ou três sentenças, algumas vezes duas ou três palavras. Isso é, de fato, muito importante; quanto mais sintético mais poderoso o *vox populi*. Não é muito difícil, já que você não tem de se preocupar com continuidade ou *inserts*. Note que você não precisa filmar quaisquer *inserts*; pode simplesmente cortar de uma pessoa para outra.

Claro que você não precisa mostrar todas as entrevistas gravadas, nem mostrá-las na ordem em que foram gravadas. Edite-as de tal forma que cada resposta ressalte ainda mais a seguinte, e não se esqueça de deixar uma ótima para o fim. Alguns diretores gostam de assegurar que cada colaborador para o *vox populi* olhe para o lado oposto em relação à cena precedente (assim os entrevistados aparecem olhando ora à esquerda, à direita, e assim por diante). Eu acho que é muito mais importante deixar o conteúdo das respostas ditar a ordem da edição.

Quando entrevistar, você pode, é lógico, reformular a questão, como quiser. Se a primeira resposta não for muito boa, faça a pergunta de outra forma; é seu trabalho fazer uma pergunta interessante e algumas vezes isto pode levar um tempo, até conseguir formulá-la para o entrevistado. Isto acontece, principalmente quando você estiver conversando com crianças.

Se estiver se dirigindo a um grupo de pessoas e muitas responderem ao mesmo tempo, escolha uma delas para falar primeiro, diga ao operador de câmera e ao técnico de som quem é, e depois espere até que eles a enquadrem, antes de começar. Ambos precisam de alguns segundos para se locomoverem até o próximo entrevistado; se você passar rapidamente de uma pessoa para outra, eles não terão jeito de acompanhá-lo.

E isso é tudo para o "povo fala". É uma técnica simples, que se for bem executada dará de 1,5 a 2 minutos de programa cheio de vida. Não o prolongue, já que um dos grandes trunfos do *vox populi* é promover uma mudança de ritmo em relação às outras seqüências. As declarações de populares podem, é claro, abordar assuntos sérios, mas são mais utilizadas pelo seu valor de entretenimento. Pelo menos um dos programas de grande audiência na Inglaterra deve grande parcela de seu sucesso por fazer o público dar boas risadas das declarações dos populares.

SUMÁRIO DAS INSTRUÇÕES NÚMERO NOVE

Declarações de populares (o povo fala)

Deixe populares se manifestarem fazendo a mesma pergunta para dez pessoas e editando a parte mais importante de cada resposta, estabelecendo uma seqüência.

Quando entrevistar, reformule a pergunta, caso isto seja necessário para obter uma resposta satisfatória.

Se entrevistar um grupo, dê tempo para a equipe focalizar cada novo entrevistado.

O *vox populi* pode ser usado tanto para programas mais sérios como mais leves.

NÚMERO DEZ

DECLARAÇÕES À CÂMERA

As declarações para a câmera (também conhecidas pelo nome de "vivo" precedido do nome da pessoa que fala) devem, em geral, ser feitas somente por repórteres profissionais de televisão ou por apresentadores profissionais.

É um bom método de dar informação não-visual para a audiência, de um modo direto, e a evidência do repórter ou apresentador "ao vivo" aumenta, enormemente, a veracidade do depoimento e a propensão do espectador a ouvi-lo.

Segue, portanto, que o cenário de fundo na cena deve ser identificável, ou então o repórter deve referir-se a ele em sua declaração. Se a locação for incomum, por que não começar com um plano geral mostrando o repórter no local e em seguida cortar para um plano médio dele falando? Lembre-se de podar uma boa ponta para edição nos dois *takes*. Ou então fazer uma *pan* do local para o repórter, logo que ele começa a falar. Ou deixar o repórter entrar em cena, logo que começa a falar. Ou ainda começar em *close-up* e passar o foco do repórter para o cenário ao fundo.

Existem muitas variações possíveis – a declaração para a câmera realmente não precisa ser sempre uma tomada-de-cena estática com um repórter em pé, na frente de algum local. Se você quiser algumas idéias, observe como a declaração para a câmera é elaborada na série de documentários "Life on Earth" e "The Ascent of Man".

Dois pontos a serem observados. Primeiramente, o impacto da declaração fica seriamente abalado se o repórter precisa ler. Se ele achar difícil falar tudo de memória, você deve resumi-la, ou gravá-la em duas tomadas-de-cena, ou segurar um ponto (*prompt*) atrás da câmera com notas (qualquer pedaço grande de cartolina serve). Alguns repórteres penduram seu texto na objetiva da câmera com um pedaço de fita crepe*, o que funciona, desde que ele não seja

---

* Tais textos ocultos são conhecidos na TV brasileira por "dálias". (N.R.T.)

míope. Qualquer artifício é melhor do que uma pausa enquanto o repórter consulta sua anotação. A única exceção é quando ele tem de citar números precisos, difíceis de memorizar; em tais situações, ler os números de uma anotação aumenta a veracidade da declaração.

O segundo ponto é sobre microfones. De fato, não é necessário ter um microfone em cena, mas muitos repórteres parecem adquirir confiança se portam o símbolo de seu ofício. Se isso acontecer, assegure-se de ter um microfone de boa aparência — hoje em dia realmente não há necessidade de alguém segurar um enorme microfone dos velhos tempos, com um pedaço imundo de espuma de borracha na ponta. Principalmente se for uma repórter, delicada e finamente vestida.

SUMÁRIO DAS INSTRUÇÕES NÚMERO DEZ

Declarações para a câmera

Nas mãos de profissionais competentes, as declarações para a câmera constituem um bom modo de entregar diretamente ao espectador informações não-visuais.

Estar no local imprime maior veracidade à reportagem.

Declarações não precisam ser tomadas-de-cena estáticas. Experimente:
— um plano geral, seguido de um plano médio (lembre-se das pontas para edição);
— um movimento panorâmico para o repórter (dê-lhe um sinal para começar a falar no início da *pan*);
— deixar o repórter entrar caminhando em cena;
— dirigir o foco para o repórter.

Se o repórter tiver dificuldade para memorizar, tente:
— resumir a declaração;
— fazê-la em duas tomadas-de-cena;
— usar um ponto atrás da câmera;
— pendurar anotações na objetiva com fita crepe.

Não é necessário aparecer um microfone em cena. Se você tiver de fazê-lo, garanta que este não seja grande nem feioso, principalmente se sua repórter for delicada e atraente.

NÚMERO ONZE

ENTREVISTAS EM MOVIMENTO

Entrevistas com pessoas que estão se movendo constituem-se numa agradável mudança do arranjo normal estático. Não são difíceis de se fazer, se houver condições favoráveis.

Deve-se procurar, em primeiro lugar, uma pista plana para se caminhar ou dirigir, mais para facilitar o trabalho do operador de câmera do que para o bem-estar do entrevistado. Para uma entrevista em movimento o operador tem de gravar andando para trás ou de lado – não é o jeito mais fácil de evitar cair, tropeçar ou trombar (alguém da equipe deve guiá-lo para evitar acidentes). Numa entrevista dentro de um carro ele tem dificuldade de segurar a câmera com firmeza; se a pista for irregular, sua tarefa fica impossível.

O segundo requisito é um nível consistente de iluminação, enquanto o entrevistado se movimenta. Sombras no caminho ou luz natural demasiadamente brilhante podem ser um problema.

cenas em movimento A maioria das entrevistas em movimento devem ser gravadas em um plano mais aberto; um plano médio ou um *close-up* do entrevistado pode ser difícil de se gravar com estabilidade de câmera por muito tempo. Mas não abra demais o plano, ou o som pode ficar difícil de se gravar. Normalmente a câmera e o som caminham para trás. Ou a câmera e o som podem caminhar um pouco ao lado do entrevistador e do entrevistado, deixando-os depois saírem de cena (lembre-se de que eles devem entrar em campo, na cena seguinte, pelo lado oposto). Se o caminho for muito regular, pode ser possível tracionar o operador de câmera num carrinho ou cadeira de rodas. E se a caminhada parece que vai ser longa, você sempre pode providenciar para que o entrevistado e o entrevistador parem num local conveniente, um muro ou banco, e terminem ali a entrevista.

Você precisará de um bocado de *inserts* para editar a entrevista em movimento, principalmente aqueles que disfarcem o pulo de imagem do entrevistado e do entrevistador, como conseqüência de seus cortes no áudio. Tomadas de pés caminhando e do entrevistador ouvindo são úteis. Outrossim, são adequados tomadas de trás de lado e planos gerais.

entrevistas num carro Para entrevistar gente dirigindo um carro geralmente existem apenas três posições possíveis da câmera. O operador de câmera pode sentar-se na frente, ou agachar-se no chão, ou ainda, sentar no banco de trás (se tiver apoio para a cabeça no banco da frente, verifique se podem ser removidos, caso contrário as cenas não sairão boas). O motorista pode normalmente auxiliar a gravação sentando-se um pouquinho de lado, voltado para a câmera. Não se esqueça de que o motorista deve estar usando o cinto de segurança.

Você terá de fazer tomadas separadas, do assento de trás, do entrevistador sentando-se na frente, ao lado do motorista, perguntando e depois ouvindo. Outro *inserts* úteis são tomadas das mãos do motorista (esterçando, mudando as marchas etc.); planos do espelho retrovisor (que deve ser angulado especialmente para isso); tomadas através das janelas e da rodovia com o carro passando. Se a pista for regular, a luz for estável e o motor não for barulhento, você não deve enfrentar muitos problemas. Uma vantagem nas entrevistas em movimento é que os planos de perfil, por alguma razão, são aceitáveis. Talvez seja porque o movimento do cenário de fundo signifique que o espectador não tem apenas meio rosto para olhar.

SUMÁRIO DAS INSTRUÇÕES NÚMERO ONZE

Entrevistas em movimento

Cenas em movimento

Grave entrevistas caminhando em planos mais abertos para estabilizar a cena.

Para as tomadas o operador de câmera pode:
— andar para trás com o entrevistado e entrevistador à sua frente;

— andar um pouco ao lado deles e depois deixá-los sair de quadro enquanto conversam (lembre-se de que entrarão na tomada-de-cena seguinte pelo lado oposto);
— ser puxado para trás num carrinho ou numa cadeira de rodas.

Para os *inserts*, grave:
— pés andando;
— planos de quem ouve;
— planos por trás;
— planos de lado;
— planos gerais.

Entrevistas num carro

O operador de câmera pode sentar-se:
— no banco da frente;
— no chão;
— no banco de trás, retirando o encosto para a cabeça.

Não se esqueça de que o motorista deve usar o cinto de segurança.

Para os *inserts*, grave:
— o entrevistador escutando;
— as mãos do motorista;
— planos pelo espelho retrovisor;
— tomadas externas pelas janelas do carro;
— tomadas da rodovia com o carro passando.

Os planos de perfil são aceitáveis para entrevistas em movimento.

NÚMERO DOZE

PLAYBACK PARA CLIPS

Outro nome para o *playback* é a dublagem, que dá uma descrição mais completa da técnica envolvida.

A teoria é muito simples. Se você não estiver usando uma fita pré-gravada, produza uma de boa qualidade num estúdio de som. Essa gravação é conhecida como *master*. Você então escolhe a locação e as tomadas-de-cenas que quer para cada trecho da canção. O operador de áudio reproduz o trecho para o cantor, através de um alto-falante ou um fone de ouvido e o cantor canta junto com o *playback*. Essa atuação em cena é gravada em sincronismo para servir de som-guia para o editor. Então ele edita as imagens, de tal forma que fiquem em *sinc* com a gravação *master*, finalizando o seu trabalho.

Claro que não é tão fácil quanto parece (nunca é). Você precisa ser generoso na gravação (filmagem) de *overlaps*, para que o editor possa tornar os cortes tão fluidos quanto possíveis. Você tem de ser muito cuidadoso quando tomar *closes* do cantor; as ondas sonoras viajam tão vagarosamente que o cantor deve ficar um pouquinho na frente do *playback* se a atuação tiver de ficar em perfeita sincronia e isso é uma coisa muito difícil de se fazer.

Você pode ajudar, colocando o alto-falante o mais perto possível do cantor, mas ainda assim fora de cena. Isto pode ser um problema em planos gerais; experimente algum lugar que o esconda, próximo do cantor e torça para que o operador de áudio tenha trazido cabo suficiente.

É difícil achar alguma coisa para o cantor fazer enquanto atua. Passear no parque, na praia ou ficar colhendo e cheirando flores já foi feito antes e não é nada original.

Então concentre-se na canção e analise do que ela trata. Dá para imaginar uma locação inusitada, que imprima à música um novo efeito? Algum lugar que dê um significado maior à letra? A letra sugere adereços que melhorem algumas das cenas? Ajudaria filmar a canção em várias locações? Numa fábrica? Num barquinho? Perto do aeroporto? No zoológico? O cantor realmente precisa simular que está cantando? Não dá para você simplesmente filmá-lo (ou filmá-la) fazendo alguma coisa enquanto a canção rola?

Descobrir cenários para canções lentas de amor é particularmente difícil. E chega a um ponto em que seu esforço para escolher locações é tamanho que o leva a perguntar para si mesmo: por que eu quero fazer um *clip* desta canção? Se você tiver uma orquestra e um estúdio disponíveis, e não surge uma idéia original, talvez deva gravar a canção no estúdio. Enfim, tente escolher músicas que o levem a realizar uma gravação mais original, com mais facilidade, para conseguir o aspecto renovador que seu programa necessita.

A dublagem deve ser usada muito raramente no estúdio. A única razão para usá-la é que nem sempre há músicos disponíveis na hora que se precisa. Pré-gravar a música pelo fato de não se ter tantos microfones no *set* não é uma razão muito convincente, lembrando-se quão diminutos são os microfones modernos. Se houver dúvidas acerca da qualidade do cantor, é improvável que ele ou ela sejam melhores na dublagem do que interpretando. Você pode obter uma melhor interpretação dele (ou dela), se tiver várias repetições de gravação e é verdade que se dispõe de mais tempo para isso num estúdio de som. Mas o que você ganha em interpretação do cantor, você perde em sincronização. A *performance* tem de ser muito bem feita para sair melhor do que a gravação ao vivo.

SUMÁRIO DAS INSTRUÇÕES NÚMERO DOZE

Playback para clips

Este é o procedimento para gravar com *playback* (dublagem):

1. Grave um *master* de boa qualidade num estúdio de som (se não estiver usando uma fita pré-gravada).
2. Escolha a(s) locação(ões).
3. Grave o cantor cantando junto com o *playback* e use a voz dele cantando, como som-guia.
4. O editor edita as cenas em *sinc* com a gravação *master*.

Lembre-se de gravar as pontas de edição e colocar o alto-falante de *playback* o mais perto possível do cantor (sem aparecer na cena).

Use dublagem raramente no estúdio. A gravação ao vivo geralmente sai melhor, mesmo com artistas fracos. O que você pode ganhar em atuação comumente você perde em sincronização.

NÚMERO TREZE

ENQUADRAMENTO

É inacreditável, mas algumas pessoas possuem uma queda natural para enquadramento de imagem. Existem operadores de câmera que conseguem caminhar e manejá-la e fazer um *pan* ou um *zoom* e o que eles gravam sempre sai uma beleza na tela, satisfatória e perfeitamente enquadrado. Suas imagens até parecem brilhar.

No entanto, a maioria de nós tem de desenvolver o senso de enquadramento, estudando o que torna uma imagem boa e aprendendo a olhar.

coisas a evitar

Provavelmente o melhor modo de começar é estudar o que a imagem não deve ter. Queixos descansando no limite inferior da tela, cabeças batendo no limite superior, orelhas cortadas nos cantos do vídeo (lembre-se da margem de segurança) — são coisas óbvias para se evitar. Imagens chapadas no cenário de fundo (talvez um ramo florido ou um poste) saindo do alto da cabeça da pessoa, linhas nítidas horizontais saindo de cada ouvido — estas são coisas ridículas e também devem ser evitadas. Nem tampouco se deve bloquear metade da tela com as costas (cabeça e ombros) do entrevistador, num contraplano que sairia particularmente bonito.

Tudo isso é realmente óbvio. Mas são coisas que todo mundo vê em programas porque muita gente de televisão não presta atenção nas imagens que produz. Eles se lembram do que querem que a imagem diga, e depois deixam seu cérebro dirigir os olhos apenas para aquela parte (no exemplo do contraplano, apenas mencionei que eles não vêem a cabeça e os ombros tapando metade da tela, porque olham só para a pessoa entrevistada). Eles não vêem a cena como realmente é. E a câmera vê. A câmera registra tudo com imparcialidade. O cérebro dela é o operador de câmera, o diretor e os outros técnicos, que trabalham em equipe para compor cenas que conduzirão o olhar do público para as coisas importantes na tela. Isto é feito, é claro, usando-se iluminação, som, angulação e movimento de câmera, posicionamento de pessoas e coisas etc.

aprendendo a olhar A fim de organizar todos esses elementos com sucesso, você primeiro deve devotar todo o seu tempo a aprender a olhar as coisas como elas realmente são, tão imparcialmente como a câmera. Observe ao seu redor.

Olhe as coisas óbvias: eu vejo um sofá, uma lâmpada de leitura (apagada), prateleiras com livros e dois quadros na parede. A câmera daria mais enfase à sombra da lâmpada (ela tem uma cor mais clara que o resto), o brinquedinho de plástico vermelho no chão (eu gosto de ver as coisas mais em ordem do que realmente estão), uma mancha preta onde estão os livros (é que não estão iluminados) e duas molduras douradas (as pinturas em si estão muito no escuro e são detalhadas demais para a câmera registrá-las). Se eu quiser uma tomada de meu sofá, minha lâmpada, prateleiras com livros e quadros, terei de remover o brinquedo (a menos que eu queira que os espectadores o vejam), reiluminar o cenário e escolher o ângulo do qual eu possa enquadrar a cena com todo o cuidado.

Uma vez que você tenha um pouco de prática em ver as imagens do jeito que a câmera irá focalizá-las isto exige cada vez menos esforço e, finalmente, torna-se um hábito natural. É como as marcas de aviso de fim de rolo, na projeção no cinema; para algumas pessoas é preciso apontá-las até vê-las, mas depois elas localizam as marcas, sem qualquer esforço.

O que mais você pode fazer para melhorar a composição de sua imagem? O bom senso e a experiência são os melhores guias, mas existem alguns princípios gerais que ajudam.

Um rosto (e a maioria das cenas de vídeo são de rostos) adapta-se confortavelmente à imagem quando o osso do nariz (que é onde os óculos descansam) situa-se na altura dos dois-terços da vertical da imagem. Se a pessoa estiver olhando para um lado, ela deve estar mais próxima ao lado oposto do vídeo — isto é o que se chama de "olhar direcional". Se não for assim, vai dar a impressão, para o espectador, que está olhando espantado para o lado da tela.

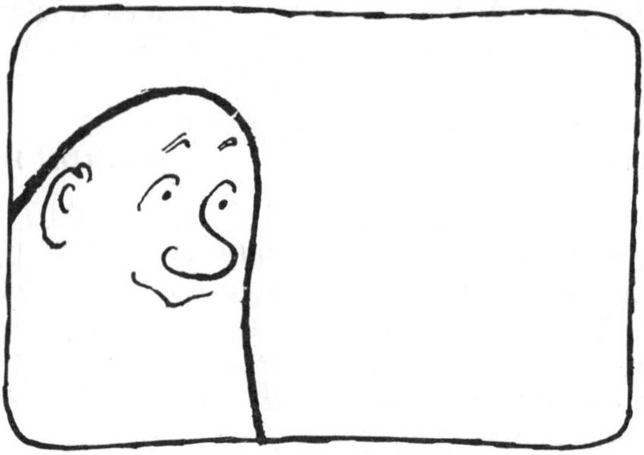

Olhar direcional

Da mesma forma, uma pessoa andando precisa de "espaço para movimentação". Mas você não precisa se preocupar em dar ao carro esse "espaço para movimentação" porque o centro de interesse recai no motorista do carro, e não no capô.

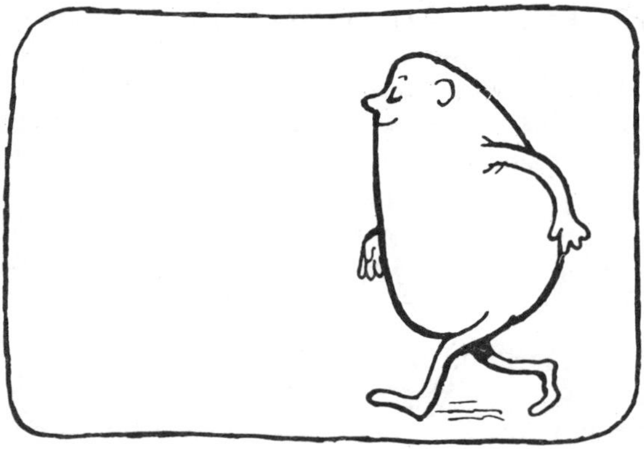

Espaço de movimentação

Dê a suas imagens profundidade, garantindo que ninguém e nada esteja em cima de uma linha reta. Colocar algum detalhe no plano da frente também acrescenta profundidade, bem como assegura que a iluminação não seja a mesma em toda a imagem.

Por causa da tela pequena e, portanto, mais íntima, os *closes* dão maior impacto do que os planos gerais (embora o uso acentuado de *closes* logo se torna insuportável). Mas não deixe suas cenas mais fracas – uma área morta na imagem, ao redor do centro de interesse, enfraquece seriamente o impacto.

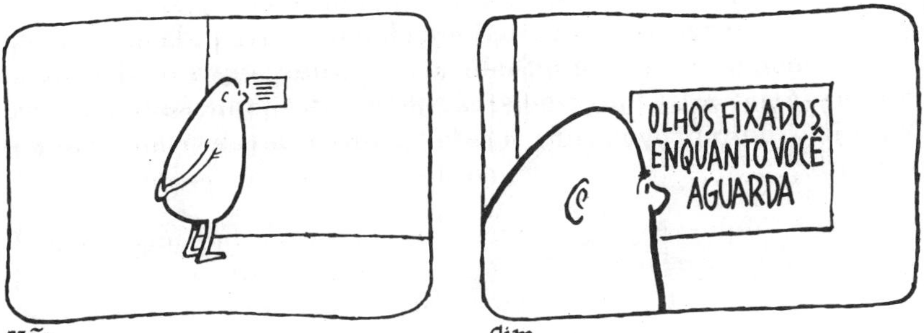

Não Sim

As cenas tomadas ao nível dos olhos da pessoa tendem a ser as menos interessantes porque são o que o espectador vê todos os dias. Isto não quer dizer que você tenha de tomar tudo em angulações, mas se você puder acrescentar algo ao que a cena diz, escolhendo um ângulo original, deve fazê-lo.

O aspecto mais importante sobre o enquadramento é decidir qual o centro de interesse principal na imagem e, em seguida enquadrar de tal forma que a visão do espectador seja conduzida para ele. Seu centro principal pode estar no meio da tela, no plano da frente ou no de trás: sua correlação com as outras coisas na imagem, a angulação de câmera, a iluminação, a forma da câmera se movimentar e as coisas também, tudo pode ser usado para dirigir o olhar do espectador para onde você deseja. O que se deve evitar é um plano geral que leva o espectador a perguntar para que parte da imagem ele deve olhar e "o que eles quiseram dizer?". É uma pergunta que você deve fazer constantemente para si mesmo.

Você pode cultivar seu senso de enquadramento, observando pinturas e fotografias. Onde o artista colocou o centro de interesse principal na tela e por quê? Comumente uma pintura marcante centrará seu foco principal justo onde você não esperava — experimente e descubra, então como o artista equilibrou a imagem para obter um aspecto global satisfatório. Você também pode aprender um bocado fazendo pintura e fotografia.

A questão com imagens de vídeo é que elas têm movimento e são acompanhadas de som. Para estudar a forma como isso influi no enquadramento você deve assistir a programas e ir ao cinema. Você não deve limitar-se a filmes, pinturas e fotos de sua própria cultura. Veja filmes indianos, chineses, americanos, indonésios, do Oriente Médio, do continente africano e da União Soviética também. O enquadramento varia com cada cultura e cada uma delas deve permanecer aberta a influências externas enquanto desenvolve seu próprio estilo de televisão. Apenas certifique-se de que aos olhos de sua própria cultura seja feita uma boa televisão, uma TV atraente.

SUMÁRIO DAS INSTRUÇÕES NÚMERO TREZE

Enquadramento

Evite:
— queixos descansando na borda inferior da tela,
— cabeças batendo no topo da tela,
— objetos, flores, postes saindo da cabeça das pessoas,
— linhas horizontais saindo das orelhas,
— as costas do entrevistador tapando metade da tela quando em contraplanos.

Procure:
— enquadrar o ponto entre os olhos situado a dois terços da altura da tela;
— "olhar direcional" e "espaço para movimentação";
— obter profundidade, colocando algum detalhe no plano da frente e assegurando uma iluminação não muito uniforme;
— ângulos originais.

O que exatamente a cena está tentando dizer?

Aprenda a olhar estudando pintura, fotografia, filmes e televisão de todas as culturas.

NÚMERO QUATORZE

VIDEOGRAFISMO

O título da sua produção e os créditos que constarão nos letreiros, mais legendas para os nomes das pessoas que aparecem na tela, mapas, diagramas, gráficos, desenhos, pinturas, animação e *slides* — o planejamento gráfico pode contribuir com uma vasta gama de material para a sua produção, desde uma legenda de rodapé até uma simulação feita por computador.

A regra principal sobre o planejamento gráfico é simples: contactar desde o começo um *designer**. Ilustrações, pinturas, diagramas e, em especial, as animações podem levar um longo tempo de preparo.

Se sua produção contiver muito grafismo, consulte o *designer* na fase do roteiro. Os computadores revolucionaram as técnicas de grafismo e os estilos e o *designer* será capaz de dar-lhe a orientação mais apropriada, mostrar-lhe todas as possibilidades e o que é mais importante – a exeqüível. Falar com o *designer* logo no início, na fase do roteiro, dá a você chance de desenvolver as suas idéias (e as dele). Você pode não imaginar exatamente a forma do planejamento gráfico quando pronto; isso não tem importância, desde que esteja claro como ele deverá ficar. O *designer* é treinado a ajudar você a transmitir sua mensagem, desde que você possa explicar qual é a mensagem.

Outra coisa a ser lembrada é reunir todo o material gráfico ao menos vinte e quatro horas antes de ir para o estúdio e conferi-lo pessoalmente. Nunca deve acontecer que a primeira vez que você vá ver o trabalho pronto seja na hora de gravar ou ir ao ar. Equívocos estão sempre aparecendo sem avisar, nos pontos menos esperados (principalmente erros de grafia dos nomes) e você deve dispor de tempo para descobri-los e corrigi-los. Você pode também querer fazer mudanças (faça isso raramente). Para projetos mais complexos, tais como animação, obviamente você terá de ver e discutir as fases de andamento mais regularmente com o *designer*.

---

* Nas grandes emissoras brasileiras, existe um departamento especializado para projetos gráficos e um setor para execução das artes.

*Títulos, Créditos e Legendas de Nomes**

Converse pessoalmente com seu *designer* mostrando-lhe tudo o que deverá aparecer escrito, com a grafia correta, e discuta com ele (ou ela) o seguinte:

— o tamanho e tipo de letras;

— caixa alta ou caixa baixa?

— a parte da imagem que conterá o letreiro (terço superior, terço inferior – rodapé –, ou centralizado);

— de que lado colocar a margem: à esquerda à direita, ou dos dois lados;

— a cor das letras e do fundo (embora deva ser lembrado que as legendas podem ser coloridas eletronicamente no estúdio);

— se as legendas serão sobrepostas à imagem ou se terão um fundo não-transparente, colorido ou não (preto).

títulos Deixe todas as suas legendas curtas e simples. Nomes próprios não devem ser precedidos de "Sr.", "Sra.", "Srta.". Mas "Gen.", "Cardeal", "Bispo" e outros títulos de autoridade sim.

datas Nas datas você não deve mencionar o ano, se for o ano corrente. Você não deve abreviar o nome do mês. Lembre-se que geralmente as pessoas precisam parar para pensar antes de dizer que dia do mês é hoje (se é que se lembrarão) e assim é útil indicar o dia da semana também:

NA ÚLTIMA QUARTA-FEIRA
Ou, se preferir:
QUARTA-FEIRA, 25 DE MARÇO

Também é melhor colocar o nome por extenso do mês do que o número.

* Hoje em dia usa-se também o gerador de caracteres (g.c.) para a composição de nomes, títulos e gráficos. (N.R.T.)

horário Quando der horários, não caia nessa de dizer

AMANHÃ ÀS 9 HORAS DA NOITE

já que se pode dizer 21 horas.

Garanta que os nomes e as legendas permaneçam na tela o suficiente para os leitores mais vagarosos lerem. Um bom método de calcular a duração é ler a legenda vagarosamente, para si mesmo, duas ou três vezes, antes de retirá-la da tela.

tornando as letras legíveis Às vezes, pode ser difícil ler as palavras na tela, principalmente se forem muitas (quando você está legendando um filme estrangeiro, por exemplo). Uma borda preta ou colorida ao redor das letras, ou um sombreamento em perspectiva, gerados eletronicamente, podem torná-las mais fáceis de serem lidas. Se isso não funcionar, você deverá pedir ao diretor de tevê para pôr uma tarja preta atrás das letras, para que ressaltem claramente. É sempre melhor pecar por excesso de clareza, pois muitos dos espectadores estarão assistindo aparelhos mal sintonizados, em virtude de antenas inadequadas.

créditos Reduzir a quantidade de créditos ao mínimo. Sua emissora provavelmente adota uma norma escrita sobre o que recomenda acerca de quem deve e não deve aparecer nos créditos. Descubra essa norma e aplique-a. É muito desagradável para o público ter de ler uma infindável lista de nomes de pessoas que participaram do programa durante sua produção.

Mapas e Gráficos

Estes devem ser simples, claros e isentos de toda informação inútil. Você deve marcar no mapa os nomes das cidades, rios, montanhas etc. que você mencionará no programa. Se você não for mencioná-los, não os assinale no mapa.

Os gráficos precisam ter um título (EXPORTAÇÃO DE CARROS JAPONESES) e seus eixos devem ser claramente identificados (MILHARES DE CARROS na vertical e ANO na horizontal). O gráfico deve ser simples e de leitura imediata, caso contrário muitos espectadores não o entenderão — lembre-

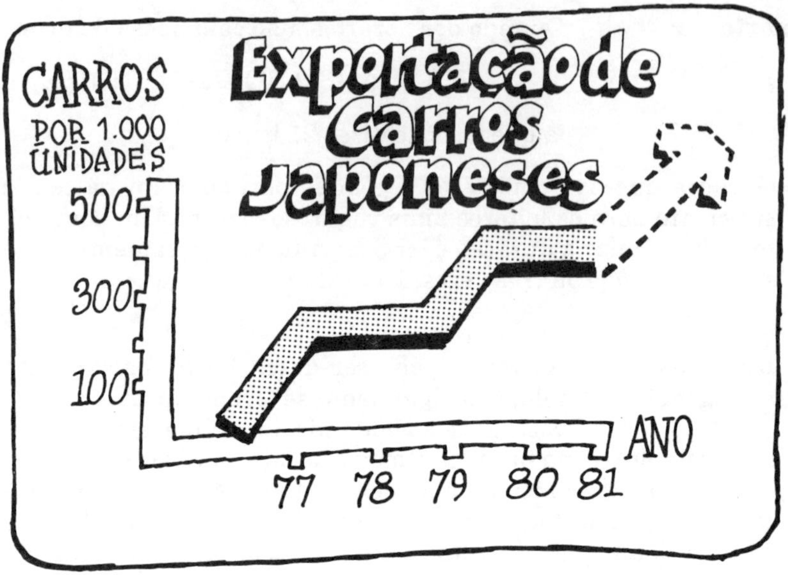

se que eles não dispõem do tempo que quiserem para estudá-lo, da forma como podem fazer com gráficos impressos nos jornais.

Se você puder animar os gráficos de uma maneira simples, tanto melhor. Se isso não for possível (talvez não haja tempo para o *designer* realizar o trabalho), veja se uma *pan*, um *zoom* ou um corte ajudam a transmitir melhor a mensagem por ele ilustrada.

Não se esqueça que você pode sobrepor mapas simples e gráficos sobre outras imagens; isto pode melhorar bastante sua apresentação. Se as imagens atrapalharem o gráfico, use-o com um fundo não transparente.

Também vale a pena manter em mente que muitas pessoas estarão assistindo em preto e branco; seu material gráfico deve ficar claro para eles, da mesma forma.

Animação
Tipos elaborados de animação como desenho animado, custam uma fortuna, levam meses e nem mesmo são cogitados na maioria dos programas de TV. Se você realmente precisa de animação, não se esqueça das marionetes; com *chromakey* e imaginação elas podem ser adaptadas para a maioria dos serviços.

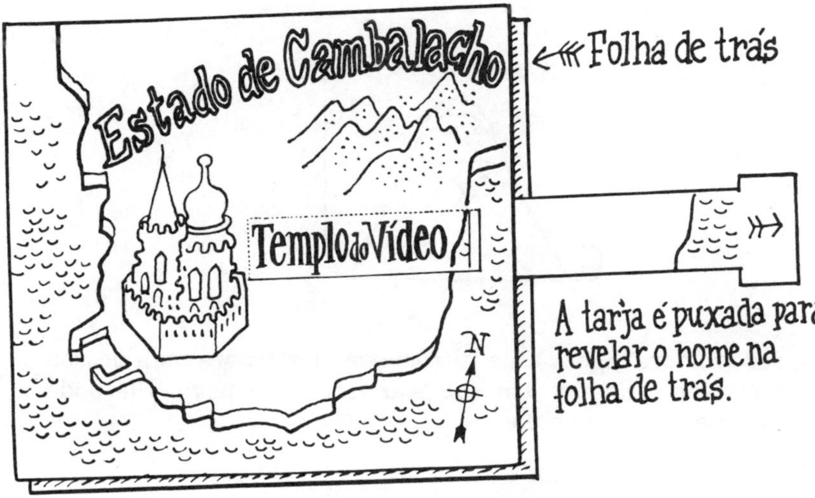

Técnica da Tarja (Lingüeta)

Uma animação mais simples é aquela feita na própria tela, aqui ilustrada, também válida e que não leva tempo para preparar.

A grande vantagem da animação é que você pode usá-la para chamar a atenção do espectador para um mapa, ou diagrama, que de outra forma ele acharia difícil de entender. Evidentemente, mesmo que você não conte com a animação, você deverá usar movimentos de câmera e *closes*, de tal forma que o material gráfico torne-se o mais claro possível.

Slides
Se estiver usando *slides*, verifique-os quanto à limpeza. Impressões digitais enormes ou gordura facilmente passam despercebidas na atmosfera agitada do estúdio, mas são claramente perceptíveis pelo espectador, em casa.

Recortes de jornais
São sempre um problema para se tornarem atraentes à vista. Raramente têm o formato adequado para a tela de televisão e quase sempre contêm mais palavras do que o espectador é capaz de ler. Aqui está uma historinha mostrando quatro métodos de se lidar com recortes.

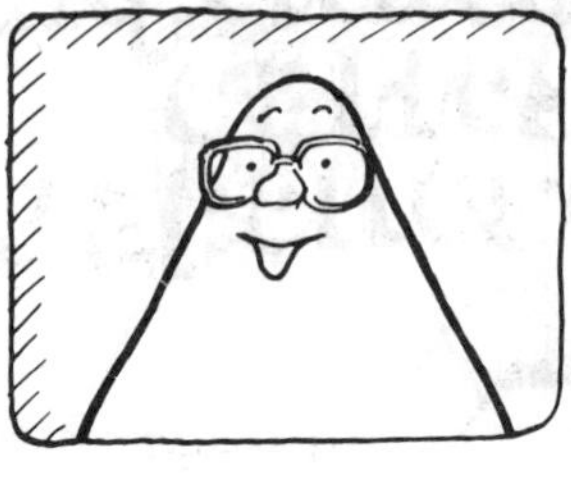

Apresentador: "Agora uma história de alerta para toda pessoa que estiver pensando em comprar um terno novo. Ele pode custar mais do que você espera."

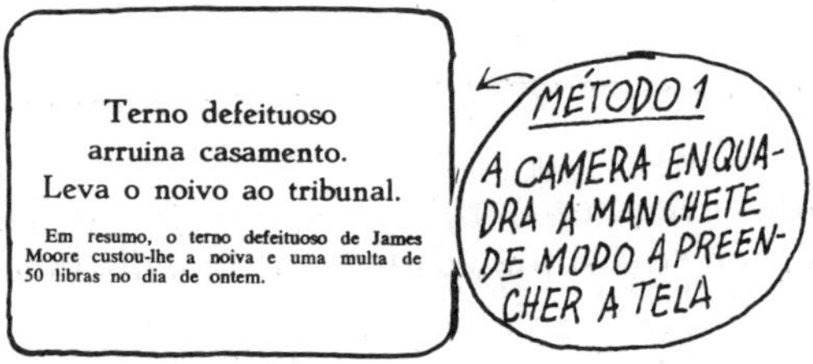

Voz: "Terno defeituoso arruína casamento e leva noivo ao tribunal.

Em resumo, o terno defeituoso de James Moore custou-lhe a noiva e uma multa de cinqüenta libras, no dia de ontem."

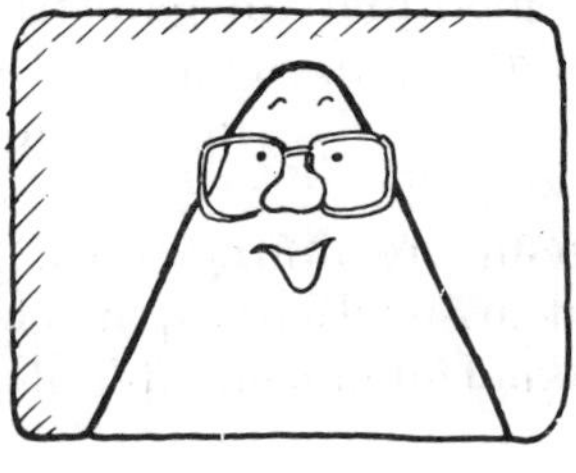

Apresentador: "É um bocado de dinheiro, que nem mesmo inclui o preço do terno. O primeiro que o azarado Sr. Moore comprou ficou pequeno. Então ele comprou um outro e descobriu que ficou grande demais. Brincou com a noiva dizendo-lhe:

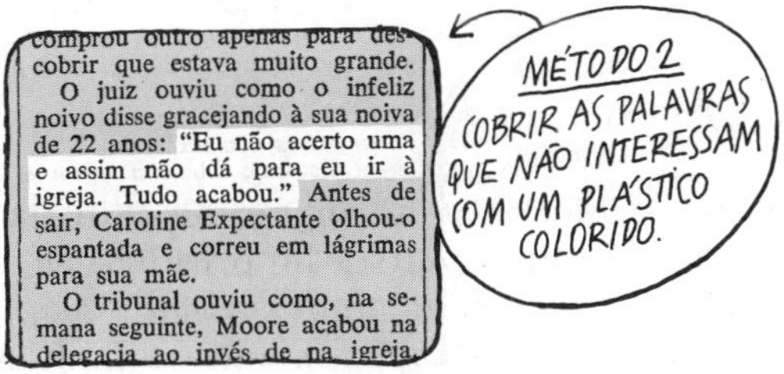

Voz: "Eu não acerto uma. E assim não dá para eu ir à igreja."

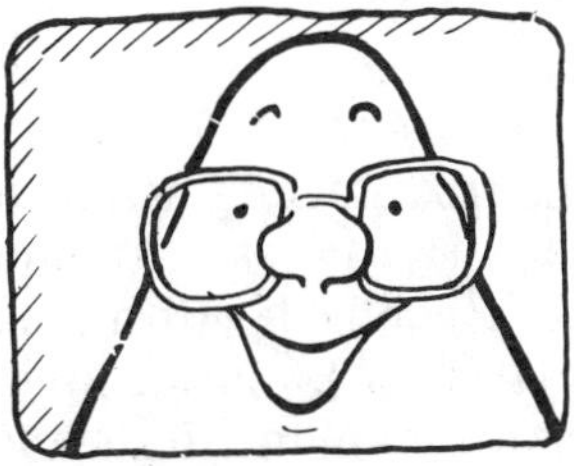

Apresentador: "Sua noiva, Srta. Caroline Expectante, acreditou. No dia seguinte James Moore e seus parentes esperaram mais de uma hora para que ela aparecesse na igreja."

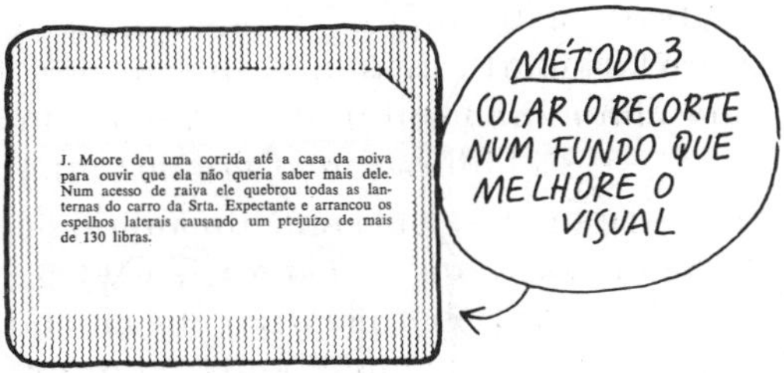

Voz: "James Moore deu uma corrida até a casa da noiva para ouvir que ela não queria saber mais dele. Num acesso de raiva, ele quebrou todas as lanternas do carro da Srta. Expectante e arrancou os espelhos laterais, causando um prejuízo de mais de cento e trinta libras."

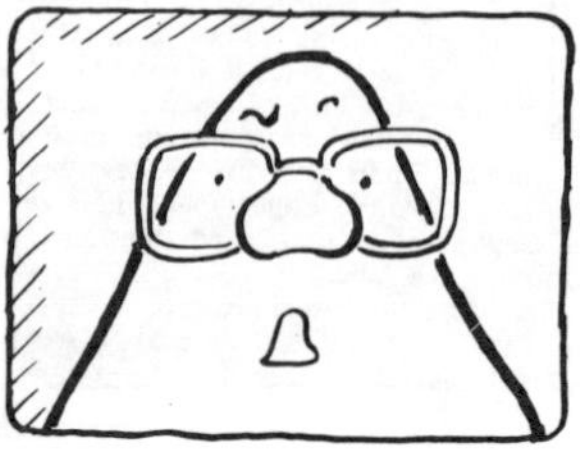

Apresentador: "Com essa atitude foi levado ao juiz, que o multou em cinqüenta libras. A última declaração do ex-futuro marido:

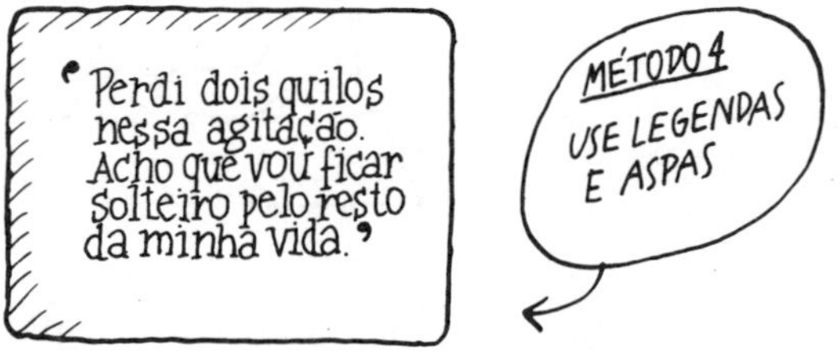

Voz: "Perdi dois quilos nessa agitação. Acho que vou ficar solteiro pelo resto da minha vida."

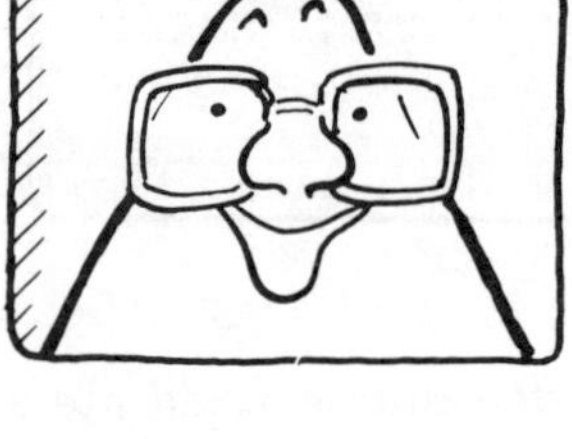

"Apresentador: Acho que não, Sr. Moore, veja bem. Com os quilinhos que o senhor perdeu, os ternos devem ter ficado um pouco folgados. Alguém conhece um bom alfaiate?"

Obviamente seria estranho empregar todos os quatro métodos na mesma história. Descubra qual estilo adapta-se melhor a sua história e o aplique. Uma vez mais, não se esqueça de que pode dar um bocado de destaque aos recortes de jornal, utilizando movimentos de câmera e de *zoom*. Uma voz extra para ler os recortes também é importante: o impacto da história diminui se o próprio apresentador ler. E a voz deve ler as palavras na tela com precisão: pular uma frase ou ler uma palavra que não consta na tela vai parecer falta de cuidado.

Fotografias e Desenhos
Ajudam, caso as proporções sejam as da tela de televisão (4 unidades na horizontal por 3 na vertical). Mas se não estiverem na proporção, certamente você terá de enquadrá-los da melhor forma possível. As fotografias devem ser foscas (não brilhantes) para evitar reflexos da iluminação. Devem ser montadas em cartão duro pelo *designer*, de tal maneira que permaneçam bem planas — ilustrações amassadas ou com ressaltos parecerão horríveis e nunca se deve permitir que cheguem à tela.

Você pode produzir com êxito seqüências inteiras ou mesmo programas, usando apenas fotografias ou desenhos. Lembre-se de movimentos de câmera e de *closes* para destacar os detalhes importantes das figuras. Se os desenhos forem feitos especialmente, pergunte ao *designer* se alguns deles podem ser animados usando-se a técnica da "lingüeta". Imagens estáticas podem funcionar muito com música; funcionam ainda mais se acompanhadas de efeitos sonoros bem escolhidos.

Algumas situações são realmente mais fáceis de cobrir, usando-se somente imagens estáticas. Suponha que você queira mostrar uma criança sendo levada para ver a decoração de Natal à noite, numa cidade grande. Uma seqüência como esta pode ficar cara e difícil de se realizar em vídeo ou em filme: problemas de iluminação, horas extras para a equipe e o limite de idade* de um menino de 7 anos, para o horário que ele deveria

* O autor refere-se ao limite legal na Inglaterra. (N.T.)

estar na cama, pode tornar essa produção cheia de problemas. Se você usar imagens estáticas, no entanto, tem a seu dispor filmes de alta sensibilidade e o *flash*; e um bom fotógrafo pode tirar dezenas de fotos em locais diferentes numa fração do tempo que o operador de câmera levaria.

Você pode registrar, num gravador de áudio, as reações da criança e os sons do burburinho de Natal à noite. Quando as fotos forem reveladas, você seleciona as melhores e as grava em vídeo (ou filma), talvez introduzindo alguns movimentos de câmera. Em seguida você edita as cenas e a trilha sonora normalmente (sem qualquer problema de *sinc* com que se preocupar) e, com sorte e o acréscimo de alguma música natalina cuidadosamente escolhida, você deve terminar uma seqüência muito boa.

câmera de animação

É possível colocar suas fotos em vídeo ou filme usando uma câmera normal, mas para movimentos de câmera suaves e precisos — e qualquer tentativa mais complicada do que um *zoom* —, é melhor filmar as fotos num dispositivo especial conhecido como *table-top* ou mesa de animação, que é projetada para dar o máximo controle sobre os movimentos de câmera em cima de áreas muito pequenas.

Normalmente não é necessário estar presente quando suas fotos estiverem sendo filmadas pelo operador de *table-top*. Mas você tem de lhe dar instruções exatas sobre o que deseja. O melhor jeito de fazer isso é fixar uma folha de papel vegetal sobre cada foto, com clips, numerar a foto e traçar o contorno de alguma coisa facilmente reconhecível na foto de tal forma que o operador de câmera possa realinhar o papel corretamente se ele se deslocar. Então pegue um outro papel vegetal e faça um grande triângulo-retângulo (tal como o da figura) para checar se as cenas marcadas encontram-se nas proporções corretas da tela. Ponha letras nos quadros de abertura e de fechamento de cada cena e especifique a velocidade dos movimentos "vendo-os" na sua "TV mental", contando quantos segundos levam. Não se esqueça de pedir ao operador para deixar cada cena estática durante cerca de 8 segundos antes e depois de cada movimento — uma outra chance de obter três cenas pelo preço de uma.

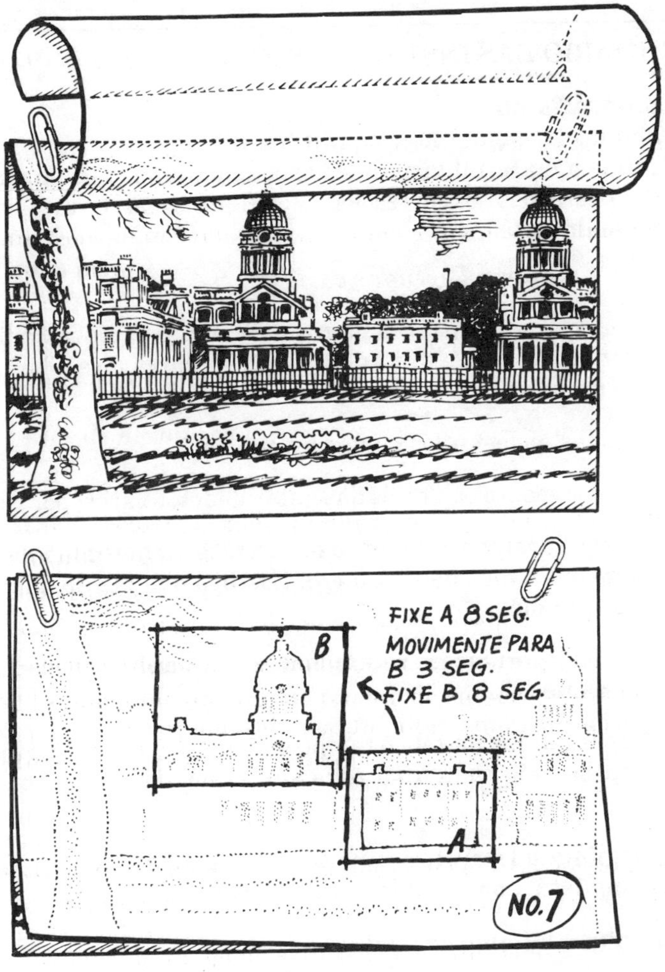

Preparação de uma fotografia para a câmera de animação

Um jeito simples de obter as proporções corretas de TV. Posicione o ângulo **A** no canto esquerdo. Qualquer linha perpendicular à base dará a proporção correta.

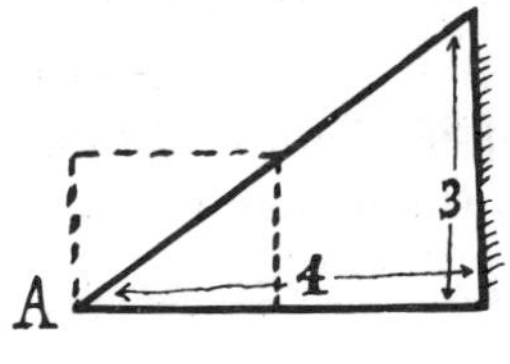

SUMÁRIO DAS INSTRUÇÕES NÚMERO QUATORZE

Videografismo

— Chame o *designer* logo no início e

— Colete o material visual desde cedo para dar tempo para as alterações e correções. Verifique todo o material pessoalmente.

Títulos, Créditos e Legendas com Nomes

Escreva corretamente a palavra desejada e discuta com o *designer* sobre: tipo e tamanho de letras, caixa alta e baixa, posição na imagem, margens, cor, fundo.

Deixe todas as legendas curtas e simples.

Mencione somente os títulos das autoridades. (bispos, por ex.).

As pessoas raramente sabem o dia do mês, nem reconhecem prontamente o mês pelo número. Escreva o nome do dia da semana e do mês.

Elimine as informações redundantes - "amanhã à noite, às 9 horas da noite".

Deixe as legendas na tela o tempo suficiente para os leitores mais lentos (leia cada uma para si mesmo, devagar, 2 ou 3 vezes).

Para legibilidade, utilize uma borda preta ou colorida. Ou uma "lingüeta" como fundo para as letras.

Mantenha o mínimo de créditos.

Mapas e Gráficos

Não inclua informação desnecessária.

Ponha título nos gráficos e nomes claros nos eixos. Animação, ou movimentos de câmera, ou cortes, podem auxiliar na transmissão de sua mensagem.

Sobreposição de mapas simples ou gráficos sobre uma imagem pode enriquecê-la, mas não sacrifique a clareza por causa disso.

Não esqueça da audiência em preto e branco.

Animação

Desenhos animados são normalmente caros — tente marionetes em seu lugar.

Animações mais simples, tais como a técnica da "lingüeta", valem a pena.

Slides

Assegure-se de que estão limpos.

Recortes de jornal

Dificilmente saem bonitos. Experimente:
- — usar recortes que preencham a tela (e sejam elucidativos);
- — cobrir palavras não desejadas;
- — colar o recorte num fundo de boa aparência;
- — colocar citações entre aspas.

Use também movimento de *zoom* e de câmera, e uma outra voz para ler as palavras exatamente como são mostradas na tela.

Fotografias e desenhos

Monte-os em cartão duro. As fotos devem ter acabamento fosco, se possível.

Seqüências de imagens estáticas custam pouco, são relativamente fáceis de se fazer e podem funcionar muito bem, se usadas com música e efeitos sonoros.

Para cenas com câmera de animação (table-top)
- — Cubra cada imagem com papel vegetal;
- — numere cada imagem;
- — enquadre as cenas usando o triângulo de guia;
- — especifique as durações;
- — peça para deixar pontas antes e depois de cada movimento de câmera (três cenas pelo preço de uma).

NÚMERO QUINZE

DE QUEM É O PROGRAMA?

São necessárias muitas pessoas para se fazer um programa: técnicos, operadores, colaboradores, supervisores e, claro, o produtor e o diretor. Alguns deles podem envolver-se muito com a produção, quase tanto quanto você. O operador de câmera, o editor, o apresentador, o colaborador principal e seu chefe podem mesmo começar a falar do programa como "meu" programa. Não se preocupe com isto, já que geralmente é um bom sinal. Todos gostam de aparecer como vencedores, porém escondem-se quando são perdedores.

Mas o que acontece quando você possui um argumento para um programa, ou alguma coisa para introduzir nele? De quem é o programa afinal? Quem detém a palavra final?

Tudo depende com quem você está lidando. Primeiramente, o programa é seu e isso precisa ficar absolutamente claro. Você, diretor, é a única pessoa que está trabalhando nele desde o dia inicial até o dia da exibição e após este; você é a pessoa que levará toda a culpa se as coisas saírem erradas (e se elas saírem certas, não faltarão voluntários para receber os elogios do "meu" programa).

Assim, o programa é seu do início ao fim de sua realização. Mas isto não quer dizer que você deva ser autoritário quando lidar com as pessoas que estão ajudando a realizá-lo. Porque televisão é um trabalho de equipe; você não pode fazer tudo sozinho.

Assim, em questões técnicas você pareceria um tolo se desprezasse o conselho do operador de câmera, do operador de áudio ou do editor; eles quase certamente possuem mais experiência acumulada do que você. Se estiver havendo um clima competitivo com um colaborador, provavelmente você saiba mais do que ele, o que é melhor para televisão; escute-o, de qualquer maneira, mas nunca deixe o controle editorial escapar de suas mãos. Mas todos os membros da equipe, com exceção de você, são especialistas somente naquela parte do programa que lhes compete. Assim, a decisão final sobre qualquer discordâncias é sua, porque somente você sabe como cada parte do programa se encaixa.

Discussões com seu chefe são mais delicadas. Em primeiro lugar, a maioria delas pode ser evitada, informando-o de cada estágio da produção, de tal forma que quando ele venha ver o programa editado, ou assistir a gravação no estúdio, não haverá maiores surpresas. Se ele quiser fazer alguma mudança com a qual você não concorda, evidentemente você deverá persuadi-lo a aceitar o programa da forma que você o planejou. Mas em último caso, provavelmente você cederá, porque ele é o chefe.

Ceder não é necessariamente uma coisa ruim — não subestime a contribuição de um bom chefe. Ele conhece a retaguarda e pode também enxergar o programa como alguém de fora, quando você eventualmente estiver tão envolvido em detalhes que seria impossível assumir uma posição imparcial para avaliar o impacto do programa como um todo.

SUMÁRIO DAS INSTRUÇÕES NÚMERO QUINZE

De quem é o programa?

Outras pessoas podem chamar o programa de "meu" programa, mas ele pertence ao diretor mais do que ninguém. Ele é a única pessoa que permanece trabalhando no programa durante todo o processo de produção.

Se você não concordar com alguma opinião

— do operador de câmera, do operador de áudio, do editor e outros técnicos, ouça o conselho deles, mas a decisão final é sua;
— de um colaborador, ouça-o também, mas a decisão final é sua;
— de seu chefe: você provavelmente cederá. Minimize as chances de discordâncias, mantendo-o informado de cada estágio da produção. Tenha em mente que a crítica dele pode ser válida, pois ele não se envolveu diretamente com o programa.

NÚMERO DEZESSEIS

ESTILO DE REDAÇÃO

As palavras constituem a comunicação por excelência, desde que bem utilizadas. Se forem mal utilizadas, ou usadas em excesso a comunicação perde-se no caminho.

Assim, você deve tornar válida cada palavra no seu comentário. Pense nisso quando estiver escrevendo. Depois, quando terminar, elimine todas as palavras e frases que contribuam pouco para o significado. Então leia o comentário em voz alta e retire mais palavras e frases que não farão falta. Quando tiver terminado, terá um comentário que (com sorte) leva sua mensagem de uma maneira breve, clara e simples.

cortando frases sem significado

Como você reconhece as palavras e frases a serem eliminadas? Pelo significado. Muitas expressões não significam nada, tais como "vejamos", "se quiser saber", "você sabe muito bem", "é de conhecimento geral". São expressões que talvez alguém use enquanto pensa o que vai falar em seguida, mas que não merecem lugar em seu comentário. Algumas destas frases podem ser longas: "é também de importância manter em mente as seguintes considerações...". Mas elas não significam nada.

Muitas palavras isoladas também são desprovidas de significado: advérbios em excesso (bem, muito bem), adjetivos no lugar de verbos (profundamente impressionado pela sua habilidade *versus* sua habilidade impressionou-o).

Dê a seus comentários clareza e impacto, cortando aquelas palavras que enfraquecem as palavras vizinhas, tais como bastante, quase, talvez, um tanto.... Se você tiver certeza dos fatos, selecione as palavras apropriadas e deixe-as sem qualificativos que as modifiquem.

Você pode fazer uma revisão do texto e retirar quase todos os adjetivos sem perda no significado. Se o objeto, ou pessoa, que você descreve está na imagem, adjetivos não vão acrescentar muito. Por exemplo, Ali Smith, um jovem motorista de ônibus bem apessoado, achou a bomba. Melhor dizer: Ali Smith, um motorista de ônibus, achou a bomba. Isto poupa um tempo para se dizer mais alguma coisa, sobre como, quando ou onde Ali Smith achou a bomba — ou mesmo citar a idade dele.

não diga o óbvio Verifique se você não está afirmando o óbvio. Alguns exemplos: esta ilha tropical fincada no mar azul, ensolarado, seria um lugar ideal para turismo (onde mais poderia estar situada uma ilha tropical?); no dia dez ele recebeu o salário pelo mês que trabalhara (e o que se paga no dia dez?); um hospital com muitas pessoas doentes (surpreendente seria se não estivessem doentes).

evite o jargão Outra coisa a evitar é o jargão. Depois de pesquisar um programa sobre aviação, você provavelmente estará familiarizado com termos como DAC, ILS, siglas etc. Mas não espere que seus espectadores estejam. O jargão é uma linguagem taquigráfica de especialistas; se você deseja dar a seu comentário um sabor autêntico, no máximo utilize uma ou duas expressões do jargão especializado, mas assegure-se de que eles sejam explicados em linguagem não técnica.

siglas Você nunca deve introduzir siglas sem explicá-las no mínimo uma vez (DAC Departamento de Aviação Civil). Mas os espec- tadores provavelmente não se lembrarão de seu significado por muito tempo, principalmente se você tiver introduzido outras siglas incomuns para eles.

clichês Deve-se usar os clichês com cautela. De alguma maneira os clichês são práticos devido a sua familiaridade. Expressões como bravos soldados do fogo; chovia a cântaros; o abominável caiu crivado de balas; a clássica um lance espetacular; a horrível aplaudido de pé pelo público, transmitem significado ao espectador com a rapidez de um relâmpago. Mas é o significado exato daquilo que você deseja comunicar? Freqüentemente o clichê é cômodo, pode ser facilmente utilizado, mas apenas aproxima-se daquilo que você deseja dizer. Um instante de reflexão possibilitaria um arranjo melhor de palavras que expressariam seu significado mais precisa e economicamente.

melhor ser breve Quando escrever o comentário, mantenha seus períodos curtos. Se eles tiverem mais do que duas ou três linhas, provavelmente você esteje tentando colocar muitos pensamentos em um espaço demasiadamente pequeno e o espectador poderá não acompanhar sua argumentação. O mesmo vale para as palavras: as curtas são melhores do que as compridas, porque as pessoas entendem-nas mais facilmente. Achar é melhor do que encontrar, previsão do tempo é melhor do que previsão meteorológica.

Lembre-se que o espectador ouve um comentário, não pode lê-lo. Mais ainda: ele o escuta uma só vez e não na velocidade que deseja. Assim, o significado precisa ser instantaneamente claro. Você pode lucrar com o fato de que o espectador terá o comentário lido para ele, deixando a inflexão do locutor imprimir algum significado adicional. Uma substituição de um pronome por outro, de pronomes por nomes (e às vezes o contrário), ou uma vírgula bem posicionada, podem funcionar bem.

Por exemplo:

1 No Estádio Asteca, que foi o cenário em que a seleção brasileira se consagrou como tricampeã, os torcedores aplaudiram os jogadores, assim que entraram em campo.

2 No Estádio Asteca — onde a seleção brasileira se consagrou tricampeã — os jogadores entraram em campo sob os aplausos da torcida.

Escrever bem não é apenas um privilégio que ressalta suas habilidades. É mais do que isto, pois em muitos casos suas palavras são seus pensamentos. Se os seus pensamentos não forem claros, suas palavras evidenciarão isto.

Se encontrar dificuldade em colocar seus pensamentos no papel de maneira clara e simples, faça um treinamento, contando para alguém em voz alta, o que você quer dizer. Seu cérebro descartará automaticamente, a maioria do palavreado desnecessário as pessoas falam com mais clareza do que escrevem.

Assim faça sua redação em linguagem coloquial e seu público o entenderá melhor.

SUMÁRIO DAS INSTRUÇÕES NÚMERO DEZESSEIS

Estilo de Redação

Torne válida cada palavra no comentário.

Sempre pense no significado do que pretende dizer.

Corte
— palavras sem significado, ou frases, ou períodos;
— palavras que enfraqueçam as palavras vizinhas;
— adjetivos desnecessários;
— frases e períodos que digam o óbvio;
— jargões e clichês.

Sempre esclareça ao espectador o que quer dizer determinada sigla.

Não use siglas demais.

Use palavras e períodos curtos.

Estude o uso de pronomes adequados e coloque vírgulas nos lugares devidos.

Torne sua redação tão clara quanto uma conversa informal.

Suas palavras são seus pensamentos. Se seus pensamentos forem claros, suas palavras também serão.

NÚMERO DEZESSETE

PROBLEMAS LEGAIS

Este não é um guia para produtores sobre "como se ver livre de problemas legais"; isso seria impossível para qualquer manual porque os procedimentos de televisão e os legais diferem amplamente no mundo todo. O único conselho prático que posso oferecer é que procure descobrir quem é o advogado na sua emissora e consulte-o sempre que achar que terá problemas; com freqüência uma leve mudança de procedimento (algumas vezes a mudança de uma palavra) salvará você de um problema que mais tarde seria insolúvel.

permissão para filmar A armadilha mais comum é a permissão para filmar. Obviamente, você deve ter permissão para filmar dentro de um lar ou de uma fábrica, mas você precisa de permissão para filmar em externas? Na maioria dos países você pode filmar externas de propriedades privadas sem permissão, desde que a câmera esteja num lugar público. Mas você precisa de permissão da polícia para filmar numa rodovia? Em alguns países, sim.

pagamento de artistas Sua emissora normalmente remunera os colaboradores? Neste caso, como deve ser feita a remuneração? Certamente você deve pagar apresentadores, artistas, atores, cantores e cantoras, mas o cachê cobre ensaios e regravações? E a venda de cópias em vídeo? Quem determina os cachês e faz os contratos? E as pessoas que são entrevistadas em seu local de trabalho, para a realização de documentários — são remuneradas? Estas questões não só são de importância para o seu orçamento, mas também têm relação com o grau de interferência que você pode aceitar de um colaborador. Como regra geral, o controle editorial deve permanecer com você, como representante da emissora, mas o que acontece se alguém concorda em dar uma entrevista somente sob a condição de que possa vê-la editada antes de ir para o ar? Você, produtor, tem autoridade de concordar com essa condição? É melhor checar com antecedência como proceder.

copyrights Outra área que você deve averiguar é o *copyright*. Em termos gerais, se você usa algo de autoria de terceiros, seja um pedaço de filme, um conto, uma fotografia, uma música, você tem de pagar pelo privilégio. Mas sua emissora pode ter um convênio especial com as organizações que protegem os direitos de autor e a política pode ser utilizar somente os itens cobertos pelo convênio, e nunca os demais. Certamente, vale a pena descobrir que acordos são estes.

difamação Difamação é, provavelmente, o problema jurídico mais sério em que você pode se meter. Os perigos, definições e defesas da difamação são complicados, mas não deixe de saber qual o procedimento no seu país. Talvez você ache isso um tema fascinante e possa ficar surpreso em descobrir que no seu país, tal como na Inglaterra, você só poderá fazer uma acusação de difamação se puder comprovar a verdade através de documentos e provas. Não adianta apenas saber que você está certo...

SUMÁRIO DAS INSTRUÇÕES NÚMERO DEZESSETE

Problemas legais

Conselho prático: descubra quem é o advogado de sua emissora e consulte-o quando tiver suspeitas de dificuldades, antes que elas se tornem sérias.

Áreas sobre as quais você precisa saber a respeito da legislação local:

— permissão para filmar;

— contratos de artistas;

— controle editorial;

— *copyrights*;

— difamação.

NÚMERO DEZOITO

QUEM É O PÚBLICO?

Quem está aí do outro lado?

Não é uma pergunta que os realizadores fazem todo os dias para si mesmos. As respostas levam a outras perguntas, que por sua vez levam à área da política de radiodifusão, sobre a qual os radialistas exercem pouco controle. De qualquer forma, você poderá dizer, "estou muito ocupado terminando meu programa para pensar nesses problemas." Você pode até acreditar que se o programa tiver um espectador ou um milhão, isto não faz diferença para o processo de produção...

Mas faz. É importante a todo instante parar e perguntar para si mesmo (como seus chefes devem fazer constantemente): para quem eu estou transmitindo? Para público jovem? De idade? Com que grau de instrução? Pessoas do governo, estudantes e executivos? Ou operários e suas famílias?

A resposta a esta questão afeta uma série de coisas em seu programa. Afeta os temas que você escolhe. O jovem não pensa como as pessoas de idade, as autoridades têm problemas diferentes dos operários. Afeta a linguagem que você usa: as pessoas mais instruídas nem sempre falam a mesma linguagem que os não instruídos e os dois, não necessariamente, se entendem mutuamente. Afeta o tipo de gente que aparece em seu programa. Devem ser principalmente autoridades, ou gente do povo? Afeta o tipo de música: deve ser tradicional, estrangeira, clássica ou popular? Afeta o tipo de modalidade esportiva, de dança e de novela a exibir, o tipo de filmes a importar... quando você começa a pensar nisso percebe que afeta virtualmente tudo.

Claro que quando você começa a perguntar a si mesmo "para quem eu transmito?" a resposta é óbvia. Para programas gerais, a maioria dos espectadores será jovem e de meia-idade, e com baixo nível de instrução simplesmente porque as pessoas, em sua maioria são jovens, de meia-idade e pouco instruídas. Alguns dos programas podem ser planejados para atrair um segmento da população (mulheres, crianças, fãs do esporte, pessoal de nível universitário), mas a audiência para os programas gerais se constituirá da vasta massa de gente comum.

Assim, parece tolice desperdiçar o potencial do mais bem-sucedido meio de comunicação de massa que jamais foi concebido, com programas que não lotariam nem mesmo um anfiteatro de uma universidade — com temas como a velocidade de circulação da moeda ou a motivação no trabalho, para os quais até mesmo os acadêmicos e os executivos encontram dificuldade para dirigir sua atenção. Não hesite em abordar tais temas de vez em quando na televisão mas só de vez em quando, e assim mesmo de uma forma atraente, para que a audiência ache o tema interessante. No resto do tempo, transmita programas de interesse geral. São programas sobre gente — sua vida, seus amores, seu trabalho, seus sucessos, fracassos, aventuras, ódios, gostos, filhos, seus bichinhos de estimação. E programas com gente: dançando, cantando, contando piadas, praticando esportes, cozinhando, competindo. As pessoas interessam-se, principalmente, pelas pessoas.

"Oh, sim, mas nossa estação é mantida por verbas governamentais e o governo gosta que nós gastemos a maior parte do nosso tempo falando de problemas de interesse nacional", você poderá dizer. Isso pode ser um fato, mas você deve perceber (e as autoridades de radiodifusão também) que os programas de interesse nacional não derrotam a audiência de programas que têm apelo popular. E os membros do governo, ao perceberem que dificilmente alguém assiste aos programas de interesse nacional, criticarão a emissora por não fazer um bom trabalho, e com razão. Embora, para fazer justiça, eles devam arcar com parte da culpa.

Como isso tudo afeta você, um humilde diretor? Duas lições que você pode tirar:

1 Escolha temas que o interessem, não temas que você seja obrigado a fazer, por serem pagos.

2 Lembre-se de quem é o seu público e procure atrair a maior parte dele com programas adequados.

Televisão é um meio de comunicação de massa.

SUMÁRIO DAS INSTRUÇÕES NÚMERO DEZOITO

Quem é o público?

Jovens ou pessoas de idade? Pessoas com que nível de instrução? Autoridades ou operários? As respostas afetam:
— os temas escolhidos,
— a linguagem a usar,
— o tipo de gente que vai aparecer,
— a música escolhida,
— o tipo de programação.

As pessoas gostam de programas sobre outras pessoas.

Os governos gostam de emissoras populares e de sucesso. Assim escolha temas que lhe interessem e tornem seus programas apreciados pela grande maioria de seu público potencial.

Televisão é um meio de comunicação de *massa*.

NÚMERO DEZENOVE

TRABALHANDO COM ATORES

Os atores representam um desafio diferente de qualquer outro que já tenha enfrentado em produção. De um lado os atores são seres humanos; isto quer dizer que possuem suas próprias idéias e experiências para trazer ao programa. Por outro lado — diferentemente dos participantes da maioria dos programas – ficam quase que completamente sob o controle do diretor. Palavras, gestos, movimentos, vestuário, maquiagem — tudo sobre os atores vem da direção. O jeito é manter seu controle, sem sufocar a iniciativa deles.

estudando o texto Você precisa estar extremamente bem preparado para fazer isso com êxito. A primeira fonte à qual você recorre para se inspirar é o *script* supostamente escrito por alguém de fora e deve ser seguido fielmente (seu primeiro trabalho é garantir que o texto esteja sendo seguido na íntegra; se depois, durante os ensaios, você perceber que isto não trará bons resultados, é a hora de sugerir e fazer mudanças). Quando você ler o texto pela primeira vez, faça-o somente por prazer. Só depois, disso você deverá começar o trabalho, para que o público partilhe o prazer do texto.

Comece trabalhando o texto de novo duas ou três vezes a nível de detalhe, pensando no modo mais eficaz para cada personagem aparecer, falar e se movimentar, considerando a melhor forma de compor cada fala. Não é necessário, neste estágio, tomar decisões finais. Uma revisão cuidadosa das possibilidades é tudo o que se precisa. Você deve deixar espaço para os atores darem sua contribuição criativa.

elenco O estudo preliminar do texto será de grande ajuda quando formar o elenco. Se você tiver um grande número de atores para escolher e o orçamento permitir, vale a pena contratar um diretor assistente para auxiliá-lo. Ele (ou ela) saberá melhor do que você quais os atores que estão disponíveis e o que eles são capazes de realizar. Esse conhecimento especializado pode poupar-lhe um bocado de tempo e, também, aumentar suas chances de colocar o ator certo em cada papel. Um bom elenco é vital para o sucesso de seu teleteatro ou novela; grande parte de seus problemas surgem nesta etapa. Se fizer tudo certo, metade de seus problemas estarão resolvidos. Se fizer errado, você terá que redobrar seus esforços, para evitar um desastre.

testes Você deve fazer um ensaio aberto para qualquer pessoa que queira participar — nunca perca a chance de descobrir um novo talento. Dê para cada candidato uma cena ou fala e veja seu desempenho. Não confie em sua memória, e tome nota de cada atuação: como cada um desempenhou e como se encaixa fisicamente na personagem. A aparência é essencial, mas a longo prazo desempenhar o papel com eficácia é mais importante do que simplesmente a boa aparência.

ensaios Uma vez escolhido o elenco, diga que personagem cada um vai desempenhar e dê uma cópia do texto para todos estudarem durante alguns dias. Você deve, então, providênciar um encontro para os ensaios. Em primeiro lugar, este pode ser em qualquer local conveniente e calmo, e não deve ser mais do que uma leitura do texto com cada ator fazendo sua personagem e você ouvindo. A idéia do ator sobre sua personagem, a partir do texto, pode diferir da sua, mas você deve ouvir sua interpretação cuidadosamente, porque esta pode trazer aspectos da personagem que você não percebeu. Este é o fascínio de se trabalhar com atores: através de conversas, experimentação e trabalho em equipe chega-se a um desempenho consideravelmente melhor. Novela é um trabalho de equipe — mas não se esqueça de que você é o capitão do time. É difícil especificar linhas de orientação precisas sobre como tirar o máximo de sua equipe — cada líder tem seu próprio método. O principal é que você deve deixar cada um contribuir com o que pode e, depois, moldar essas contribuições para se encaixarem na sua visão do texto.

movimentação de atores e colocação de câmeras Enquanto os ensaios acontecem, você deve começar a pensar sobre o que os atores farão e onde você fará as tomadas para cobrir suas atuações (marcação). Se fizer fora de estúdio, escolha as locações; se fizer em estúdio, deve ter uma planta baixa *set*. Assim, se você estiver usando vídeo ou filme já deve ter uma boa idéia do arranjo para cada cena. Agora, use sua "TV mental" para imaginar os atores em cada cenário, onde eles se sentarão, ficarão de pé, caminharão, ajoelharão ou se deitarão. Em seguida, pense onde colocar a câmera (ou câmeras). Pense na pessoa ou ação mais importante em cada parte do texto e como você pode ressaltar essa importância com a câmera.

ensaio de movimentação Uma vez que você trabalhou as posições e os movimentos, comece introduzindo-os nos ensaios. Não é preciso o cenário completo para fazer isso. Cadeiras, mesas, livros, marcas de giz no chão – qualquer objeto servirá para marcar as posições da contra-regra e cenário do *set* verdadeiro. O tamanho e o *layout* de seu *set* improvisado deve ser tão próximo do verdadeiro quanto possível. Nos ensaios seguintes, os atores devem praticar toda a movimentação junto com as falas. Isso permitirá que eles sintam o espaço e lhes dará a oportunidade de verem a ação das posições que você planejou para a câmera. Você poderá até descobrir posições melhores de câmera ou de movimentos para os atores e a câmera.

cenas longas, estáticas Evite longos trechos de diálogo nos quais os atores não se movimentem. É difícil manter o interesse do público em cenas muito estáticas. Mas se você tiver um longo trecho de diálogo, não desista e faça tudo num único plano geral. Mesmo quando as pessoas estão apenas sentadas conversando, suas atitudes mudam em cada estágio da conversação. Quando conversam fora das câmeras, essa mudança de atitude revela-se inclinando-se na cadeira, olhando pra lá e pra cá, tossindo, ou apenas se ajeitando numa posição mais confortável. Você deve reproduzir esse tipo de detalhe sutil na frente da câmera. Se seus atores estiverem tensos e sem naturalidade você deve demonstrar o que quer, atuando você mesmo. Então, quando o ator pegar a idéia, você pode usar estes pequenos, mas imprescindíveis sinais de mudança de atitude, para tomar a decisão de qual ator mostrar na tela em cada ponto da conversa. Se você cortar direito, seus espectadores inconscientemente absorverão essas atitudes como "linguagem corporal" e verão as personagens como pessoas reais, numa experiência real da qual o público pode partilhar. E mesmo as longas cenas paradas serão válidas.

intenção de movimentos A compreensão da linguagem corporal também ajuda a motivar a ação dramática dos atores. Isso é importante: sem a motivação, os gestos e os movimentos tendem a confundir, ao invés de esclarecer o que a atuação está tentando dizer. Assim, dê ao ator uma razão para atravessar a sala (talvez seja uma personagem meticulosa e queira ajeitar o quadro na parede). Dê a sua atriz uma razão para se inclinar na cadeira (ela está ficando cansada com a conversa). Se não existir razão para esse tipo de movimentação, seus espectadores desejarão saber "por que ela fez isso?", ao invés de se concentrarem na novela. O motivo para uma ação não precisa ser óbvio, no momento em que a ação principia, mas deve surgir logo, ou à medida que a novela se desenvolve.

não permita exageros Outro aspecto sobre atuação. Não deixe os atores exagerarem na atuação. A audiência de TV é feita de muitas unidades de uma ou duas pessoas assistindo, em casa, e assim os atores devem desempenhar como se estivessem atuando para uma ou duas pessoas sentadas a não mais de dois metros, e não para uma platéia de milhares e milhares. A novela na TV é a arte dos gestos sutis, e não dos gestos exagerados. Os atores não devem "projetar" suas emoções como fazem no teatro. Eles devem apenas comportar-se como um tipo, tão naturalmente quanto possível e deixar a câmera levar a mensagem à audiência.

tipo de plano A maior parte da novela (talvez dois terços) pode ser feita em plano médio ou em *close-up*, mas você também necessitará de contraplanos e de um plano geral ocasional, para mostrar onde as pessoas se situam.

posições na tela O posicionamento dentro da tela de cada ator na tela, nos planos abrangentes é importante, pois algumas partes da tela dão maior destaque do que outras. Por exemplo, uma pessoa dando uma ordem deve estar numa posição dominante (no centro da tela ou no primeiro plano) e a pessoa recebendo a ordem, numa posição de menos destaque (do lado ou no plano de fundo).

Não existem regras sobre as partes de maior destaque da tela, já que estes valores mudam, dependendo da posição da câmera ou da distância entre as pessoas na imagem. É suficiente para você estar consciente de que esse relacionamento existe e que você pode usá-lo para causar impacto.

cenas incrementadas Evite cenas cheias de truques (por exemplo a ação vista pelo reflexo de uma garrafa), a menos que realmente ajudem a contar a história. Com muita freqüência, as cenas incrementadas dirigem a atenção para si mesmas, e não para a história como um todo. Como princípio geral, você deve procurar uma sucessão de imagens com fluidez, com cenas bem iluminadas (a iluminação é particularmente importante nas novelas) que mostrem a ação do melhor ponto de vista, ao invés de ofuscar o público devido à intensidade luminosa.

produção em estúdio Quando você finalmente decidir todas as tomadas, coloque-as no papel e então datilografe o roteiro da maneira usual. O procedimento para fazer uma novela no estúdio é o mesmo que para qualquer outro programa (veja o capítulo onze). Você ainda precisa fazer sua revisão geral de cada cena, ainda que tenha ensaiado por semanas com os atores. As coisas sempre parecem diferentes no estúdio e os operadores também precisam ensaiar suas atuações.

Para as produções em estúdio é fundamental gravar a novela em grandes blocos, com poucas interrupções e seguindo a ordem em que as cenas foram escritas. Isso dá aos atores a oportunidade de desempenhar seus papéis e esquecer a tecnologia ao redor deles. Se qualquer coisa sair errada, vá até o fim de cada bloco e depois retorne e repita os trechos com falhas, para que você possa editá-los na versão correta posteriormente.

novela em locação Para uma filmagem em locação com uma só câmera, você precisa planejar a novela inteira em tomadas individuais e iluminar e gravar cada uma delas separadamente. Você pode economizar tempo gravando todas as tomadas em determinada área, uma em seguida da outra, apenas alterando um pouquinho a iluminação. Mas só faça isso se os atores não se sentirem confusos devido aos saltos demasiados na gravação da história. Eles são as pessoas que o público irá assistir e assim suas necessidades devem ter prioridade.

SUMÁRIO DAS INSTRUÇÕES NÚMERO DEZENOVE

Trabalhando com atores

Comece pelo texto. Leia-o uma primeira vez por prazer. Depois trabalhe-o a nível de detalhe, pensando sobre a melhor forma de cada personagem aparecer, movimentar-se e falar.

Seja criterioso na seleção dos atores. Descobrir a pessoa certa para o papel é meia batalha vencida. Faça um teste aberto para todos. Lembre-se durante a composição do elenco, que ser capaz de atuar bem é mais importante do que ter apenas boa aparência.

Nos ensaios, primeiro ouça as idéias que os atores trazem para seus papéis. Depois trabalhe em equipe com eles, para moldar seus papéis à sua interpretação da história como um todo. A produção de novela é um trabalho de equipe — e você é o capitão do time.

Comece pensando nos movimentos dos atores (marcação) e nas posições da câmera. Aprenda a entender como as pessoas "conversam" com seus corpos. Introduza esses movimentos costumeiros e sutis na atuação, se os atores já não os estiverem fazendo naturalmente. Dê atenção a todas as movimentações, caso contrário elas distrairão o espectador em vez de esclarecê-lo.

Pratique a movimentação junto com as falas nos ensaios, usando um cenário improvisado e contra-regra para mostrar as dimensões do cenário verdadeiro.

Não permita exageros de atuação. A novela na TV é a arte dos gestos sutis.

Use principalmente planos médios e *closes*, com planos gerais ocasionais para mostrar as posições dos atores. Pense em posições de maior e menor destaque dentro da tela e grave os atores atuando de acordo com elas.

Evite cenas incrementadas. Cuide da iluminação.

Nas produções em estúdio siga os procedimentos normais, incluindo a revisão geral de cada cena. Grave a novela, com poucas interrupções, sempre que possível. Repita para corrigir erros e editar a versão correta depois.

Em locação, ilumine e grave cada tomada separadamente. Não pule cenas no texto para economizar tempo, se isso confundir demais os atores.

Dê prioridade às necessidades dos atores. Eles são as pessoas que o público irá assistir.

NÚMERO VINTE

VOCÊ QUER TRABALHAR EM TELEVISÃO?

Se você está lendo este livro como parte de um curso ou porque está pensando em seguir carreira na televisão, você aceitará algumas sugestões sobre como encontrar um emprego de produtor ou diretor.

Existe sempre enorme quantidade de pessoas querendo entrar em televisão e assim você deve tentar sobressair-se da multidão. O primeiro requisito, portanto, é ter nível universitário; a área do diploma não importa, embora obviamente se ela for uma em que você esteja autenticamente interessado, sua formação será melhor e não atrapalhará seu projeto de vida*. Mas não imagine que você deva ser formado em Comunicação para entrar em televisão; considere essa área como de valor em si mesma, e não como um meio para se conseguir um emprego. Francamente, muito pouco do que você aprende como estudante de Comunicação ou qualquer outra área será aplicável para você como produtor. O valor do grau universitário é que indica que você pode estudar algum assunto com profundidade e que sabe como raciocinar.

Certamente, existem outros modos de demonstrar essas habilidades e, então, você não deve se desesperar, caso não tenha cursado uma faculdade. Mas os não formados realmente acham mais difícil de conseguir uma entrevista, e muitas emissoras até os recusarão em cargos de produção (injusto, mas infelizmente é verdade). Se você estiver nessa infeliz situação, descubra que empregos fora da área de produção você assumiria e candidate-se a eles. Pode ser possível transferir-se mais tarde para a produção, desde que você curse a faculdade.

Mas mesmo um grau universitário não garante a você um emprego como produtor. Para sobressair-se da multidão de ávidos formandos você deve mostrar que tem feito alguma coisa de valor num

* No Brasil, a profissão de radialista é regulamentada por lei: para as funções de direção e produção é necessário diploma universitário na área de comunicação com habilitação em rádio e TV (exceto para aqueles que já exerciam a profissão antes da regulamentação da lei). Para maiores informações procure o seu Sindicato.

campo relacionado, pelo menos vagamente com televisão. Certamente, se você disse que fez um vídeo de curta duração (ou ajudou a fazer), ou um filme de curta-metragem, isto o distinguirá da multidão — não importa se você usou equipamento doméstico ou profissional; o importante é que já fez. Ter produzido ou dirigido uma peça de teatro (amador ou não), participado de uma mostra de fotografias, redigido textos, organizado uma festa ou um festival, ou qualquer outra atividade que evidencie talento criativo ou para organizar, dará a você um bom começo. Uma retaguarda em jornalismo estudantil ou profissional, ou rádio, também o destacará dos demais.

Ter toneladas de idéias para programas não lhe daria grande vantagem, como você poderia esperar. Não importa o que o público pense, as emissoras em geral não estão com falta de idéias — mas sim de dinheiro, de horário para transmissão e, talvez, de energia para introduzir novas idéias. Assim, apresentar sua lista de idéias não deve motivar ninguém a contratá-lo; as emissoras estão mais interessadas em seu potencial para transformar idéias em programas. Mas, sem dúvida, guarde uma lista de boas idéias para a entrevista, e não a inclua em sua carta pedindo emprego.

Qualquer método que você utilize para mostrar seu potencial tem de ser apoiado em seus conhecimentos sobre televisão. Para tanto, você precisa assistir à TV intensamente, colocar-se no lugar dos produtores e estudar o que tem feito sucesso e o que fracassou, e como poderia ser melhor. Obtenha os nomes dos realizadores e seus programas; leia as críticas de TV. regularmente e avalie os aspectos positivos e negativos. O objetivo disso tudo é que quando for para uma entrevista você estará tão bem informado quanto qualquer outro que trabalhe na televisão. Não se mostre "o dono da verdade", mas sim alguém que conhece o assunto. Impressiona (e agrada) qualquer um em televisão encontrar uma pessoa que goste de estudar o meio televisivo de uma forma inteligente. Você descobrirá que tem muito a conversar na entrevista, o que será reanimador para seu entrevistador, que costuma perder seu tempo tendo de perguntar " por que você quer trabalhar em televisão?" Aliás, uma maneira de responder é: "Você viu o programa... anteontem (escolha um programa bem feito sobre alguma coisa pela qual você se interesse)? Bem, é o tipo de programa que eu gostaria de fazer. Embora, talvez, ele pudesse ter abordado outro aspecto da questão, quando...". Como o entrevistador pode resistir?

A pessoa a quem se deve dirigir para se pedir um emprego é o chefe de produção; telefone à emissora para saber o nome da pessoa para quem você deve escrever. Mande detalhes de sua idade, formação escolar, prêmios, realizações, interesses etc., imprimindo atenção especial àqueles itens que fazem você destacar-se dos demais. Você não precisa esperar o emprego ser anunciado para escrever: as emissoras costumam precisar de pessoal extra de repente, e não há razão para você não se beneficiar deste recrutamento não programado. Se lhe oferecerem esse tipo de colocação, poderá ser por poucos meses ou semanas, mas aceite-o de todo jeito, porque representa seu primeiro passo. O emprego provavelmente não será o de produtor, mas terá algum outro título tal como, estagiário, assessor de pesquisas ou assistente de produção. Chamo isso de emprego da área de produção porque as emissoras usam uma variedade de nomes de funções para quem está começando.

Não escreva só para o departamento de produção; escreva também para os chefes de outros departamentos, diretores de produção, ou mesmo produtores de programas, para pedir emprego. Eles são as pessoas que, de fato, precisam de você e se o indicarem para o departamento pessoal, é improvável que seus pedidos sejam negados.

Se você desanimar no começo, continue tentando. Se você está saindo da faculdade, ainda não lidou com produção e tem de ganhar a vida enquanto tenta, jornalismo* e rádio são os melhores abrigos. Mas tome cuidado ao aceitar um emprego fora da área de produção em TV, se você preenche os requisitos formais (tal como um título universitário) e está realmente determinado a se tornar produtor. Não há nada de errado com empregos fora da área de produção. Mas se você quer ser produtor (ou diretor), começar num emprego como assistente pode mantê-lo sem perspectiva por um longo tempo, à medida que o pessoal se acostuma a pensar em você como assistente.

---

* No Brasil, a profissão de jornalista é regulamentada por lei: para exercê-la é necessário diploma universitário exceto para quem já exercia a profissão antes da promulgação da lei.

SUMÁRIO DAS INSTRUÇÕES NÚMERO VINTE

Você quer trabalhar em televisão?

Forme-se numa faculdade.

Se você não pode cursar uma faculdade e a emissora só leva em consideração pessoas formadas para os cargos de produção, candidate-se a qualquer outra função. Mais tarde poderá ser possível uma transferência à produção desde que você curse a faculdade.

Destaque-se da multidão de candidatos:

— fazendo (ou ajudando a fazer) um curta-metragem ou vídeo;

— produzindo ou dirigindo uma peça teatral;

— organizando uma mostra de suas fotografias;

— redigindo textos;

— organizando uma festa ou um festival;

— mostrando evidências de seu talento criativo ou habilidade para organizar.

— trabalhando em jornal estudantil (ou profissional) ou em rádio.

Faça uma lista de idéias de programas para a entrevista.

Dê retaguarda a seus projetos

— assistindo à TV de forma inteligente e tentando se colocar no lugar dos produtores, pense nos problemas dos produtores);

— tomando nota dos nomes dos realizadores e seus programas;

— lendo revistas sobre TV (não precisa concordar com elas).

Telefone para descobrir o nome correto e a função da pessoa a quem você vai pedir colocação e mande detalhes de sua vida pessoal, formação escolar e realizações.

Você não precisa esperar anúncios de emprego para escrever; o recrutamento não programado é comum e pode lhe dar a oportunidade tão esperada.

Note que os nomes das funções de quem está começando na área de produção variam enormemente.

Vale a pena escrever diretamente para os chefes de departamentos, diretores de programação e produtores de programas, tanto quanto para o chefe de produção.

Continue tentando.

Se você preenche os requisitos formais para um emprego na produção, pense duas vezes antes de aceitar um emprego fora da área.

GLOSSÁRIO

ajustes técnicos ajuste das câmeras eletrônicas e demais equipamentos antes da transmissão "ao vivo" ou da gravação

amplitude a força de uma corrente elétrica ou sinal elétrico

animação simulação de movimento através da filmagem, mudando a posição do objeto quadro a quadro

assemble edição do material de vídeo na ordem correta, sobre a fita virgem, sem *control track* pré-gravado.

áudio outro termo que designa o som; usado em contraste a *vídeo*

à esquerda e à direita posições à esquerda e à direita da posição da câmera

banda-alta versão do formato de vídeo *U-matic*

banda-baixa versão do formato de vídeo *U-Matic*

banda internacional trilha gravada só com música e efeitos sonoros, sem narração

balanço cromático (balanceamento da câmera) assegura que a câmera está combinando as três cores primárias nas proporções corretas

cabeça (vídeo), um dispositivo eletromagnético para gravar o sinal de vídeo num suporte magnético (a fita de vídeo) ou para leitura do sinal gravado (*playback*)

câmera de animação (*table-top*) câmera especialmente montada para fazer movimentos suaves em fotos, desenhos, pinturas etc.

câmera sem fio câmera equipada com um transmissor de baixa potência

campo em vídeo, a área da tela de televisão coberta pela varredura de linhas alternadas. 2 campos = 1 quadro (imagem completa)

carretel aberto ("open reel") fita magnética não embutida num cassete, que tem de ser carregada à mão

cassete caixa para fita magnética (áudio ou vídeo) que é laceada automaticamente pela máquina gravadora/reprodutora

cena muda cena tomada sem a gravação do som direto

chromakey substituição parcial de uma imagem eletrônica com material proveniente de outra fonte

ciclo em eletricidade, uma repetição completa da corrente alternada, referida como a freqüência em unidades hertz. A Inglaterra tem 50 ciclos por segundo ou 50 hertz e os Estados Unidos, 60 Hz

ciclorama – fundo do estúdio, atrás do cenário podendo ser feito de madeira, pano ou alvenaria. Quando os cantos são arredondados chama-se de fundo infinito.

cintilação perturbadora perda de luz entre os quadros de filme ou de vídeo — quase invisível na freqüência de 48 ou 50 por segundo

claquete pequena lousa usada para marcar o ponto de sincronismo entre som e imagem e para identificar o rolo, a cena e o *take* por números

close-up (ou primeiro plano – PP) cena que mostra a cabeça inteira da pessoa, do colarinho ou gola para cima. Cena fechada de um objeto

codificação sinal elétrico proveniente da câmera, modificado para uma forma adequada à propagação

congelamento de imagem ou *freeze frame* um campo isolado de vídeo, ou um fotograma de filme, exibido de forma estática na tela

contraluz luz que vem de trás para separar o entrevistado do cenário de fundo

contraste diferença de brilho na imagem ou cena

control track – Vide pista de sincronismo.

copião filme após processamento, mas antes da montagem

cores primárias em vídeo, vermelho, verde e azul, que podem ser adicionadas em diferentes proporções para produzir qualquer outra cor

corte grosso primeira montagem de cenas

corte brusco um corte que interrompe a continuidade de tempo, espaço ou ação; em telejornalismo chama-se de corte brusco a deixa final de uma entrevista cujo áudio termina exatamente junto com a imagem.

corte intermediário cena usada para evitar um corte brusco, geralmente de alguma coisa relacionada, mas não vista na cena principal

créditos lista das pessoas envolvidas na produção do programa, relacionando nomes e funções.

CRI sigla de *Colour Reversal Intermediate*, material virgem para se fazer uma ou mais cópias do *master* reversível

crominância porção do sinal de vídeo que contém a informação das cores, que consiste em sinais de diferença de cores

cruzar o eixo reverter o fluxo da ação em cenas sucessivas, confundindo o público quanto ao sentido de direção

cue pontos de marcação eletrônica na fita de vídeo

diafragma a abertura através da qual a luz penetra na câmera (veja também número *f*)

diferença de cores codificação da informação das cores em termos de vermelho e azul, como o valor que sobra após a subtração do sinal de luminância

dioptria unidade de medida da potência de uma lente de aproximação, usada nas objetivas de vídeo como acessório para tornar possível primeiríssimos planos de objetos

diretor o responsável por todos os detalhes criativos da produção provenientes de técnicos, artistas, designers e outros

distância focal distância entre a objetiva e a superfície do filme ou entre a objetiva e o tubo captador de imagens da câmera de vídeo

dolly carrinho com elevador para movimentação suave da câmera no decorrer da filmagem. Também usado nos Estados Unidos para se referir ao movimento da câmera em si

edição computadorizada o computador sincroniza as máquinas de vídeo e faz a edição conforme as instruções

edição final estágio final do processo de edição

efeitos sonoros, ruídos gravados que não são música nem fala

elenco adequação dos atores com suas personagens

emulsão revestimento no filme que é sensível à luz — o lado menos brilhante do filme que gruda num dedo umedecido

ensaio aberto testes de atores para avaliar sua adequação a papéis num novela

espelho dicróico dispositivo para dividir o raio de luz de acordo com o comprimento de onda — usado em câmeras de vídeo para determinar as proporções das cores primárias numa cena

exposição quantidade de luz que se permite incidir num quadro do filme virgem; geralmente referido como um número

externa qualquer filmagem ou gravação ao ar livre

ficha de câmera (tripa) roteiro personalizado para o *operador de câmera* no estúdio, contando a seqüência dos planos

filme reversível sistema de filme cinematográfico que não usa negativo: a própria película colocada na câmera, quando revelada, já produz a imagem positiva

filtro cristal ou gelatina usados para modificar a luz que penetra na câmera

fotograma ou quadro (de filme): imagem isolada num pedaço de filme exposto

fotogramas adicionais pedaços de filmes acrescentados ao rolo de imagem ou de som para preencher falhas e assim garantir o sincronismo entre som e imagem

freqüência termo de eletricidade que designa o número de ciclos por segundo na corrente alternada (veja ciclo)

freqüência modulada combina um sinal com uma portadora pela modulação da freqüência da portadora

fusão transição gradual de uma cena para outra

geração estágios de copiagem de vídeo. A fita *master* é a primeira geração; uma cópia da *master* é segunda geração; uma cópia da cópia é terceira e assim por diante

grande-angular objetiva com curta distância focal

gravação digital codificação do áudio ou do vídeo como valores numéricos no lugar de um sinal elétrico variável

helicoidal em vídeo, laceamento da fita ao redor do cilindro que contém as cabeças que descreverão a trajetória de uma hélice parcial, possibilitando assim pistas gravadas diagonalmente na fita

hertz unidade da freqüência de repetição da corrente elétrica ou da voltagem. Um hertz = um ciclo por segundo

índice de consumo de material virgem razão entre o material filmado e o material exibido

insert edição de vídeo numa fita pré-gravada em geral com sinal de sinc; substituição de uma cena por outra de idêntica duração

intercomunicação comunicação contínua, por som, através de fones e entre o *switch* e os operadores de câmera, assistente de estúdio, gerador de caracteres e outros técnicos envolvidos no programa

interior qualquer cena em local fechado

interlace técnica de vídeo de varrer linhas alternadas na imagem, a fim de eliminar a cintilação entre os quadros (veja campo)

laceamento carregamento da fita magnética ao redor das cabeças, feito automaticamente em máquinas cassetes, ou manualmente nas de carretel aberto

leader início do rolo de filme, geralmente com uma contagem regressiva para localizar o ponto de partida com exatidão

legenda letreiro em um *slide* ou cartão, Letreiro com a tradução de um filme estrangeiro para a língua local

locação qualquer local fora do estúdio

locução narração do programa, geralmente *ad libitum* nos programas esportivos

luminância porção em preto e branco do sinal de vídeo luz alta (*highlight*) — partes mais brilhantes de uma imagem

luz de preenchimento luz *soft* usada para preencher as sombras

luz dura uma luz que faz uma sombra nítida.

luz mista mistura de luz do dia com luz artificial

luz principal luz principal para iluminar o cenário completo

luz *soft* luz suave e sem sombras

macro característica de ampliar ou de fazer grandes *closes* na maioria das câmeras de vídeo

magnético perfurado som gravado em ou transferido para um filme magnético com perfurações como as de um filme.

marcação de luz ou correção de cores *(grading)* ajuste da luz e da cor num filme exposto para obter a melhor qualidade possível

máscara moldura usada pelo *chromakey*

meio primeiro plano (MPP) tomada-de-cena confortável, que corta logo abaixo dos ombros. Enquadramento padrão para as entrevistas de TV

microfone dispositivo que transforma ondas sonoras em sinais elétricos

microfone lavalier microfone de pescoço

microfone sem fio sistema equipado com um pequeno transmissor, permitindo assim ao usuário a máxima liberdade de movimentação

microfone omnidirecional microfone sensível ao som proveniente de todas as direções

microfone shotgun ou "canhão" microfone altamente direcional

mix em vídeo, transição gradual de uma cena para outra

mixagem dosagem final de som direto, narração, música e efeitos na trilha sonora; também é a colocação de uma segunda língua num programa

modulação alteração num sinal elétrico através de sua combinação com outro sinal

monitor dispositivo que exibe a imagem de vídeo sem sintonizador de canais

negativo filme original exposto na câmera. A luz aparece como uma área escura e vice-versa. No negativo em cores, as cores estão trocadas pelas suas cores complementares

NTSC *National Television System Committee*, sistema de cores de TV usado principalmente nos Estados Unidos e no Japão

número *f* a relação entre a distância focal e o diâmetro da objetiva quando totalmente aberta

número *t* número de transmissão de luz, o número *f* ajustado para levar em conta a perda de luz durante sua passagem através da objetiva

números de borda numeração na margem do filme virgem, de fábrica, para auxiliar a identificação de tomadas-de-cena. Sai automaticamente nas cópias

objetos cênicos qualquer objeto móvel que compõe o cenário.

off-line em edição de vídeo, uma pré-edição feita numa máquina mais barata, para se experimentar a melhor forma de editar uma produção

oitava uma gradação da freqüência. Cada oitava representa o período entre uma determinada freqüência e o dobro ou a metade dessa mesma freqüência

olhar direcional a direção para a qual a pessoa focalizada pela câmera está olhando. No enquadramento de um olhar direcional deve-se deixar um espaço maior no lado para o qual o rosto está voltado

ômega termo que descreve o laceamento da fita ao redor do cilindro que contém as cabeças de vídeo. Dois tipos: aberto e fechado. Nome baseado na letra grega Ω

ordem de exibição roteiro fácil de modificar para programas de determinado assunto

original de câmera cópia *master* do filme reversível

PAL *Phase Alternation Line*, sistema de cores de TV usado na maioria dos países europeus, exceto na França

pan giro horizontal da câmera

pista de sincronismo (*control track*) marcas gravadas eletronicamente na fita de vídeo, que serve para controle da gravação

pista de som magnético som gravado numa pista magnética colocada sobre o próprio filme cinematográfico, paralelamente à imagem

plano médio (PM) plano de introdução para as entrevistas, que corta logo abaixo dos cotovelos

plano geral (PG) enquadramento feito com a câmera distante mostrando a pessoa por inteiro ou um local por completo

planta baixa desenho em escala do estúdio, instalações e cenários, usado para fazer a disposição das câmeras, atores e assim por diante

playback reprodução do vídeo ou do áudio já gravados

pontos posições pré-marcadas do diafragma, referidas como números *f*

portadora onda elétrica regular modulada para transmitir informação

primeira cópia primeira cópia com as cores corrigidas, feita a partir do negativo montado

primeiríssimo plano (PPP) um *close* muito fechado do rosto, podando o alto da cabeça. Também é a cena que mostra detalhe de um objeto

produtor pessoa encarregada de obter e organizar os elementos necessários para a realização de um programa

profundidade de campo área de uma cena em foco

pulso sinal de orientação para o feixe de varredura, em câmeras de vídeo e em gravadores de vídeo

quadro imagem completa de vídeo composta de dois campos

quadruplex ou quad formato de vídeo com quatro cabeças que gravam transversalmente à fita de 2 polegadas de largura

registro termo usado para garantir que as saídas dos tubos de imagem vermelho, verde e azul, da câmera, coincidam exatamente na formação da imagem na tela

relógio relógio especialmente projetado gravado antes do início da gravação no estúdio, para servir de ponta (*leader*) e identificação da fita

rock and roll equipamento que possibilita editar a trilha sonora em pequenos pedaços, sem que as emendas se tornarem audíveis

roteiro texto que inclui detalhes completos das cenas, iluminação, som etc.

ruído ambiente som gravado na locação independentemente de imagem e portanto, fora de sinc

SECAM sistema de TV em cores usado principalmente na França e países do bloco comunista

set cenário do estúdio

sinal sinal para começar a ação, também passagem em uma locução

sinc sincronização entre imagem e som

sinc de fim ponto de sincronismo marcado pela claquete no fim da tomada-de-cena

slow motion aparente lentidão na ação de uma cena, obtida em vídeo pela exibição de cada campo duas vezes ou mais e, em filme cinematográfico, rodando a filmadora mais depressa que o normal

sombreamento de letras contorno das letras, na tela, para auxiliar a legibilidade

switch mesa de cortes na qual o diretor de TV escolhe a câmera que vai ao ar a cada momento

talk-back aparelho de teclas que faz a comunicação sonora entre os diversos locais da TV; selecine, VT, *switcher*, controle do vídeo, etc.

técnica da tarja (lingüeta) técnica de animação simples

telecine máquina para projetar o filme cinematográfico na televisão

teleobjetiva objetiva de longa distância focal que aproxima objetos distantes

teletexto sistema de exibição de informações transmitido nas linhas "sobressalentes" (no topo da tela) da televisão

tilt (pan vertical) giro da câmera para cima e para baixo (eixo vertical)

time code sistema para imprimir números eletronicamente na fita de vídeo

tomada de dois duas pessoas no enquadramento

tomada em ângulo elevado cena tomada com a câmera acima da pessoa e dirigida de cima para baixo

tomada intermediária plano de corte usado para evitar pulos e inversão de imagem quando se está montando uma entrevista; serve também para possibilitar a inversão do eixo.

tração de câmera movimento de *travelling* da câmera, para frente ou para trás

transferidor instrumento para medir ângulos; usado em conjunto com a planta baixa, a fim de se planejar as tomadas

"travelling" movimentação lateral da câmera

trilha sonora trilha contendo música e efeitos sonoros

truca equipamento para realizar efeitos especiais tais como fusões, cortinas etc, adicionados ao filme cinematográfico pelo laboratório

tubo de imagens dispositivo da câmera que transforma variações de luz de uma cena em variações elétricas ou sinais

U-Matic formato de vídeo que usa fita de 3/4 de polegada embutida em cassete

VCR *Vídeo Cassette Recorder*, gravador de videocassete

velocidade de registro velocidade na qual a cabeça de vídeo cruza a fita de vídeo

VHS *Video Home System*, sistema de vídeo doméstico, formato de vídeo que utiliza fita de 1/2 polegada embutida em cassete

vista geral a que descreve e estabelece posições, na locação

VTR *Video Tape Recorder*, gravador de videoteipe

vídeo termo que se refere a todos os aspectos da tecnologia de imagem eletrônica, diferente do filme cinematográfico

vox populi (o povo fala) técnica de formular perguntas a diversas pessoas para obter suas opiniões sobre um determinado assunto.

zoom objetiva de distância focal variável

SOBRE O AUTOR

Harris Watts entrou na BBC logo após sua formatura em Cambridge, 1963, graduado em Chinês e Economia. Estagiou e trabalhou como produtor de rádio durante dois anos e depois foi transferido para a BBC Televisão para treinar e trabalhar como produtor e diretor, especializando-se em documentários científicos para programas como Panorama, Tomorrow's World e Horizon.

Ele também produziu programas para várias companhias britânicas de vídeo independente e para a rede ARD da Alemanha Ocidental.

Tem mantido um grande intercâmbio com radiodifusores de fora da Europa. Em meados da década de sessenta ele passou um ano, como bolsista da BBC, na rádio educativa da Malásia. De 1977 a 1979 foi gerente de produção da TV de Brunei, na capital de Brunei (Sudeste Asiático).

Desde então manteve uma articulação em ambos os campos, combinando seu trabalho como produtor e diretor *freelancer* com períodos na BBC como produtor ou instrutor e em um número crescente de países, tais como Nigéria, Líbia e Cingapura.

Este livro baseia-se, portanto, numa experiência sem precedentes em produção e ensino.

dobre aqui

Carta-
resposta

2146/83/DR/SPM
Summus Editorial Ltda.

CORREIOS

CARTA RESPOSTA

NÃO É NECESSÁRIO SELAR

O SELO SERÁ PAGO POR

grupo editorial summus

\C AVENIDA DUQUE DE CAXIAS
•1214-999 São Paulo/SP

dobre aqui

recorte aqui

ON CAMERA

summus editorial

CADASTRO PARA MALA-DIRETA

Recorte ou reproduza esta ficha de cadastro, envie completamente preenchida por correio ou fax, e receba informações atualizadas sobre nossos livros.

Nome:______________________ Empresa:______________________
Endereço: ☐ Res. ☐ Coml. ______________________ Bairro:______________________
CEP: ________-______ Cidade: ______________________ Estado: ________ Tel.: (   ) ______________
Fax: (   ) ______________ E-mail: ______________________ Data de nascimento: ______________
Profissão:______________________ Professor? ☐ Sim ☐ Não Disciplina: ______________________

1. Você compra livros:

☐ Livrarias ☐ Feiras
☐ Telefone ☐ Correios
☐ Internet ☐ Outros. Especificar:______________

2. Onde você comprou este livro?

____

3. Você busca informações para adquirir livros:

☐ Jornais ☐ Amigos
☐ Revistas ☐ Internet
☐ Professores ☐ Outros. Especificar:______________

4. Áreas de interesse:

☐ Educação ☐ Administração, RH
☐ Psicologia ☐ Comunicação
☐ Corpo, Movimento, Saúde ☐ Literatura, Poesia, Ensaios
☐ Comportamento ☐ Viagens, *Hobby*, Lazer
☐ PNL (Programação Neurolingüística)

5. Nestas áreas, alguma sugestão para novos títulos?

____

6. Gostaria de receber o catálogo da editora? ☐ Sim ☐ Não

7. Gostaria de receber o Informativo Summus? ☐ Sim ☐ Não

cole aqui

Indique um amigo que gostaria de receber a nossa mala-direta

Nome:______________________ Empresa:______________________
Endereço: ☐ Res. ☐ Coml. ______________________ Bairro:______________________
CEP: ________-______ Cidade: ______________________ Estado: ________ Tel.: (   ) ______________
Fax: (   ) ______________ E-mail: ______________________ Data de nascimento: ______________
Profissão:______________________ Professor? ☐ Sim ☐ Não Disciplina: ______________________

summus editorial
Rua Itapicuru, 613 – 7º andar 05006-000 São Paulo - SP Brasil Tel.: (11) 3872 3322 Fax: (11) 3872 7476
Internet: http://www.summus.com.br e-mail: summus@summus.com.br